焦洪昌

1961年生，北京顺义人。中国政法大学教授，博士生导师。受聘国务院参事，曾任法学院院长，北京市人大代表，中国法学会宪法学研究会副会长。在北京大学出版社出版《选举权的法律保障》《立法权的科学配置》《港澳基本法》《宪法学》等著作和教材。相信宪法是有祖国的，喜欢"日常，也有诗意"。

椿香

焦洪昌随笔集

焦洪昌 著

北京大学出版社
PEKING UNIVERSITY PRESS

序一
会讲故事的法学人

王人博*

洪昌兄的随笔集《椿香》即将出版，我有幸先读为快，读完之后，心中多有感慨。

这是一本由很多故事组成的集子。在为这本集子起名字的时候，作者用了《把鸡蛋炒进椿香里》这一单篇的主题词——椿香。细读内容能知道，"椿香"所指涉的是其养父的故事。在作者的内心深处，养父的位置是最为显要的。对于我这个年纪的人来说，能打动我的东西已经不多了，但这个细节却扎扎实实感染了我。一个能在心中牢记大恩大义的人，就是一个值得敬重的人。

我虚长洪昌兄三岁，都是早过了耳顺之年的人。在这个年龄，撰写一本回忆性质的书，本不是一件非常特别的事情。在我们这个钟爱历史的民族中，一个人过了壮年，回忆一下自己的过往，写写自己经历过的人和事，让身边的人抑或后来的人知道，大概是一种普遍的意愿。从这个层面说，《椿香》是中国人"人之常情"的产物，洪昌兄期待用这本书来做一场个人历史的分享。然而，《椿香》向我们所呈现的，却又不那么普通。

作者是在向我们讲故事。通过这些故事，我们所看见的是一段

---

* 中国政法大学教授、博士生导师。

又一段鲜活的人间际遇。

他是一个会讲故事的法学人。

会讲故事其实并不是一件寻常的事。瓦尔特·本雅明就说过："讲故事的艺术正在走向终结。我们越来越难遇到有能力好好讲故事的人。越来越多的时候,当人们表达出想听故事的愿望时,周围的人都会感到尴尬。"为什么现代人变得不会讲故事了呢?本雅明认为,一个重要的原因是活生生的经验在现代世界中"贬值"了,切身的"故事"被虚构的"小说"取代了。

事实上,本雅明的观察并不是一项石破天惊的崭新发现。他的同乡卡尔·马克思在更早的时候就发现了这一点。他说过,以可计量的金钱为衡量标准的现代性,"无情地斩断了把人们束缚于天然尊长的形形色色的封建羁绊,它使人和人之间除了赤裸裸的利害关系,除了冷酷无情的'现金交易',就再也没有任何别的联系了。它把宗教虔诚、骑士热忱、小市民伤感这些情感的神圣发作,淹没在利己主义打算的冰水之中。它把人的尊严变成了交换价值,用一种没有良心的贸易自由代替了无数特许的和自力挣得的自由"。这种现代性使人异化了,"把医生、律师、教士、诗人和学者变成了它出钱招雇的雇佣劳动者"。

现代性使世界变得功利化了,现代性使世界变得"无聊"了。

在这种"无聊"的浪潮中,那些包含鲜活经验和个体情感的故事失去了听众,那些能讲故事、会讲故事的人也失去了自己的江湖。在这个背景下,洪昌兄的这本《椿香》就有了它的独特意义。它是一个法学人在操作一项严重式微的技艺,而且还操作得有声有色。

在毕业典礼上,一位兄弟用半开玩笑的方式说过一段话:"据说学术界有一种生物,叫'神'。比方据说我有个外号,叫'雷神'。据说学术界还有一种生物,叫'爷',他们地位超然,坐看云起,谈笑鸿儒,指点江山。比方我们院就有焦洪昌'焦大爷',跟'爷'一比,'神'不知道差到哪里去了。因为'爷',是闲出来的,而'神',是卷出来的。"这段话显然是压低了自己,抬举了包括我在内的法学院的几个老伙计。但是,这段话也说出了一些深刻的东西。我们这些老伙计,或许正在用自己的方式,去努力抓取某些被现代性之网筛除的东西,这种东西叫"体验",或许也叫"意义"。

就用这篇简短的文字,表达我与洪昌兄的相惜之义吧。

序二
有趣的灵魂

林来梵*

焦洪昌教授终于要隆重推出他的随笔集《椿香》了。他索序的理由十分明快，且前后一致："你我相知，好玩即可。"

老焦所说的"你我相知"是有深意的，涉及我俩早年类似的特殊身世，加之作为宪法学专业同行，相互砥砺二十余年，如今堪称相知。而"好玩即可"则说出了他的心声。当年初识老焦时，便觉得他多少具有《红楼梦》中贾雨村所说的那种"正邪两赋"的人格特征。直至翻阅这本书的底稿时，最强烈的感受还是"好玩"。

"好玩"是很难正面定义的，但人的好玩未必是人为造诣的结果，书的好玩才是人的好玩之反射；人的好玩多半来自天性，源于智慧，发乎性情。有位画家推崇"人的好玩"，认为"好玩是人格乃至命运的庞大的余地、丰富的侧面、宽厚的背景"。而"书的好玩"往往映现作者的人格内涵，一般不是"娱乐至死"的翻版。

老焦段子手起家，他的"好玩"主要在于擅长讲故事。西方哲人中，尼采被认为是好玩的，因为他善于讲故事，如大家所知的《查拉图斯特拉如是说》即"如是"。同样，老焦的这本《椿香》，也是讲故事的。

透过此书我们可以充分领略老焦讲故事的功夫。在述及江平老

---

* 清华大学法学院教授、博士生导师。

先生出席某次大会时，他描述道："主持人介绍书记和校长时，会场热情洋溢，掌声不断。介绍到江平老师时，大礼堂沸腾了，全场起立，潮水般的掌声经久不息。"这段通过递进式描写鲜明衬托了想要展现的情境故事，写得如此沉稳畅达，又巧妙地传递情感，非一般写手所能比肩。讲述韩大元教授海钓的那段故事也相当精彩，结局的记述还隐约透出某种弦外之音："终于回到了码头，我有气无力地问老韩，收获几何？他从容地说，喝酒去！"，"后来听李小明和李中夏说，渔夫和老韩都尽力了，换了两个地方，也穷尽了各种钓法，鱼就是不上钩，可能对宪法学人不感兴趣。"

有趣的是，老焦也把"好玩"或"有趣"作为品鉴人物的一个标准。此书由五部分构成，依次是人物、往事、游记、序与跋、致辞，但重心还是在第一部分。此部分所写的人物群像多达五十位以上，可谓浩浩汤汤，其中老焦明确给出"好玩"或"有趣"评价的人物就有方彦、胡锦光、席涛、李曙光、朱勇等当代中国法政界的知名人士，甚至还有王宠惠先生这样的民国先辈。老焦花了大量的笔墨刻画这些人物，注定了这本书是"好玩"的。

老焦也重视故事的本体论意义。在他的认知里，"世界只是表象，故事才是生活的灵魂"。他以"法治强国的宪法故事"为题书写王人博教授，文末总结道："法治强国应该有与之匹配的宪法故事。"

老焦原本就俏皮，而且俏皮得独树一帜。他披露："有个男人，以前眉清目秀，无忧无虑，现在浑身'二大爷味儿'，眼皮下垂，一脸憔悴，我很心疼他，于是用手摸了一下镜子。"这种把俏皮精神贯彻到故事的结构当中去的手法，形成了焦氏独有的幽默风格。但不要以为老焦只会把故事演绎为段子，其实他有时也会将段子直接升华为寓言，写出意味深长的一笔。最典型的是在《终极之问》一文中，老焦写道："有个寓言故事：为了防止鸡糟蹋青菜，上帝派羊看管菜园子；为了防止羊偷吃青菜，上帝派狼看管羊；为了防止狼偷吃羊，上帝派人看管狼；为了防止人捕猎狼，上帝又派另一个人看管这个人；依此类推……"

序二 有趣的灵魂

老焦的文采也是上乘的,使得他与书的好玩达到了一种境界。他平素对中国古典的诗词歌赋造诣颇深。回忆江平老先生,他信手引来郑燮"十丈龙孙绕凤池"的诗句为题,借以表达老先生的深远影响以及他对老先生的尊崇。在一篇评介同事的美文中,老焦最后深情地写出了如此唯美、隽永的文字:"夜深了,星星眨着眼睛,河水哗哗流淌。皓月当空,静影沉璧。风带来故事的种子,时间使其发芽。"

读到这里,就不难理解为什么法学界许多熟悉老焦的同行都一致认为:中国宪法学严重耽误了老焦成为一位著名文学家的前程。这是他作为著名宪法学家也不足以弥补的一个缺憾。

能够聊补这种缺憾的,或许就是将此书付之梨枣。而它也堪称这个时代的一位老顽童的心灵史。这位老顽童看似世故、老辣,但内心也有纯净、柔软的地方,因而也会系念故乡,系念一个"收藏我们童年哭声的地方"。他自己也坦言:"别说这颗心坚硬如铁,夜深人静的时候,它也会敏感,也会孤单。"这位老顽童口才极佳,一切宪法学的理论难题似乎都能随意化解在某种"油腔滑调"的笑谈中,但也会为人世间的美好体验而泪流满面。

当然,老焦也是"毒舌的",否则就不是老焦,也不是学者,因为这里所谓"毒舌",也是"批判的武器"的别称。这也使得老焦的"好玩"螺旋式展开,从而形成相对复杂的构造。

在评介《政法论坛》前常务副主编陆敏教授时,老焦开篇即叙述道:"有人说,陆敏长得像卓别林,我仔细端详,真的有点像。特别是嘴巴,如崇明岛的入海口,呈鸭嘴状。如果再留个牙刷胡,眼窝再深一点,做特型演员没问题。"

如此写人物,就有点像民国时期的温源宁先生了。此公剑桥大学法学专业出身,但外语造诣极高,回国后竟然任北大西语文学系教授。他曾经以纯正的英文写过十余篇民国人物印象记,被人译为中文结集出版,书名 Imperfect Understanding,一度译为《一知半解》,后由他的弟子钱锺书改译为《不够知己》,其中首篇评介的是吴宓先生，开宗明义即曰：吴宓先生真是举世无双，只要见他一面，就再也忘不了。……吴先生的面貌呢，却是千金难买，特殊又特殊，跟一张漫画丝毫不差。他的头又瘦削，又苍白，形如炸弹，而且似乎就要爆炸。

温源宁的毒舌功底由此可见一斑，以至于当年吴宓先生读罢此文，整个人几近崩溃，陷入深深痛苦之中。自从看到老焦在自媒体上发表的人物印象记之后，我便与他谈及他的"毒舌"功力。

然而老焦何等人也！他虽有气魄月旦人物，臧否天下，而今从书稿看来，总体上还是相当克制的。在此方面，他超越了温源宁先生。至于他是否也超越了钱锺书先生，那就有待检视了。钱锺书的"毒舌"功力，恐怕得到了他的老师温源宁的传承，然而师徒之间风格迥然有别：温式毒舌是直言派的，而钱式"毒舌"则属于婉约派；前者产生的效果是痛烈，而后者则更为"好玩"，通常是让人一时浑然不觉，隔一段时间才恍然大悟。或许假以时日，我等也可能会因为老焦在这本书中的某句话而蓦然惊觉他的"毒性"。

统而言之，焦洪昌教授的书和他本人一样，都是好玩的。而且难能可贵的是，这种"好玩"穿越时代的江湖，拂却浮世的风尘，以至可以获取"有趣的灵魂"之雅称。捧读这本书，便真切感受到它的定在。

2023 年 11 月 29 日于清华园

目 录

人 物

把鸡蛋炒进椿香里（养父）……003

永远也没有吃完（养母）……005

一块石头坐久了 也成了亲人（生父）……007

您召唤我为女婿 我追随您为父亲（岳父）……010

把法律交给人民（邹瑜）……013

落地为兄弟 何必骨肉亲（方彦）……017

内心的平安那才是永远（宪法学前辈）……019

学而言宪六十载 身以传道三千徒（许崇德）……022

光耀中华（陈光中）……023

风起了 吹落一树花的雪（薛梅卿）……026

追求宪法永远是人间的宿命（孙丙珠）……029

十丈龙孙绕凤池（江平）……033

水清如许 宪制撩人（许清）……036

水的载歌载舞 使鹅卵石臻于完美（樊崇义）……039

照耀您身上的第一缕阳光（朱维究）……041

抽烟 喝酒 唱京剧（乔晓阳）……044

风带来故事的种子 时间使其发芽（高浣月）……047

雨过天晴驾小船　鱼在一边　酒在一边（阮齐林）……………… 050
太阳的光　洗着我早起的灵魂（白晟）…………………………… 053
我是您满头白发上的早春（林来梵）……………………………… 056
莺歌不在多　在于嘹亮（许身健）………………………………… 059
风吹过来　总带着清新的荷香（张俊浩）………………………… 062
遇见你　是我最美丽的意外（刘惠敏）…………………………… 065
活出来呀　就是一枚慈祥的麦穗（胡锦光）……………………… 070
蹒跚地拉长了自己的影子（席涛）………………………………… 073
复归婴儿时的真诚（陆敏）………………………………………… 076
五官灵动胜千官　一日清闲似两日（马宏俊）…………………… 079
每个不曾起舞的日子都是对生命的辜负（李秀云）……………… 082
与其抱怨天黑　不如点亮蜡烛（薛小建）………………………… 085
将一瓣瓣心事　苒出桃红（沈小英）……………………………… 088
写到灵魂最深处　不知有我更无人（李玺文）…………………… 091
法律不是科学　是一门艺术（刘星）……………………………… 094
思想才是我们真正的财富（李曙光）……………………………… 097
草在结它的种子　风在摇它的叶子（邬宝顺）…………………… 100
让众人把你踩成道路（王胜利）…………………………………… 102
只有灵魂相近　才有情感共鸣（李建红）………………………… 104
下一个春天的种子（邓正来）……………………………………… 107
是河你就长长的（屈荣莉）………………………………………… 110
如果可以买到一袋星星（张桂琳）………………………………… 112
尊重和保护人的尊严是一切国家权力的义务（谢立斌）………… 115
何日再饮白云边（黄进）…………………………………………… 119
想唱就唱　要唱得响亮（田瑶）…………………………………… 122
心稳　才是根本（刘心稳）………………………………………… 124
只待新雷第一声（张春生）………………………………………… 126

目 录

祖先陨落的地方　就是我们永远的家（吕忠梅）……………… 129
一株站着的芦苇　加深了秋天的辽阔（霍玉芬）……………… 132
阳光不锈　温暖着我们的回忆（体育法团队）………………… 135
一颗水注的灵魂自由飘泊（韩大元）…………………………… 139
燕子飞时　绿水人家绕（艾群）………………………………… 142
天空没有留下翅膀的痕迹（李小明）…………………………… 145
每一篇故事都饱含寓意（方流芳）……………………………… 147
身后是一片真真切切（查海生）………………………………… 149
风带着雨的思念　吹白了整个冬天（张树义）………………… 151
唯有垂杨绾别离（董保城）……………………………………… 153
法意与酒意（陈新民）…………………………………………… 155
坐在我对面的人走了（蔡定剑）………………………………… 157
法治强国的宪法故事（王人博）………………………………… 159
生命是由无数感恩构成的（朱勇）……………………………… 161
爱情才是归宿（杰文津）………………………………………… 164

往　事

终极之问（张友渔）……………………………………………… 169
只为共和民主而写作（王宠惠）………………………………… 170
高怀无近趣　清抱多远闻（钱端升）…………………………… 172
音乐响起来　语言就停止了（《决胜时刻》）………………… 174
到底落到了谁人手中（陈伯达）………………………………… 176
宪法是一盏灯（宣誓）…………………………………………… 178
共同挂在没有乌云的夜空（首都）……………………………… 180
他们才是灵魂（民法典）………………………………………… 182
主要还是怕死呀（无能为力）…………………………………… 184

银杏的金黄（返校） ········· 186
似水雾一般把花色晕染（住校） ········· 187
我放下了天地　却从未放下过你（辩经） ········· 190
我也是个经不起恭维的人（思维） ········· 192
助人的双手比祈祷的双唇更有灵性（缘分） ········· 194
体育大众化　竞技法治化（体育） ········· 196
卑微的稗子也是春天的孩子呀（忆旧） ········· 199
人生就是一串葡萄（往事） ········· 201
青春是绿色的河（相逢） ········· 203
这世上　没有一件东西我想占有（生日） ········· 205
我想爬山了（生日） ········· 207
别对骗子太挑剔（鸟人） ········· 209
一直爱着你（黑子） ········· 211
听到了泉水叮咚的消息（麻雀） ········· 214
亲吻它压过的每一寸土地（自行车） ········· 217
一枚古老的杏核（老杏树） ········· 219
枫树的叶子又该红了（秋雨过后） ········· 221
野韭菜 ········· 222

游　记

一群活跃的有心人（海拉尔法院） ········· 225
留在人们温暖的脚印里（讲真话） ········· 227
就像牧马人一样（乌云） ········· 228
我把远方的远归还草原（诺恩吉亚） ········· 231
谁的思念在石碑上发芽（奢香夫人） ········· 233
生命　甘甜　希望（圣母大学） ········· 235

目 录

谁家新燕啄春泥（不成文宪法） ········· 237
雪的碗里　盛的是月光呀（北海道） ········· 239
不知天地有清霜（故乡） ········· 241
总有回家的人　总有离岸的船（小月河） ········· 243
用手摸了一下镜子（十三陵水库） ········· 246
太子河畔太子城（考古） ········· 249
鸟鸣时的那一种宁静（太舞小镇） ········· 251
骑行人的况味（自行车道） ········· 254
剩下的才真实（爬山） ········· 257
下山路上泪流满面（古杨树村民） ········· 259
只有耳畔呼啸的风声（滑雪） ········· 262

序与跋

宪法学的三个面向
　　（《宪法学》第一版序言） ········· 267
宪法是一个流动的语言
　　（《宪法学》第二版序言） ········· 269
没等到你　我们怎敢老去
　　（《宪法学》第二版序言） ········· 272
尊严是人权的核心要义
　　（《宪法学》第四版序言） ········· 274
虽不能至心向往之
　　（《宪法学》第五版序言） ········· 276
新时代的宪法自信
　　（《宪法学》第六版序言） ········· 278
行进在中国民主宪制的道路上
　　（《选举权的法律保障》序言） ········· 280

那就是你自己
　　（《选举权的法律保障》后记）……………………… 284
人世间每一个苦难都关连着你
　　（《宪法学案例研究指导》序）……………………… 285
结一份善缘
　　（《立法权的科学配置》后记）……………………… 288
宪法那些事儿
　　（《青少年宪法读本》前言）………………………… 292
每个成年人曾经都是孩子
　　（《论国家对家庭教育的介入》序言）……………… 300

致　辞

您是母校的一面镜子
　　（中国政法大学1985级毕业30年庆典致辞）……… 305
活着的尊严
　　（中国政法大学2013届本科生毕业典礼致辞）…… 307
送两件珍贵的礼物给你
　　（中国政法大学法学院2017届毕业典礼致辞）…… 310
请记住法大密码
　　（中国政法大学2018届研究生毕业典礼致辞）…… 313
你们是夏日里的清风
　　（中国政法大学法学院2019届本科生毕业典礼致辞）…… 317
追求卓越一切皆有可能
　　（中国政法大学法学院2019级本科生开学典礼致辞）…… 320
什么是你的希望
　　（中国政法大学法学院2019届研究生毕业典礼致辞）…… 324
一切都是暖的　因为风的缘故
　　（中国政法大学法学院2020届毕业典礼致辞）…… 328

目 录

就把祝福别在襟上吧

  （中国政法大学法学院2021届本科生毕业典礼致辞）………… 332

有你在灯亮着

  （中国政法大学法学院2021届研究生毕业典礼致辞）………… 335

真正的改变　往往就发生在不经意之间

  （中国政法大学法学院2022届研究生毕业典礼致辞）………… 338

人世间有两种光最耀眼

  （中国政法大学法律硕士学院2023届毕业典礼致辞）………… 341

后记　胭脂用完时　桃花就开了 ………… 345

人物

把鸡蛋炒进椿香里

(养父)

疫情期间，买菜购物是放风的好机会，谁都不会错过。来到超市，发现香椿当季了，心中暗喜。一瞧价签，一百二十元一斤，太贵了。不过还是禁不住诱惑，买了两小把。夫人把香椿芽儿洗净、搓盐、焯水，切成碎段，放在碗里，打上三个鸡蛋，搅拌均匀，徐徐倒入锅中，慢慢翻炒。等到蛋液凝固，油被吸干，就隆重出锅了。盛在盘子里，金黄与翠绿同辉，热气与椿香共舞，肚子顿时就咕咕叫了，仿佛在进行着战前动员。

有人说，家对一个人的影响，如同一粒种子，在第一声春雷后，就生根发芽了。记得老家祖屋后，有棵香椿树，一抱多粗，两丈多高，威武雄壮。树皮呈暗褐色，身上长满了陈年老甲。树冠宽大，夏天浓荫密布，秋天一树昏黄，冬天迎风摇曳，春天步履蹒跚。清明前后，才缓缓地发芽。民间有"三月八，吃椿芽"的习俗。

摘椿芽是个技术活，要有胆量，又不能急躁。因为它的枝丫很脆弱，不小心踩断了会掉下来。我通常会在树棍儿上绑个双指钩，锁住后一瓣，椿芽就像降落伞一样，飘到地上。椿芽梗粗叶红，油汪汪的，放在手里，活灵活现。有人形容它，"香风惊艳，簇簇嫩，枝头灿烂"。不过，要论观察得仔细，还得说台湾作家张晓风，她说："香椿芽刚冒上来的时候，是暗红色，仿佛可以看见一股地液喷上来，把每片嫩叶都充了血。"

"四清"运动那年我六岁,县里工作组到村上搞社教。因为队里没食堂,工作组就轮流到社员家吃派饭。母亲烙了饼,拌了咸菜丝,还做了香椿炒鸡蛋给他们吃。我站在门外,从门缝儿看见那人,用烙饼卷鸡蛋和咸菜丝,坐在炕桌前大口大口地吃,感觉慌慌的,心想怎么也得给我留点吧。可随着筷子在他碗里不停地划动,希望破灭了。母亲说,这人挺好的,收拾桌子时,碗底下还压了三毛钱。

吃香椿受节令限制,一不留神就老了。在物资匮乏的年代,最盼着家里改善生活了。母亲用细棒子面加榆皮面做压饸饹,简直是人间美味。剥一头新蒜,炸一碗花椒油,摘一把香椿芽切成沫,把压饸饹面过水,一浇一拌,能吃两大碗。真是一箸入口,三春不忘。汪曾祺说,椿芽是树上的蔬菜,它没有故乡,往碗里一放,气息就像春水般涌来,时间停止了。

我结婚时,双方家里都不宽裕,没举行婚礼,朋友们做了一桌菜,喝了几瓶桂花陈酒,就算社会认可了。父亲曾对我说:"领养你的时候就想好了,结婚时要用那棵香椿树,打一套家具送给你们,作为礼物。"

砍树那天,村口聚了很多人,见证伐树的场景。有人在树下拉锯,有人用绳子牵引,没过多久,大树就轰然倒地了。父亲很高兴,用尺子量,用斧子砍,查看树的年轮,检视树的质量。我知道,他是用这棵树,来实现一个父亲对儿子的诺言。

在中国文化中,椿树是父亲的隐喻,萱草是母亲的象征。人们常用"椿萱并茂,兰桂腾芳"祝福亲人。《庄子·逍遥游》有云:"上古有大椿者,以八千岁为春,八千岁为秋。"不过,我父亲并不长寿,70岁时因腹腔积液就辞世了,我对他总有一种子欲孝时亲不在的憾疚。

回首过往,朦胧时父亲是一座山,坐在他肩头,能看得很远;懂事时父亲是一棵树,长得越粗壮,越能支撑我;现在父亲是一首诗,我深沉地念,泪默默地流。

我总想把鸡蛋炒进椿香里。

永远也没有吃完 （养母）

小时候吃顿饺子，是件稀罕事，特别在不年不节的时候。四月末的一天，父亲过生日，母亲说改善一下生活，叫我拿两个鸡蛋，到生产队菜园子换点韭菜和黄瓜。那时鸡蛋挺值钱，市值五分钱一个，村里人都认账。韭菜是紫根的，用稻草绳捆着，叶子碧绿，根部晶莹，泛着浓郁的韭香，一看就知是新割的。黄瓜顶花带刺，嫩绿鹅黄，装在篮子里，静如处子。捡根最小的，用袖子擦一擦，就贪吃起来，脆甜之间，唇齿留香，反正父母也不知道。

母亲是包饺子能手，和面、擀皮、调馅、包捏、巧煮，样样在行。虽然不是写母亲，却有她年轻时的影子。我喜欢看母亲煮饺子，她把包好的饺子，像南来的群鹅一样，噼里啪啦赶下河，先沉底后飘起，盖锅煮皮，敞锅煮馅，凉水止沸，三起三落，及至端上桌子，真有"清水漂来玉芙蓉，轻咬一口齿留香"的况味。

河南南阳有座医圣祠，是纪念东汉名医张仲景的。寒冬腊月，天寒地冻，穷人衣不蔽体，有些人耳朵都冻烂了。为了救死扶伤，医圣想了个法子，把羊肉、辣椒、中药等放在锅里熬，然后把熬烂的肉、椒、药等切成碎末，用面皮包成耳朵状，再放锅里煮，取名"祛寒娇耳汤"，发给路人喝，热气腾腾，浑身冒汗，众人的耳朵不冻了。作为民俗，每年冬至这天，不论家里多拮据，母亲总会想方设法包顿饺子，说是给我安耳朵。而今扯耳朵时，总会感念母亲，耳朵两边都比较饱满。

　　有个公益广告叫"打包"，故事里的爸爸记忆力越来越差，甚至认不出儿子，也不知家在哪里。儿子带他外出吃饭，盘子里剩下两个饺子，爸爸竟然直接用手抓起来放进口袋，儿子急切地问："爸，你干吗呀？"爸爸吃力地说："这是留给我儿子的，我儿子最爱吃这个。"

　　北京疫情降为三级，与友人小聚。李树忠说，我讨厌疫情，但享受疫情下的生活，两个多月来，每天陪母亲，为人之子，倾心尽孝，几十年了，从没有过。临别前一天，年近八十的老母亲，早起就开始忙活，包了200多个饺子，有韭菜鸡蛋的、白菜猪肉的、酸菜牛肉的、羊肉大葱的，冻在冰箱里。第二天，老人家把饺子从冰箱里取出，分装在不同的袋子里，贴上小纸条，边装边嘱咐，每种饺子该怎么蒸、怎么煮。树忠慨叹，世界上再多的饺子，也包不出妈妈的味道。

　　母亲离开我们二十三年了，她走那天是个下午，女儿在艺师附小念三年级。母亲住昌平西环里，我们住学院路六号楼，每周五四人团聚。那天傍晚，我有事耽误了，打算明早回去。妻子一直给母亲打电话，总没人接，心里慌慌的，就让关爷（世伟）去家里看一下，还是没人，他就从许兰家阳台爬到我家，发现母亲侧卧在床，已然"睡"过去多时了。我们赶紧乘345小巴，直奔昌平。家里来了不少朋友，都是多年至交。我浑身瘫软，六神无主。还是妻子比较镇静，共同料理后事。

　　夜深人静，我坐在母亲睡过的床上，注视着她经常抽的旱烟袋，烟锅里的红光和嘴里的烟雾，仿佛就在眼前。走进厨房，母亲和的面，已经醒了，静静地躺在面盆里；韭菜也择洗完毕，还有生姜、鸡蛋和虾皮，整齐地摆在案板上。我知道，今天母亲又要包饺子了。

　　饺子，是跟母亲别离前的最后一顿饭，永远也没有吃完。

一块石头坐久了　也成了亲人　　　　　（生父）

组织跟我说，入团申请书上的年龄比身份证早了一年，为求得统一，得找到原始证据，确认何者为真，何者为假。我的老家在北京顺义仁和镇沙坨村，养父母和生母都去世了，只有生父健在，91岁了，属羊的。我问他老人家，我哪年出生的？他说1961年，属牛的。我又问，有医院证明吗？他说："没有，你是在家生的，接生婆早没了。"我再问，村委会有记录吗？他说："咱村早就拆光了，上哪儿找原始户籍呀。"

听了老父亲的话，我内心咯噔一下，难道生我养我的故乡，就真地无法证明自己的孩子吗？执拗之心犹如一粒浸透的种子，无端地膨胀起来。乡音袅袅，又扯落了我心底的泪。遂决定凭记忆，再次走进那个有体温的地方。

一个夏日的午后，我和妻子驱车从东六环南法信出口下道，折返穿过公路桥，来到沙坨村旧址。这个建于明代的古村落，现今已被夷为平地，上面长满了各种树，有新栽的，有祖传的。村子并不大，约900亩地，60户人家，以焦姓为主。村子四周水系发达，河湖林立，水草丰美，村庄就建在隆起的沙包上，故名沙坨。村志显示，它原属大兴，1941年划归顺义。

听老辈人说，我的祖先很勤劳，喜欢攒钱置地，最多时达200

亩，家里还有胶皮轱辘大车。到我父亲这辈，家境就衰落了，除了两亩宅基地，还有几间砖瓦房。不过听母亲说，我家老宅墙下，爷爷那辈儿埋了两桶银元，应该是"袁大头"，是留给子孙后代的。只是经久流年，找不见了。

我父亲兄弟两个，大爷无后，生父遂把我过继给大爷做养子。恐过后无凭，特立《过房书契》存照。书曰：今有亲生第次子焦洪昌，一周岁3月12日子时，情愿过与大爷为嗣子，此后教养成人，婚配娶妻，概与亲父母无涉，如敢违逆，听凭惩治，尚有不测，各由天命。有亲族中人焦光亮、苏芳，立字人焦光琳和代书人杨万奎签字盖章。我母亲说，千年的字据会说话，到后代时，会减少很多麻烦。

传统农耕社会，相邻关系是矛盾焦点，不是谁家房脊高了，就是占了别人家滴水，甚或侵犯了无害通过权，时而口角，有时还动手。印象最深的是我家与邻家，因排水发生了纠纷，对方开来推土机，想强行铲倒我家院墙。万分危急时刻，母亲奋不顾身，勇敢地躺在推土机前，任凭司机加大油门，她就是不起来，以死相拼。我的心砰砰直跳，怕出了人命。结果邻家没了主意，只好让推土机走了。从那以后，母亲成了我的偶像，她不惹事，不怕事，关键时还能平事，是一位伟大的女性。

小学四年级前，我在本村念书。村东头有座庙，就是我们的学校。它坐北朝南，雕梁画栋，是全村最漂亮的建筑。庙前有个院子，三面围墙，墙内种了十棵松柏，青翠欲滴，古色古香。院子东南角有个沙坑，供我们跳高、跳远用。时任老师叫黄文启，是本乡河南村人。那时学生不多，每个年级不超过10人，大家共用一个教室，都由黄老师教导。他的粉笔字写得很帅，我一辈子都赶不上。但上课很严格，谁要是说话或睡觉，粉笔头立马会飞到头上，吓你一跳。

冬天生火是技术活，大家轮流值日。我在家常帮父母生火，掌握了一些窍门。先把报纸点燃，放在炉膛里，然后放上干劈柴，让它尽情燃烧，最后把煤球倒进炉膛，把炉盖一封。等同学们进教室时，没任何烟味，火苗子往上蹿，非常暖和。有的同学，起得晚，技术差，快上课了，教室还乌烟瘴气，结果准挨黄老师骂，甚至到门口去罚站。

  我常想，故乡是什么？其实就是收藏我们童年哭声的地方，一石一础，一草一木，都是见证。那里勾留了我们的年轮，记录了我们的声音，倾注着我们的情感。思念故乡，就是思念儿时的伙伴，想念那里的老屋，感念那里的热土，还有生养我们的父母。

  四月既往，五月寻踪，灰雀筑巢，旧宅的老槐树，已将绿意伸向天空了。风送走了风，雨还没有下，一块石头坐久了，也成了亲人。

您召唤我为女婿　我追随您为父亲　　　　　（岳父）

　　三十五年前，为拜见您，我托人在北太平庄商场买了两瓶泸州老窖，玻璃瓶装，52度，浓香型，是八大名酒之一。酒是好东西，在真诚表达中，我顺利通过"面试"，成了您的女婿。

　　咸水沽有悠久历史，名字源于海水倒灌，日久成沽，又成了小镇，聚集了大量人群。20世纪80年代中期，您在天津咸水沽（今津南区）工商局，主管个体劳动者协会。下班后，您喜欢买点泥鳅、鲫鱼、小河虾，回家酱焖或干炸，味道鲜美，入口爽脆，是佐酒的佳肴。有时还买两只吴记烧童子鸡，比鸽子大些，肉紧而嫩，鲜咸可口，满屋飘香。我每次返京时，您都让我带几只回去，作为馈赠老亲家的礼物。

　　您行伍出身，在部队上结婚，介绍人是同寝室战友。岳母大人生于河北无极，家里开小作坊。您年轻时英武刚毅，颜值爆棚。据说岳母一眼就看上您了，以身相许，不离不弃，白头偕老。提起当年参加的战斗，您就情感起伏，眼圈湿润。特别是1959年去平定西藏叛乱，雪域高原的艰辛、战场上的友情，仿佛就在眼前。记得有位田大爷，是您托命的兄弟，复员转业到北京海淀大柳树附近，您一直记挂着，让我们勤去探望，直至离世。

　　您的生命历程中，最骄傲的是和岳母大人养育了四个子女。在那物质极端匮乏的年代，您二老苦中作乐，省吃俭用，让每个孩子都考上大学,并供养完成学业。一个普通农家,走出四个大学生,是何等光荣呀,据说还受到了日本《朝日新闻》的采访。

逢年过节,全家聚齐,儿孙满堂,是您最幸福的时光。您会提前几天,把自己关进屋子,给每个人写一首打油诗。韵脚可能押得不准,字词可能出现错讹,但事实准确,感情丰富,体贴入微。待酒桌上朗读时,您满脸通红,双手发抖,嗓音发颤,令人动容。

您喜欢国际政治,地图是必须的。我给您买了个地球仪,通电后可以发光。每次去看您,您总会拉着我,站在地球仪旁,不停地转动,或从军事地理角度,或从经济地理层面,述说天下大事,纵论资源禀赋,臧否历史人物。甚至为找到一个新地名,而手舞足蹈,兴奋异常。

您知足常乐,大家送您的礼物,无论新旧、大小、厚薄,都一体笑纳,并现场试吃试穿,让人很有面子。您不抽烟,但喝点小酒,喜欢吃甜食,尤其是水果、糕点等,没事就往嘴里放。岳母大人一旦发出警告,您总会自我解嘲:老太太,睁一只眼闭一只眼吧,你想吃还没这口福呐!

您爱憎分明,知恩图报。物业帮忙通个下水道,友人帮忙买张报纸,邻居顺带扔个垃圾,您都记在心里,挂在嘴上,并像说评书一样反复播讲。有的还写成感谢信,寄给有关部门。

您耳朵发背,交流需助听器。可音量大了嗡嗡嗡,音量小了听不成。所以别人谈话时,您总是躲在一旁,或阅读,或冥思,或闭目养神,沉浸在自己的世界中。这时最好的翻译是岳母大人,她能用浓重的无极口音,传递多彩的生活信息,说不上信、达、雅,但双方都懂了。

我是个懒人,不爱做家务。每次到您家,主要陪您聊天,姐姐、姐夫、哥哥、嫂子,也没人指着我干活。咱俩从疫情防控到俄乌战争,从中美关系到两岸走向,从三旗百汇到卤煮火烧,无所不谈,无话不讲。您非常关心中国政法大学,无论大事小情,都刨根问底,一探究竟。

您没事喜欢杀两盘,在小区的休闲广场,时而豪情万丈,时而摩拳擦掌。我以前下围棋,对象棋一窍不通。为了跟您切磋,特意在网上找棋谱,反复演练,不知不觉中,棋力渐长。有一天,我摆好棋盘,码好棋子,提出向您学一盘,您错愕的表情令我至今难忘。

与您相处,感觉您乐观自律,有情怀、惦记人、性子急、心忒细,耄耋之年,还自己去买菜、洗衣服、倒垃圾,从不轻易麻烦人。疫情期间,惠敏被封在您家里,您和岳母大人,总关切地问:洪昌吃饭怎么办,每天煮冻饺子和方便面吗?

1987年仲秋的一天,您来北京海淀羊坊店,我们兼职的地方,看望我和惠敏,门卫杨大爷告诉您,我们回顺义老家了。您就顺着长安街南侧,向东散步。走了不远,又鬼使神差,换到了北侧。恰好,我们俩骑车回来。在没有手机的年代,人山人海的北京,我们不期而遇,是心有灵犀呀。

爸爸,您召唤我为女婿,我追随您为父亲,永远。

把法律交给人民 　　　　　　　　　　　（邹瑜）

2022年3月10日下午,我参加一个普法寻根座谈会,地点在西城区木樨地北里,印象中离公安大学不远。4点半左右,司法部老部长邹瑜先生,在老伴梁阿姨的陪同下,来到会场。他老人家戴灰色礼帽,穿紫色衬衣,着一套黑底白条纹西装,动作迟缓,但眼睛炯炯有神。庞秘书小心翼翼地搀扶老首长坐下,然后作了介绍。他说,邹部长今年102岁,每天写大字,赏奇石,慢运动,会朋友,神清气爽,身体健康。

我挨老人家坐下,告诉他我是法大1983届毕业生,同年留校任教,在宪法教研室,当年校长是刘复之。他说:"我1984年底接任法大校长,直到1988年6月,咱俩应该是同事。"我说我是您的小兵,一直坚守在法大,每年给本科生上课,已经38年了。今年是法大创办70周年,学校将举行庆祝活动,期待您大驾光临。他说看看疫情和身体状况,如果允许,乐意前往。我跟梁阿姨说,您侄女梁丰,1984年毕业,从北大分到法大,在宪法教研室,我们一起上课,一起活动,非常融洽。梁阿姨说,梁丰那时经常到家里来,之后和她先生去了香港,开办律师事务所,一晃三十多年啦。

邹老是广西博白人,一生走南闯北,见多识广,不过乡音浓重,再加上耳背,交流有困难,我就通过纸和笔,向他求证:"您这一辈子,最难忘的是什么?"他想了想说:"应该是全民普法。记得

1980年，彭真副委员长派我们去调研人民公社法，在基层走访时发现，根本没有必要制定这部法律。调研中还发现，老百姓对法律知识非常渴望，比如民间借钱拖着不还怎么办、悔婚不退彩礼怎么办、死后继承闹纠纷怎么办等，但平民百姓没有获得法律知识的渠道。我当司法部部长后，就主动下去调研。第一站去了辽宁本溪，我和市民一起听法制讲座，收集法制素材。回来后我向彭真副委员长建议，国家能否花五年左右的时间，在全体人民中普及法律常识。我也给胡耀邦总书记写了信，向他反映情况。"

中央采纳了邹老的建议，就有了"一五"到"八五"的全民普法。普法得有个抓手，邹老回忆说："我主推法学家进中南海，让中央领导带头学法，成为全民的表率。孙国华、张晋藩、江平三位教授，是我熟悉的先生，我就向中央推荐了他们。当时国际斗争激烈，法律纠纷不断，有关方面还推荐了外交部条法司的王厚立司长。"

给中央领导讲课，是荣誉，也是压力。据孙国华老师回忆，当年他还是副教授，原定题目是《马克思主义关于法的作用》，后来觉得中央领导马克思主义理论水平很高，这个题目也太大，就改成了《对于法的性能和作用的几点认识》。1986年7月3日上午9点，孙老师在邹瑜部长的陪同下，走进中南海小礼堂。讲座由胡启立主持，胡耀邦总书记等领导分坐两旁。孙老师说，耀邦同志坚持让他坐在中间，并说："先生应当坐在主坐上。"讲座过程中，领导们都做了笔记，还不时提出各种各样的问题，孙老师一一做了回答。孙老师认为："法"是理与力的结合，理是基本的，力是必须的。课后，温家宝、王兆国、邹瑜等留他吃饭，三菜一汤，每人一份。

张晋藩老师回忆：当年我讲的题目是《谈谈中国法制史的借鉴问题》，因为领导们想听中国历史上的法治故事，所以拟了这个题目。8月28日，天气很热，我穿件蓝衬衫，在邹瑜部长的陪同下，来到中南海。听讲的人挺多，后来得知有157人。我重点讲了盛世与法治、改制与更法、礼乐与刑政、制法与治吏四个问题。为增强说服力，我举了些例子，如"戴胄犯颜执法"。李世民因戴胄忠诚廉洁公正，任命他为大理寺卿。贞观元年正月，朝廷开始选拔人才，一些人趁机资历造假，李世民下令让他们自首，否则一经查出就判死刑。不久有人造假被告发，李世民欲杀他。戴胄上奏，依法应判此人流放。李世民很愤怒："你想守法而令我失信吗？"戴胄申明："陛下说话是一时喜怒，法律则是国家信用，您不直接杀他，而是交大理寺来审理，正是忍小愤而保大信。"李世民终于醒悟，说："我执法有失，你加以纠正，还有什么可担忧的呢？！"课间休息时，李鹏问我，太宗最后到底杀没杀这个人？我告诉他，没有杀。

王厚立司长，早年毕业于台湾东吴大学法学院，父亲是前清举人，后弃官从教，布衣素食终生。他参加过1954年《宪法》和《人民法院组织法》的起草工作，参与过中英关于香港特区问题的谈判，也处理过中日"光华寮"事件，还做过驻利比亚大使，国内、涉外法律经验都很丰富，他给中央领导讲的题目是《外交斗争与国际法》，不过，讲课的细节至今没有报道或回忆。

当老师与当记者相仿，有时喜欢刨根问底。遇到这个难得的机会，我接着请教邹老，社会上怎么评价全民普法？他显得有些激动，缓慢地说："早前，有人对这项事业有怀疑，认为在一个国民素质整体不高的国度，全面普及法律知识是否可能？我认真做了解释，不是给广大民众讲高深的法学理论，而是用生动的语言、鲜活的事例、民众喜乐的方式，讲法治中国的故事。"

他说有两件事特别感动：一是著名学者梁漱溟和张申府看到全民普法的情状后，曾给彭真委员长写信，称赞全民普法将使我国成为世界上第一个社会主义法治国家。二是德国司法部部长汉斯和美国司法部部长米斯来华访问时，均交口称赞中国的全民普法，是一项伟大的启蒙工程。

座谈会结束前，跟邹老和梁阿姨等合影。老人家早有准备，亲笔写了"新中国普法从这里走来"十个大字，拉成了横幅。我问邹老,您的字形体方正,笔画平直,练的是颜体吧?邹老说:"颜筋柳骨,那是大家。我无门无派,自创邹体,养生、娱乐、抒怀,三合一。"晚餐时,老人家喝了半杯红酒,慈眉善目,微笑不语。我暗下决心,一定要求老校长给赐幅字,内容就写"把法律交给人民"。

落地为兄弟　何必骨肉亲　　　　　　　　　　（方彦）

祥滨发来信息，说方彦老师走了，享年96岁，家属表示，不搞任何告别仪式。

方老师是好玩的人，有点像黄永玉。1983年我留校任教，分在国家法教研室，讲中国宪法，方彦讲行政法，我们是同事。老人家长我38岁，每次都喊我洪昌兄，我喊他方老，一直这么叫，彼此习惯了。

方老师说，我是他和吴薇招进来的，1979年政法学院在顺义县招两个人，另一个叫单云涛。我家成分比较高，好像是上中农，但个人表现和成绩还不错，所以就招了。

方老师是山西人，报人出身，好奇心强，什么事总喜欢刨根问底，等你回答完，他跟相声大师刘宝瑞一样，总喜欢说一句口头禅：有点意思。

方老师办事效率高，不管到哪个部门，见哪位领导，总留一封信，把要办的事写清楚。后来直接把信塞进人家办公室，连面都不用见了。信封都是自制的，把别人给他的信封翻过来，用订书机一订就好了，落款为方乙。开始我不解其意，后反复琢磨，是否跟《水浒传》中的燕青有关。因为浪子燕青，人称小乙哥，非常乐于助人。

方老师的书法很养眼，软、硬笔法都好，有晋人王羲之的味道，只是字型更圆润些。我请方老师赐幅字，他写好用信封交我，展开后有两行字映入眼帘：敬录周敦颐《爱莲说》，请洪昌兄雅正。方乙。然后是用圆珠笔写就的内文。

方老师是法大行政法学科奠基人，我的业师朱维究教授就是他从密云给接回来的，据说王名扬、应松年、张树义、张锋教授等来法大或留行政法教研室，也与他有直接关系。

方老师离休后，跟他接触少了，最近读了白晟兄专访方彦老师的长文——《耄耋书生不寻常》，有了更深的印象。方老师幽默、达观、博学，乐于助人，又从不整人，是一个和蔼可亲的老人。

陶渊明说，人生无根蒂，飘如陌上尘。落地为兄弟，何必骨肉亲。敬爱的方老师，我们永远怀念您。

内心的平安那才是永远 （宪法学前辈）

　　1985年10月12日至17日，中国法学会宪法学研究会在贵阳市召开，是年我24岁。会议选举产生了领导机构，王叔文当选为总干事，肖蔚云、许崇德、于浩成、吴家麟、浦增元、何华辉当选为副总干事，廉希圣当选为秘书长，罗耀培、魏定仁当选为副秘书长，我被聘为秘书。这些先生都是神仙一般的人物，作为晚辈后生，我对他们充满了钦佩和景仰。开幕式上，除了吴家麟老师请假未能与会，其他先生都庄严地坐在主席台上。大会研讨的题目是《宪法的实施保障和宪法与经济体制改革》，其中违宪的概念与宪法序言的效力，争论最为激烈。

　　有意思的是，那时的领导机构不叫会长、副会长，而叫总干事、副总干事。我觉着，干事、干事，总得干事，若不干事，就辱没了这个名称。以王叔文总干事为例，他曾经两次领衔向第六届和第七届全国人大提出建议：设立宪法委员会。虽然议案没被采纳，可他们加强宪法监督实效性的热情一直不减，直至修成正果。王老师是四川青神人，讲话有浓重的川音。平时不苟言笑，可发表的大作《论宪法的最高法律效力》，却关涉了宪法的核心要义，我反复阅读，深受启迪。

　　贵州最有名的酒是茅台，当年省人大宴请与会代表，用的却是鸭溪窖，一个我从未听过的品牌。主人介绍，此款酒窖香浓郁，绵柔爽净,浓头酱尾,有"酒中美人"之称。廉希圣老师嘱我把邻桌喝剩的酒集中起来,几位同好坐下来继续开怀,感觉甜而不腻,香而不暴,顿时热情高涨,至今难忘。

肖蔚云老师是湖南祁东人,他的姓氏,有时用萧何的萧,有时用肖邦的肖,不知哪个更正确。最早知道先生,是读他和魏定仁、陈宝音(齐木德·宝音胡日雅克旗)老师编写的《宪法学概论》。1983年我入职法大(国家法教研室),有机会去北大蹭课,聆听肖老师的演讲,受益良多。肖老师满面红光,长者模样。厚嘴唇,白头发,好眼力,忒严肃。讲授的"八二宪法"修改背景与内容,原汁原味,生动跳跃,我足足记了一大本。后来参加华东政法学院举办的全国宪法学师资培训班,同学们有的排队借阅,有的誊抄复写,宛若初识麦迪逊——《辩论:美国制宪会议记录》的感觉。再后来,肖老师把他的讲稿整理成书,由北京大学出版社出版,取名《我国现行宪法的诞生》。这本书不厚,但对我的影响很大,它像一把打开中国宪法文本的钥匙,使人们一窥内里的究竟。时任全国人大常委会副秘书长乔晓阳说,在人大工作,遇到宪法上的问题,有肖老在,我心里就有底。借用《红灯记》里的一句台词:肖老,有您这碗酒垫底,什么样的酒我全能对付。

许崇德老师是上海青浦人,满头银发,和蔼可亲。笑的时候,眼睛眯成一条缝儿。说起话来,慢条斯理,仿佛苏州评弹。初识老人家是1984年秋,在上海万航渡路1575号,连续四天听他讲宪法,华彩出现在国家主席制度部分,他讲得有理论,有实践,有比较,有故事,醍醐灌顶,引人入胜。后来买过先生一本书,叫《国家元首》,反复研读后,切实满足了我的好奇心和想象力:在现代国家中,什么样的元首制度是适宜的?怎样使国家元首能够正确地发挥作用?

在宪法学界,跟许老师走得最近的有两个人,一个是武大的何华辉教授,另一个是法大的廉希圣教授。我读过许、何两位先生合著的《宪法与民主制度》,还有《分权学说》,真是四手联弹,珠联璧合。何先生过世时,许老师曾伤心地说:"知我者,华辉也,他走了,我永远不能释怀。"廉希圣教授75岁生日时,许老师不但专程来讲话,还在晚宴上清唱了越剧《梁祝》:"久别重逢梁山伯。"闭上眼睛也能听出越剧名家戚雅仙的味道。

吴家麟老师是福建福州人,戴着老花眼镜,像寺庙里的高德大僧。他说话幽默、犀利、有气势,还经常使用贯口。1984年初次听他讲课,就像听评书一样上瘾。他这样开场:同学们,宪法学是个大舞台,我今天先拉开大幕,至于失街亭、空城计、斩马谡、借东风、甘露寺、定金山、击鼓骂曹、卧龙吊孝……那好戏还在后头呐!他接着说,宪法是民主政治的法律化,那何为民主呢?我以为,民主首先是一种理念,讲究国家的一切权力属于人民,包括民有、民治、民享。其次,民主是一种国家制度,也是决策规则,讲究少数服从多数,当然也包括尊重少数。最后,民主是一种作风,掌握权力的人要平等待人,尊重每个公民的人格尊严。有的领导人说,我什么都好,就是民主差一点。我说,你民主差一点,那不成民王啦?!

浦增元老师是上海人,身材不高,健朗消瘦,讲话平和。有他参加宪法学年会,气氛往往轻松愉快。浦老师通音律、精诗词、擅书法、会吟诵,每次年会接近尾声,他都会献诗一首,用毛笔写出来,再加以吟唱。就像小时候受到惊吓,晚上妈妈牵着手,边摸耳朵,边念念有词:回来吧,回来吧。不过浦老师的吟诵更有质感,也更充满了希望:宪治征程多璀璨,翩跹共舞老中青。

宪法学研究会像一条船,在海上航行了35年。它既不寻求幸福,也不逃避幸福,它只是向前航行。底下是沉静碧蓝的大海,头顶是金色的阳光。将要直面的与已成过往的,较之它深埋于内心的,有时只是微沫。

《我爱我家》的片尾曲我挺喜欢:为一句无声的诺言,默默地跟着你这么多年,当你累了倦了或是寂寞难言,总是全心全意地出现在你的面前……光阴的眼中你我只是一段插曲……内心的平安那才是永远。

学而言宪六十载　身以传道三千徒　　　　（许崇德）

许崇德老师是我敬重的前辈，他仁义、随和又有学问。在北京八大处中组部招待所，进行马工程《宪法学》教材统稿期间，老人家讲了一段往事，令我至今难忘。

他说当年给政治局讲宪法，在提问环节，领导人问，《宪法》第31条规定，国家在必要时得设立特别行政区，这里的"得"字怎么解释，怎么发音？

许老师回答，1982年起草《宪法》条文时，就讨论过这个问题。大家认为，这是一个授权性与义务性相结合的规范，用可以、应当、必须都不太贴切，最后决定用"得"字。在晚近的中国法律文件中，我们很少用"得"来表述肯定的法律关系，宪法是个例外。我们认为，"得"字既古雅又简洁，体现了宪法语言的科学与美。

至于发音，这里应读作 dei（三声）。它表明，设立特别行政区是国家用"一国两制"方针解决台、港、澳历史问题的伟大创举与坚强意志，也是宪法赋予全国人大的权力与责任。当然，《宪法》第31条的英文版中，将"得"字翻译成 may，是否真正把"得"字的意涵都表达出来了，还值得研究。

许老师对我说，给领导人讲课是荣耀，也是考验，凭的是认真和积累。每当我的个人意识有些膨胀时，老人家的话仿佛就在耳畔。学而言宪六十载，身以传道三千徒，是许老师的人生写照。

光耀中华 　　　　　　　　　　　　　　　　（陈光中）

陈光中先生90华诞，汪海燕教授希望我写点文字祝贺。一个耳顺之年的老学生，没入过师门，却得着先生许多照顾，敬重之意潜于心底，真是情不知所起，一往而深，就欣然命笔了。

温州永嘉县出过四个大学校长，陈先生是其中之一。他担任过法大研究生院院长、常务副校长，1992年5月接江平先生为法大校长。先生祖籍是永嘉县大若岩镇白泉村，位于楠溪江西岸。江呈南北走向，江面时窄时宽，江流时急时缓，更有茂林修竹、野藤苇草盘桓两岸。2019年7月，我顺江漂流，然后来到先生老家。

提起陈光中，白泉村的乡亲们有口皆碑，有的说他是著名法学家，有的说他是大能人，多次出现在国家电视台。问起陈先生祖宅，有位年长的村民很兴奋，像说书一样把历史描述得原原本本。说他家住的是前后套院，二层小楼，门楼盖得很讲究，左邻右舍没人能比。陈家特别注重教育，孩子个个有出息。不过后来陈家房产充公了，村里把他家的房分给了外姓人。现在这房年久失修，门窗朽坏，荒草满院，太可惜了。

我对先生的了解，始于1999年。经廉希圣教授介绍，海淀教师进修学院的沙福敏大姐找到我，说她正组织编写中学《政治与法律》课教材，由人民教育出版社出版，问我能否参与。为了说服我，沙老师特别举例说，大名鼎鼎的陈光中教授，80年代初就任我们中学历史课教材主编，别小看这套书，影响了千千万万的中学生。我一下子就被打动了，何况女儿也要上中学呢，就心甘情愿地成了作者，后来还主编了全国中职的法律课教材。回首往事，陈先生的影响，像春风吹开心窗，使我亲见了中国基础教育的面相，从学生、老师、官员到教育系统，真是"横看成岭侧成峰，远近高低各不同"呀。

2001年，是我第二次深入了解先生。他承担了一个国家课题，叫"《公民权利和政治权利国际公约》批准与实施问题研究"，约我写集会自由、结社自由、出版自由、迁徙自由和政治参与权。记得参加人有程味秋教授、刘根菊教授、梁淑英教授、杨宇冠教授、曲新久教授、刘玫教授、杨诚教授、卫跃宁副教授等，还有几位博士研究生。讨论中，先生有三个观点令我至今难忘：关于条约批准，先生认为，虽然有些国内法律制度与国际公约规定不一致，但国家可以加快修改与完善国内法律制度的步伐，如劳动教养、收容遣送、非法证据排除、减少死刑等，全国人大常委会要充分准备，积极推进，争取早日批准公约；关于保留条款，先生强调，中国是文明古国，也是负责任大国，应该最大限度减少保留，我们批准经社文公约时，只对第8条工会条款作了保留，堪称典范；关于公约和国内法的关系，先生坦言，这是中国宪法上被长期悬置的问题，建议修宪时明确规定，当国内法与国际法发生冲突时，除非有特别规定，应当优先适用国际法，树立中国诚实守信的大国形象。印象中课题组举行过三次学术讨论会，大家各抒己见，取长补短，切磋完善，让我受益匪浅。课题结项时，先生在蓟门饭店请大家吃饭，几杯红酒落肚，他红光满面，笑意不停地在眉宇间荡漾回旋。

第三次密切接触，是在2002年。学校领导班子调整后，发布一条新规，凡是未取得博士学位的教授，都不能带博士，这下可难住了一批人，晴天霹雳，何以解忧？我想起了陈先生，就默默地到他家求教。先生推心置腹，仙人指路，以他对学科和师资队伍的了解，建议我报考朱维究教授。一来行政诉讼法与宪法接近，毕业后可以转入宪法方向。二来朱教授是民主党派，为人耿直，思想超前，有广泛的社会影响，将来可以共同参政议政，为国家法治建设做贡献。我马上找到朱老师，报告了陈先生的建议和我的打算，朱老师非常给力，欢迎我报考。实话实说，我的专业课还可以，但外语确实不行，"吃奶的劲"都使出来了，还是差3分，最后学校破格录取了我和刘革新教授。感谢学校的开恩，感谢朱老师的不弃，更要感谢陈先生的提点。现在我也带博士了，是他们给了我"第二个春天"。

先生是刑诉法大家，也是跨界学者，一生都为民主、法治与人权操劳。无论是1999年把"依法治国，建设社会主义法治国家"写入宪法，还是2004年"国家尊重和保障人权"入宪，他都是政治决断的推动者、法律形成的贯彻者、司法实践的捍卫者。他为了刑诉法总则能写上"国家尊重和保障人权"的宪法原则而到处游说，为了《国家监察法》能顺利通过合宪之门而到处发言，为了纠正聂树斌等冤假错案而到处呼喊。记得先生在回忆录里说，平生的最大心愿就是立言致民，把自己的思想、著作传承下来。作为晚辈后生的我确信，一个人的气质里藏着他走过的路、读过的书、爱过的人。

最近一次见到先生，是在2019年的一次研讨会上，他思路清晰，精神矍铄，只是步履有些蹒跚。2020年4月23日，是先生90华诞，疫情阻隔，陈门弟子、后学晚辈、挚爱亲朋，都无法亲见这一历史瞬间。每当我想起陈光中先生，就会想起台湾的余光中先生，他们两人一个是学者，一个是诗人，但名字里都包含着父辈对他们的共同期盼——光耀中华。

风起了　吹落一树花的雪 　　　　　(薛梅卿)

元月 23 日下午，刘大炜来短信说，薛梅卿老师今早病逝，我听后心里咯噔一下，法大四位女才子，三年内一个接一个谢幕了：首先是孙丙珠先生，江苏无锡人，享年 88 岁；然后是巫昌祯先生，江苏句容人，享年 91 岁；再后是严端先生，江苏南通人，享年 86 岁；最后是薛梅卿先生，福建人，享年 90 岁。她们宛若法大的玉兰，花开时，亭亭玉立，袅袅身姿，每个花瓣都散发着幽香；花谢时，像一朵雪花，翩翩地在半空里潇洒，柔柔地在大地上溶化。她们是法大的象征，更是法大的灵魂。

薛老师是我们念本科时的亲老师，教中国法制史。40 年前，她人到中年，梳着短发，戴着眼镜，目光敏锐，有股自信的倔犟。印象中她的板书很工整，也很生动，有点彭真的味道。讲话语速不快，声音也不高，但清晰、坚定，逻辑性强。她讲法制史，重视史料分析和文本阐释，没有太多的幽默和故事。她不是一个历史决定论者，对历史的真实性，常怀"心向往之而实不能至"的复杂心态，不过这并不妨碍她带领同学们探索历史规律，憧憬美好未来，也许这就是法制史的魅力所在。

跟薛老师的一次密切接触，是和法制史研究所的同仁参观旅顺日俄监狱。火车上，薛老师结合监狱史，详细介绍了相关情况。她说，这座监狱是两个帝国主义国家在第三国建立的，用于囚禁中国人，也囚禁外国人。整座监狱占地近40亩，除建筑物外，还有窑场、林场、菜地、果园等。20世纪初，这座建筑从造型到设施，都是最现代的，融入了俄国和日本的建狱理念。四十多年的运行，关押过好几万人，见证了人性的扭曲与寒酸。这里阴气十足，阴魂不散，简直是一座人间地狱。听了薛老师的介绍，并实地考察后，我发现，监狱外表森严、坚固，内里却霸道、残忍，是人性恶与善、黑暗与光明搏杀的变迁，背后的故事，为历史研究和艺术创作提供了绝好素材。有部电影叫《肖申克的救赎》，是监狱生态的艺术再现。

薛老师是著名法学家，退休后与法学院还有联系，在一次老教师新春联谊会上，我们邀请先生做个发言。她虽然不在教学一线，却依然关心青年教师培养和大学精神的传承。她说，学校和学院，要想方设法帮助青年教师，解决子女入学难的问题，它关系法大和法学院的稳定，也关乎人心的向背；学校和学院，要帮助青年教师上好第一课，找到站稳讲台的自信。我在教研室时，曾炳钧教授特别要求我们集体备课，集体讨论，他言传身教的精神至今让我满含热泪，情动心窝，铭感不忘。大学精神的实质就在传帮带，教不严，徒不肖，乃师之大过也。

薛老师是个乐天派，除了钻研学术，著书立说，还投身公益事业，有着丰富的精神生活。我的老同学王一民说，薛老师组建了一支法大老教授合唱团，大家经常排练，还时而出去比赛。薛老师是抒情女高音，音色优美，咬字清晰，感情丰富，表现力强。很多人可能没有耳福聆听她的演唱，但她的生活态度和对人的情感，值得我们晚辈后生学习，其实，这也是先生快乐、长寿的秘诀。

对薛老师的印象，就像照片一样，层层叠叠，放置在记忆的仓库里。有一幅照片，忘了是哪一年，四位先生齐聚当年授课的讲台。摄影师艾群女士，用思想的眼睛，捕捉到了每个人的神情：亲切、自然、端庄、和善。特别是薛老师，左手挽着孙老师的胳膊，右手搭在孙老师的肩上，那只冰种翡翠的镯子永远露在外面，就像她的人生，温婉如玉、守正创新。如果我是雕塑师，一定要寻一块最好的石头，将这幅唯美群像，幻化成人间艺术，放在学校图书馆旁，述说法大的过往。

　　风起了，吹落一树花的雪。法大的白玉兰，一不留神就凋谢了。白玉兰，真的谢了吗？明年还会再开吧！

追求宪法永远是人间的宿命　　　　（孙丙珠）

孙丙珠老师走了，就在重阳节这一天。

老伴傅兴岭说："丙珠晚上去厕所时摔了一跤，怀疑脑出血，马上送北医三院。全力抢救了一个多小时，人还是没了。"傅老师年长孙老师4岁，两人感情深厚。这位92岁的老人，几天来一直在八宝山殡仪馆，坐着轮椅，深弯着腰，默默地守着老伴儿。傅老师是人民大学的教授，语言文字学家，主编过多本汉语字、词典。据先生回忆，他也是学法律出身的，后来因故转行，离开了深爱的法学。由此，对孙老师从事的宪法事业，总是微笑着欣赏，宽容地支持。

在孙老师的追思会上，傅老师携儿子和孙女，一直静听弟子和同事们对孙老师的诉说。老人家或惊奇地睁大眼睛，或无奈地垂下眼帘。最后发言时只说了一句话，你们搞宪法的真不容易，一定要保重。孙老师儿媳妇对我说："再过6天就是我婆婆88岁生日了，家人策划了特别的庆祝活动。谁想到，她没等到阖家欢乐的这一刻，就像风一样飘走了，留给我们后人无限的眷恋和思念。"

张明杰是孙老师的弟子，在中央统战部工作，她边擦眼泪，边哽咽地诉说："老师像母亲一样对待我们。1986年我念研究生时怀孕了，由于身体原因医生告诫我不能堕胎，可学校又没生育指标。在人生最困难的时候，孙老师找学校计生办和北太平庄街道办，大声呼喊，小声哀求，晓之以理，动之以情，终于弄到一个计划。今年我儿子 32 岁了，像无数人一样，我拥有了一个幸福美满的家庭，我的基因和血脉也因此得以传承。孙老师是我生命中的贵人。"

沈红在隆安律师事务所工作，她深情地回忆道："我 1983 年从北大法律系毕业后被分配到法大宪法教研室，开始跟着孙老师讲西方宪法。与北大的罗豪才、吴撷英和龚祥瑞老师用比较方法讲外国宪法不同，孙老师按国别讲授英、美、法、日等国宪法。制度、历史、运行状态、发展趋势等是剖析每个国家宪法和宪制的维度，自成一体，独树一帜，创建了富有法大特色的西方宪法学。特别是其主编的《西方宪法概论》一书，吸收我这个初出茅庐的年轻人为作者，是我人生中最宝贵的一次机会。孙老师是一位特别愿意提携晚辈的人。"

陈云生 60 年代在北京政法学院读书，后来在中国社科院做研究员。在孙老师追思会上，他眼睛泛着泪光，动情地回忆道："我在法大读书时，孙老师被打成右派，无缘三尺讲台。自她平反以后，无论在全国人大立法征求意见会上，还是宪法学术研讨会以及学生论文答辩会上，每次跟孙老师在一起，都能感受到她的家国情怀和对民主宪制的追求，特别对党内民主化、国家权力分工与制约、政府财政预算监督、法院独立审判和领导职务限任等宪法问题，不避敏感，态度鲜明，声音振聋发聩。说句实在的，有时我会暗暗地为她捏一把汗。苏东坡有诗云：莫听穿林打叶声，何妨吟啸且徐行。在中国宪法学界，孙老师是一位有风骨和傲骨的人。"

熊文钊供职于中央民族大学，学术跨宪法与行政法两个方向。谈起孙老师时他情感跌宕，思绪万千。当年考政法大学行政法硕士研究生，成绩优秀但没有被录取，是孙老师帮他转到宪法学方向。他认为，孙老师对基层选举和基层自治非常有研究，毕生都在推动这项事业。她认为，民主需要学习，更需要实践，以人民为主体就要还政于民，让人民享有"自我教育、自我管理、自我服务和民主选举、民主决策、民主管理、民主监督"的宪法权利。孙老师是一个接中国地气的人。

华东理工大学的郭曰君，是唯一从外地赶来参加孙老师追思会的人。他慨叹："从孙老师不同时期的照片和生命轨迹中，我读懂了老师身上的美。孙老师生于南国无锡，质朴善良，灵动飘逸，吴侬软语，气质中透着民国范儿。她和薛梅卿、巫昌祯、严端并称法大四才女。孙老师的美，是从她高贵的气质和善良的内心发出来的，外直中通，香远益清，就像周敦颐笔下的莲，出淤泥而不染，濯清涟而不妖。"

薛春喜是孙老师的硕士弟子，人看着粗犷，其实挺内秀。泣别导师后，夜不能寐，特撰写《悼孙老师丙珠先生联》三首，表达对恩师的景仰和感激之情：

三尺讲台，接古今中外，万千气象，忧国忧民入法眼；
一生正道，历苦辣酸甜，坦荡胸怀，为师为长是精英！
横批：芳华永驻

惠眼求知，尚民主法治；
莲心格物，在国泰民安！
横批：天下英才

在学在公，求真理持真理，人间正道；
是师是亲，教弟子爱弟子，天下春风！
横批：法界留香

韩大元是中国宪法学研究会的掌门人，他认为孙老师的一生，是形成了宪法信念就绝不妥协的一生，无论被打成右派，还是下放劳动，受到各种不公平待遇，都积极、乐观，不随波逐流。直到去世前，还一直关心宪法修改和法治中国建设。孙老师一生只说真话，不说假话，不逢迎，不谄媚，洁身自好，保持晚节。她像一面镜子，透视着自己，也映照着每一个宪法学人。孙老师是人民大学的杰出校友，是一位真正践行江平教授"只向真理低头"的人。

李树忠是孙老师的弟子，也是法大主管师资的副校长。他在孙老师的生平里写道："先生是一个思想开明的人、胸襟坦荡的人、敢讲真话的人、不计名利的人。她以自己做人的良心和学术品格推动着国家民主政治的进步和法治昌明。她是法大宪法学的奠基人和开拓者，是我们法律人的骄傲。"

学为人师，行为世范，是启功先生对教师的赞誉，也预设了从业者的形象。我不停地想，孙丙珠老师是怎样的一个人呢？

我1983年本科毕业被分到宪法教研室，就和孙丙珠老师、廉希圣老师、许清老师、董璠舆老师、丁树芳老师等在一起，从事教学、科研、普法等活动。这些先生们生于解放前，经历过新政权的诞生，参与过1954年宪法的起草，见证了"反右"和"文化大革命"的惨烈。1978年法大复办后，他们对国家改革开放和现代化建设的热情、对民主法制的渴望是发自内心又感同身受的，他们把全部精力投入了人才培养和法治建设中。不过当市场经济的红利惠及老师时，这些先生却纷纷退休了，精神上的富足和物质上的相对匮乏是这一代人的共同特征。我和同事薛小建、田瑶、姚国建等每次去看望孙丙珠老师时，她家四世同堂，七口人住在5层楼一个小的三居室里，非常拥挤。老师腿脚不便，有时几个月都下不了楼。可见面时老师和吾辈谈论最多的仍是宪法修改、党和国家机构改革、中国民主法治的未来等。我们经常评选法学大师或法治人物，其实大师往往就在我们身边。

我喜欢盲人歌手周云蓬的一首《九月》，歌声苍凉幽远，旋律低回绵长，直抵人心。歌中唱道：目击众神死亡的草原上野花一片，远在远方的风比远方更远，我的琴声呜咽，我的泪水全无，我把远方的远归还草原。越听越神圣，越听越震撼，泪光中我仿佛看到，孙老师像神一样，与众多宪法仙人凝聚成了野花一片。

《成文宪法的比较研究》是一本学术书，书的扉页上有这样一段话，当一个即将进入天国的人问圣彼得：天国里是否有宪法时，他被不幸地告之，天国里是没有宪法的，那是人间的事。

敬爱的孙老师，您在天国安息吧。追求宪法永远是人间的宿命。

十丈龙孙绕凤池

(江平)

江平老师受人敬重，源自他的精神气质和人格魅力，可能还有不可复制的人生经历。黄进校长说，法大有一种精神，是江平先生用言行为我们打造的，叫"只向真理低头"，他永远是我们的一面旗帜。

2013 年 7 月 18 日下午，我以教师代表的身份参加本科生毕业典礼。主持人介绍书记和校长时，会场热情洋溢，掌声不断。介绍到江平老师时，大礼堂沸腾了，全场起立，潮水般的掌声经久不息。

这样的反差我是第一次遇到，也许书记、校长已经习惯了。我暗想，江老师不当校长 23 年了，在广大师生中还有这么大的气场和影响力，真如孙国栋兄首创的"永远的校长"。记得陈佩斯在小品《主角与配角》里有句台词：你管得了我，还管得了观众的眼睛爱看谁吗？

我是法大 1979 级本科生，1983 年毕业，卞建林、费安玲、舒国滢同学等考取了研究生，我和刘心稳、隋彭生、张锋等留校任教。当时法律系有个资料室，孔淑琴老师是资料员，作为行政秘书，我协助整理图书资料。江平校长到资料室视察，问孔老师，他是你儿子？孔老师说，他是宪法教研室新来的老师，叫焦洪昌。我赶紧过来跟江老师打招呼，并窘迫地说，我是您的新兵。江老师说，搞宪法大有前途，新宪法实施后，违宪审查就是个大问题，你们要抓住时机，好好研究，为国家民主法治建设做贡献。然后跟我握了手，简洁、温暖、有力。

1984年底到1985年初，我参加司法部在华东政法学院举办的全国青年宪法教师培训班。华政聘请了吴家麟、许崇德、何华辉、廉希圣、蒋碧昆、张光博、徐杰、孔令望、陈宝音、李昌道、张正钊等十几位宪法学大家授课，知识大长，眼界顿开。登上本科生讲台后，很快就建立了自信心和影响力。这期间发生了一件事，北大分来的毕业生梁丰老师，刚上讲台没有经验，讲课效果不太好，学生闹情绪，找到江平校长要求换老师，教务处跟我商量前去帮忙，最后总算完成了任务。后来听教务处的领导说，在评职称时，江平校长提议将我破格晋升为讲师。这件事我一直感恩在心，当然也落了个心结，是否会影响梁老师的前程。后来梁丰和她先生离开内地，在香港开了一间律所，业务很红火，我内心的隐忧释然了。现在我仍然是一名教师，追随老校长，守望着法大的天空。

江老师讲话很有磁性，音线上扬，穿透力强。听江老师演讲，既是享受，又有些紧张。记得2012年法大60周年校庆，江老师在大会上讲话，他简单地总结了学校的成绩后，话锋一转，说我们历来都是歌颂成绩，吹嘘一番。我觉得纪念校庆应该更多地反思不足，寻求未来的发展方向。然后他直抒胸臆，表达了自己的真实愿景。我看见在场的听众和嘉宾，有的频频点头，有的紧锁眉头，这么喜庆的场合，江老师谈的话题可能有些沉重。

江老师的书法很有特色，我反复琢磨应归入哪一家，末了也没个结果。最近看江老师公子江波的书法征稿启事，好像读懂了。江波说，父亲的书法自成一家，从未见他肃然临帖，提笔只是信马由缰，侃侃而落，在飘逸中能见傲然不羁之气。我很佩服刘智慧师妹的智慧，她和法硕学院的梁敏、李建红等去看望江老师，竟然求了两幅墨宝。我和马宏俊、张笑世等多次去江老师家，从没动过这个念头。

作为法律人，我对诗词歌赋有些偏好，它满足了我对生活的情趣。《尚书·尧典》说：诗言志，歌永言，声依永，律和声。江老师爱诗，真的是言志。他在《信是明年春自来——江平诗词选》的序中写道：好的诗词总是来自逆境。所谓"魑魅喜人过，文章憎命达"。作为晚辈后生，对先生的诗词只能贴近阅读、用心体会。

我平生喜欢竹子，更喜欢郑板桥的竹子。在江老师 90 华诞之际，我把郑燮的这首《新竹》送给敬爱的老校长：新竹高于旧竹枝，全凭老干为扶持，明年再有新生者，十丈龙孙绕凤池。

水清如许　宪制撩人

（许清）

许清是我的老师，也是我的领导，他曾经像父亲一样关爱我。他去世，我很悲痛。

我1983年法大本科毕业留校。1984年，许老师代表教研室推荐我到华东政法学院，参加全国青年宪法教师培训班。半年的学习，使我结识了宪法学著名教授，接受了系统的宪法教育，培养了授课能力和技巧，对今后的学术人生有重大影响。我跟许老师编写过7本书，都是教材。从讨论大纲、查找材料，到索引注释、文字推敲，每个环节都能学到知识，每个细节都能感受精神。这些铅印的文字，除了评职称，也能赚点稿费。我家是农村的，父母没工作，一家5口，全靠我和爱人的工资过生活，稿费收入对我挺重要。

刚分到法大时，教研室在抗震棚。作为秘书，由于城里没有家，就住在棚屋里。冬天冷，北风吹，自己生炉子取暖；夏天热，蚊子咬，靠电风扇驱逐。许老师住对面的新一号楼。他不但请我到家里吃饭，还冒险把港台杂志、图书给我看，如镜报、信报、广角镜等。我岳父从天津来，许老师就做东请客，我们感到很温暖。

许老师乐于助人。山东曲阜一位艺人，因帮日本长崎县排练祭孔仪式，触犯了曲阜官员的利益被拘留，家人找到许老师求援。许老委托我去当地了解情况，最终使问题得到解决。更让我感动的是，2013年4月14日许清教授的追思会，他儿子许达谈到，许老师被医院下病危通知，已经不能说话，还拼力挣扎两小时写了一个"赵"字，画了墙和小人。后来许达才弄明白，原来有个姓赵的人被冤枉关进监狱，希望儿子去救他。

邓小平南巡讲话后，下海成风。由于在学校看不到希望，我辞职到广西防城港办律师事务所。种种原因，律所没办成，又想回教研室。我估计许老师会很伤心，甚至拒绝我。没想到老人家热情地收留了我，还鼓励我尽快发文章、做课题，准备评职称。感恩之外，我倍加珍惜这次机会。现在我当了教授，并以教书为志业和最高荣誉。

在法大的老教师中，许老师是比较活跃的。他倡导：扩大人大代表直接选举范围；实验乡镇政府首长人民直选；推行公职人员财产公开；学习香港特区廉政公署制度反腐败；落实和完善宪法监督制度；通过党内民主带动国家民主；强化审判和检察独立；通过公民权利制约公共权力；等等。他对宪制民主非常推崇，不但到处宣讲，还组织我们把中外最有影响的宪制论文，汇编成册，取名《宪政精义》，印发同学阅读。

老一辈学者有剪报的习惯。许老师订了十来份报纸，每天边阅读边分门别类剪贴，认为这是教师的基本功。此外，他还鼓励我多记笔记。"好脑子不如烂笔头"，他说每天把所思、所想、所听、所看记下来，这是一笔宝贵财富。长期以来我除了自己坚持，还推荐给我的弟子。

许老师一生也有遗憾，他没带博士生。做教研室主任10年，法大曾经有5大宪法教授，但没有申请到博士点。这多少影响了法大学科建设和先生们学术的传承。原因是多方面的，一言难尽。作为晚辈，我们应承担更多责任。

许老师有许多品质值得我学习。老校长江平指出，不管顺境、逆境，许清始终对宪制和人生充满激情。不巴结，不钻营，踏踏实实做事，堂堂正正做人。孙丙珠教授把许清的一生概括成两个字——好人。为人正直，可以交心。

许老师逝世后，我在微博上发了消息，法大校友反响强烈。有501人转发，118人评论。网友熊熊说，许老师留给我们的精神是乐观面对一切困苦，善良对待所有人。法大尹志强回复，许老师1984年给我上宪法课，音容笑貌记忆犹新。校友高广清律师提到，许老师是我本科的宪法老师，30多年了，先生上课的情景还历历在目。在这个国度里，讲宪法多难呀。网友碧水群青感慨，当年许先生说，人类经过了刑法时代、民法时代、宪法时代，中国目前还处在刑法时代，我们期待宪法时代的到来。

水清如许，宪制撩人，得一分有一分的喜乐。

水的载歌载舞　使鹅卵石臻于完美　　　　　　　（樊崇义）

袁方和易明群在微信里直播，樊崇义老师80华诞，在友谊宾馆举行。背板上的中国红，宣示着樊老师毕生的追求；台桌上的鲜花束，散发着师生情义的芬芳；码成心字的图书册彰显了学者的力量。

樊老师是河南内乡人，谈到老家，他总是夸耀，一座内乡衙，半部官文化，说的就是俺们老家。清代高以永曾撰写过一副名联，就挂在县衙三省堂上：得一官不荣，失一官不辱，勿道一官无用，地方全靠一官；穿百姓之衣，吃百姓之饭，莫以百姓可欺，自己也是百姓。

樊老师是刑诉法学者，但酷爱法哲学，他说初读黑格尔《法哲学原理》时，实在看不懂，就反复读，用心记。结果功夫不负有心人，不知不觉间，养成了哲理型的法治思维。总是从宪制角度研究刑事诉讼，把对警察权与检察权的控制融入人权保障里，揭示出公法在人类文明中的作用。

一次参加"人权司法保护"研讨会，轮到樊老师发言。他说刑讯逼供是对人权的最严重侵犯，要防止出现冤假错案，必须攻克这一顽疾。为此，他连续九年集中研究刑讯逼供，将北京海淀、河南焦作、甘肃白银的公安机关，作为试点单位，将全程录音、录像和律师在场作为试验内容。他感叹，推行这项改革太难了，规制与反规制激烈较量，真是道高一尺，魔高一丈。有时我都想骂人了，恶疾不除，每个人都可能被冤假错案碾压。

樊老师乐于助人，有求必应。我主持过一个"儿童保护机构研究"项目，须到公安部打拐办收集资料。听说打拐办主任陈士渠是樊老师的学生，我就请老人家帮忙联系。很快，樊老师就打来电话，热情地说，小焦，我跟士渠说好了，他答应全力协助你的工作。后来得知，樊老师这时正在澳大利亚参加国际会议，越洋相助，暖心暖肺。

樊老师有两次从政的机会，都毅然放弃了，惟教学和科研，是他毕生的目标。2020年，老人家80高龄，还申请获批了国家社科基金重大项目"健全社会公平正义法治保障制度研究"，开题时邀请我助阵，现场聆听了先生的报告，其视野之开阔、逻辑之严密、底蕴之深厚、把握之精准，吾等难望其项背。

樊老师生于农村，念小学时就住校。每周回家一趟，用扁担挑着口粮和柴火，单程20多里路，鞋都舍不得穿，经常打赤脚。我去过内乡县，对当地的扁豆焖面和"三不沾"猪蹄很感兴趣，还有缸炉烧饼和酸菜牛肉，也非常待见。樊老师乡音无改，印象中，他把"二"永远念成"ler"，很有特色。

樊老师几十年如一日，寻古今正义，成大道文章，永远是晚辈的学习榜样。泰戈尔说，不是锤的打击，而是水的载歌载舞，使鹅卵石臻于完美。

照耀您身上的第一缕阳光 　　　　　　（朱维究）

初识朱维究老师，是在1983年秋季。我本科毕业留校任教，分在宪法教研室做秘书。当时宪法教研室叫国家法教研室，分中国宪法、外国宪法和行政法三个学科组。教研室主任是廉希圣老师，支部书记是杨达老师。中国宪法组人最多，除廉希圣老师、杨达老师外，还有许清老师、黄方敬老师、丁树芳老师，以及早我一年分来的王永志兄。外国宪法组人较少，有孙丙珠老师和熊宗域老师，还有与我同年分来的沈红同学。行政法组有方彦老师、仝典泰老师和朱维究老师。朱老师说话干脆，表达清晰，神情紧迫，总有一种责任感和使命感笼罩着她。交谈中得知，她是河北滦平人，军人后代，父亲参加过台儿庄战役。当时的行政法学，属初创期，朱老师非常忙，来教研室的机会不多。给我印象最深的是，为了教学、著书和参与立法，她制作了大量索引卡片，用橡皮筋捆起来，放在墙角的桌子上，有两尺多高。她跟我说："小焦，要记住，做学问得从做卡片开始，好脑子不如烂笔头。"

1998年12月，中共中央就修改《宪法》问题向社会各界征求意见。朱老师跟我说，中国农工民主党北京市委，拟请两位公法学者，就修宪问题给把把关。这是我首次随朱老师参加党派活动，心里很激动。会前，章诒学女士接待了我们，她是章伯钧先生的大女儿。章女士中国任农工民主党北京市委秘书长，人们喊她章秘，对我们嘘寒问暖，非常热情。会上，大家对邓小平理论、市场经济、依法治国、私有财产不受侵犯等问题是否入宪进行了热烈讨论，我则从修宪背景、修宪程序、修宪原则和学者反映等角度进行了分析。章秘等人听了，觉得挺专业，就邀请我给中国农工民主党北京市委搞一次宪法讲座。朱老师乘机说，洪昌为人为学都不错，是无党派人士，你们不妨发展他为党员。朱老师这句话，改变了我的人生。很快，经章诒学和谭卫和两位领导介绍，我于九届全国人大二次会议通过宪法修正案时，光荣地加入了农工民主党。朱老师提醒我，宪法学者应当有政治追求，在党派里有为，在国家才有位。

2002年我报考朱老师的博士生，当时学校没有宪法学博士点，就挂在行政诉讼法方向。第二年冬天的一个午后，我约朱老师见面。她从五层楼家中走下来，我们去了月坛南街一个叫"花时间"的咖啡厅。点了两杯拿铁和一些小吃，边吃边聊。老师谈兴很浓，从奶奶婆到舅舅公，从"一化三改"到长安街边的房子被充公，如数家珍，历历在目。她慢慢讲，我仔细听，偶尔也插两句：真的吗，后来呢？咖啡的香气，充盈着每一寸呼吸。后来谈到了论文开题，我说想写选举权的法律保障。老师说，你读的是诉讼法专业，可以先研究选举诉讼，等有了宪法学方向，再转成选举权的法律保障。这之后，我宽着期限，紧着工夫，按期完成了论文。答辩由王人博教授主持，莫于川、于凌云、张树义、薛刚凌诸位教授参与。答辩通过后，我立马向老师报告了喜讯。她老人家很高兴，声音中带着赞许。当时的感受，我把它写在了论文的后记里：承蒙先生不弃，飘泊的我有了归期。果实挂在枝头，土豆睡在地里。

2006年2月23日，朱老师受聘国务院参事，聘任仪式在中南海怀仁堂举行。老师回忆，温家宝总理和每位参事热情握手，并发表即席讲话。总理说，参事有三个特点，学识渊博、阅历丰富、身份超脱，还用古人的两句话与大家共勉："知屋漏者在宇下，知政失者在草野。""心中为念农桑苦，耳里如闻饥冻声。"老师谨记总理的嘱托，本着独立思考、敢讲真话的原则为国家建言献策。一位民革的领导说，朱维究的肩膀上长着一颗自己的脑袋。《人民日报》也以"宁要微词，不要危机"为题报道了她的事迹。她常说，蹲下去才能看到蚂蚁，深下去才能解决问题。

2016年5月18日，朱老师毕业50年时，写了一篇自传体文章，叫《感谢生活历练了我》，贴近阅读后，我真切地感受到了她的复杂心绪。本来，老师是喜欢文史哲的，可命运造化，让她跟政法打了几十年交道，其中的苦辣酸甜，悲欣交集，都当成了成长的要素。她特别喜欢罗曼·罗兰的一句话：世界上只有一种真正的英雄主义，就是认清了生活的真相后，还依然执着地热爱它。我想，这也是她性格的真实写照。

朱老师说，她在做大学老师前，曾在北京密云新城子镇当过10年农村语文教师。这是一段难得的，也是有趣的经历。一个初春的午后，我驱车来到新城子镇，开始找寻老师当年的足迹。新城子镇坐落在雾灵山脚下，与河北滦平县和兴隆县接壤，一脚踏三县，是北京第一缕阳光升起的地方。镇的路口有个广告牌，上面写着：当第一缕阳光洒向大地，当第一声鸟鸣在林间响起，那草尖上的晨露，如一个个跳动的精灵，在诉说着传奇。

春犹浅，柳初芽，杏当花。杨柳杏花交影处，朱老师，这应该是照耀您身上的第一缕阳光吧。

抽烟　喝酒　唱京剧　　　　　　　　　　　（乔晓阳）

"乔老爷"出自 1959 年的电影《乔老爷上轿》，后来成为一种爱称。

在法律界，人们习惯把乔晓阳称为"乔老爷"，谁先叫起来的无从查考。廉希圣教授说，乔老爷是大干部，却没架子，一见我就递烟，还给点上。他脑筋好使，能把复杂问题简单化。

初识乔老爷是在 2001 年冬天，老同学蔡定剑请他来法大讲座，让我主持。提问环节，我首先发问：在现代国家，终审权都属中央事权，港澳《基本法》却把它授予给了特别行政区，这背后有何道理？乔老爷说，我的问题很尖锐，他尝试回答。接着他从立法原意、"一国两制"特点、政治家决断、普通法与大陆法差异的角度，作了阐述，给我打开了一扇窗。他最后说，《基本法》是部伟大的作品，也难免留下遗憾，我们对待前人，要同情地理解。

10 年后在昌平小汤山山庄，我参加基本法教材培训，研学一周后，乔老爷做结班讲话，他以新闻联播的口吻归纳：锦光说，锦光又说，锦光还说（胡锦光教授是教材编写组成员，小组发言时乔老爷在场），会场气氛顿时热闹起来。

2012 年夏天，乔老爷在香港会展中心，就全国人大常委会关于"特首普选释法"发表演讲，他上来就说，今天是礼拜六，讲好这个问题不容易，压力挺大，如果大家能给我点掌声，压力会小许多。

抽烟 喝酒 唱京剧

话音一落，台下掌声和笑声一片。与会者回忆，乔老爷讲《基本法》，情理法兼融，信达雅共济，我们特别爱听。

2015年秋天，乔老爷来法大昌平校区做报告，刘飞院长给我打电话，说老爷想见你。午饭时，乔老爷让我挨着他坐，当着校领导说："老焦，你架子太大了，我到了学校，也不出来接见一下。又说，最近有什么好玩的事儿，给我讲讲。"

乔老爷喜欢京剧，在给《李纯博书作集》写的序里说，近年与纯博雅居后海，对京剧艺术的共同爱好，使我对这位年轻人多了几分认识。他身处传媒行业，仍葆淡泊之心，闲暇读书、赋诗、写字、操琴，痴心于国粹，执着于传统，实属难能可贵。

2020年10月，我弟子张鹏拜京剧大家张建国先生为师，让我代邀乔老爷出席见证，老爷欣然前往，我却出差在外，未能光临，由夫人代表祝贺。我在给张鹏的微信里说，师母的讲话，代表了我的心声，特别赞成"人是带着使命来的"这句话。法律和京剧，都与悟道有关，乔老爷就是一面镜子。

同年11月，我主持的一个课题在京仪酒店开题，晚餐时，请乔老爷坐主位。他坚辞，说有廉希圣教授在，哪有我坐主位的道理。几杯酒下肚，大伙请乔老爷唱段京剧，他清清嗓子，来了段现代京剧《沙家浜》，由张鹏伴奏，"朝霞映在阳澄湖上，芦花放稻谷香岸柳成行"。行腔稳重苍劲，简约中见细腻，平淡中见神奇，引来一片叫好声。

2022年暮春时节，受刘海涛社长邀请，讨论一项出版计划。责任编辑叫陈偲（cāi），我给念成陈（sī）啦。她说正在编辑《乔晓阳论基本法》一书，乔老爷以严谨的法律精神、清晰的法律观点、实事求是的态度、风趣幽默的表达，向世界展现了中国处理特区事务的风范。

乔老爷是开国少将乔信明之子，高中毕业去古巴哈瓦那大学读西班牙语，插过队，做过工，给领导当过秘书，后来在全国人大担任过副秘书长，香港、澳门特别行政区基本法委员会主任，全国人大法律委员会主任委员，参与了现行《宪法》的历次修改，领导了十几部法律的制定，是国家法治建设难得的领军人物。他强调，我们在人大从事实务工作，要做到两多，即在专家面前多讲实际，防止他们理想化；在领导面前多讲法理，防止他们拍脑门。

乔老爷是个实在人，亲切幽默。他常说，人一摆架子就完了，摆来摆去，把自己给架空了。他抽烟、喝酒、唱京剧，讲话、写作、侃大山。

风带来故事的种子　时间使其发芽　　　（高浣月）

人博兄不当《政法论坛》主编了，学校请他坐一坐，邀我参加。疫情以来，北校门一直封着，这次破例打开。"花径不曾缘客扫，蓬门今始为君开。"我猜想，一定是浣月的主意。学校有情感，教授有面子。

高浣月是法大1979级本科生，后读了法制史硕士、博士，留校工作。她的名字挺有意思，可解读为"月亮洗澡"。"明月松间照，清泉石上流，竹喧归浣女，莲动下渔舟"，是对"浣月"的精准诠释。但音怎么发，却见仁见智。不熟悉的人管她叫浣（huàn）月，熟悉的人叫浣（wǎn）月，何以如此，无从查考。

小聚安排在贵友酒家，一个法大人都熟悉的地方。经理老朱花白头发，酡红脸膛。"来啦您呐！"久违了的感觉。菜依然是本店招牌：丁香牛肉、东坡肘子、鱼头泡饼、酸汤丸子，再加上三黄鸡，是经典中的经典。几杯烧酒落肚，话匣子打开。领导细数了人博兄的丰功伟绩，当事者也表达了真诚谢意。最让我动容的，是浣月的一番话：我和人博同出张门，人家不做主编了，可以回法学院，继续教书育人。我从岗位退下来，就得直接夹包回家了。在大学里，当知名教授，著书立说，桃李芬芳，是最受人敬重的职业。

浣月钟情法制史，撰写的博士学位论文《清代刑名幕友研究》，探考了一群特殊法律人，在明清时代成长、巅峰、式微的轨迹，还原了一段异样的官场文化。读了浣月的大作，我晓得，原来"幕友"是主官对幕从的称谓，有虔敬之义，"师爷"是江湖叫法，透着豪气；幕友或师爷，虽非官吏，但凭着知识和经验，成了官场上的"职业经理人"；无绍不成衙，说明师爷通达官府，襄助官人，在浙江吃得开，不过后来却出现越权干政的流弊。浣月考证，刑名幕友在大清鼎盛时期多达万人，但随着洋务运动的兴起，师爷行当渐成改革阻力。名臣张之洞上书皇帝，废除师爷制度。至此，曾经热闹的职业，便偃旗息鼓了。

法大1979级同学留校从政的不多，除了陆炬兄等，就属浣月了。至于有什么好处，我的感觉是，便于给同学们办事。就拿相聚40年来说吧，筹委会商定，2019年10月19日下午，1979级同学进校园。不料，1985级同学也要在这一天返校，庆祝毕业30年，可巴掌大的地方，容不下两届学生。浣月不惧困难，全力安排，在法苑楼前的空地上，辟出一块空地，铺上红地毯，放上小马扎，供1979级同学联欢，又动员1985级的师弟师妹，移步到附近的京仪大酒店。

将40年前授过课的老先生，悉数请到庆典现场，接受弟子们的欢呼，非常不容易。敬爱的江平老师，以90岁高龄，即席发表演讲。思路清晰，语言犀利，声情并茂，振聋发聩，末了还留下墨宝：相聚四十年，辉煌法治兴。我私下表扬浣月，特殊时期能在校园聚会，还请来这么多前辈，太给力啦。浣月也挺自豪，这点事都办不成，得让同学骂死。再说啦，等到相聚50年、60年时，我们都退光了，也没有给大伙服务的机会了。

浣月是北京大妞，心直口慢，不沾酒水，不像《骆驼祥子》里的虎妞，一扬脖就能干一杯，爱谁谁。她个子不高，戴红框眼镜，笑起来像一泓湖水，波纹从嘴角到眼角，慢慢地荡漾开去。同学小聚时，海彦、雪峰、茂哥等跟她逗闷子，她半天才反应过来，就笑着说，你们几个家伙，又说我什么坏话呢？大家哄笑一番，我真以为她听懂了。

风带来故事的种子　时间使其发芽

2018年3月12日，她代表学校，任命我为法学院院长，地点在科研楼913会议室。立艳部长宣读完学校决定，浣月发表讲话：老焦是法大老人，代理院长半年多，各方面工作有序推进，让组织放心。从今以后，希望学院领导班子，心往一块想，劲往一处使，汗往一处流，把"经典法学院"这块金字招牌，擦得更亮；希望老焦发扬"想干事、能干事、干成事"的作风，用足用好学校政策，守住做人做事底线，使学院工作守正创新；民主党派和无党派成员多，是你们班子的特点，希望大家精诚团结，有为才有位，有位更有为，争做学校统战工作的模范。

浣月是个爱生活的人，自诩会做北京糖蒜，还让我夫人带回一瓶。打开瓶盖，一股独特的味道飘然而至。我夹起一瓣，白白胖胖，晶莹剔透，用牙一咬，酸中带甜，甜中带咸，清脆爽口。有次家庭聚会，我跟相自成大哥说，你媳妇做的糖蒜堪称一绝，闻一下就口舌生津。相大哥说：我家"领导"是外交家，选蒜、清洗、剥皮、调味、倒缸、密封都是我的事儿，她只管品尝和宣介。

相大哥是西安人，浓眉大眼，鼻直口方，憨厚和善，面带佛相。早前研修法制史，毕业后去了中国残联。他和浣月是研究生同学，后来喜结连理，恩爱白首，妻唱夫随。我们哥儿俩不停地碰杯，掏心掏肺，场面热烈。浣月在旁边，轻声叮嘱：年龄不饶人，你俩适可而止吧。我们一边答应，一边移到桌下碰杯，演绎了中国式的适可而止。

夜深了，星星眨着眼睛，河水哗哗流淌。皓月当空，静影沉璧。风带来故事的种子，时间使其发芽。

雨过天晴驾小船　鱼在一边　酒在一边　　　（阮齐林）

阮齐林兄请吃饭，我一口答应，他抱拳道："有焦爷就热闹了。"早前，校园周边有贵友、金狮麟等馆子，走着就能到。而今，歇业的歇业，拆迁的拆迁，聚会得跑老远。阮兄订了无名居，位于北四环保福寺桥南。清汤狮子头、大煮干丝、鱼米之乡、响油鳝糊等江南名菜，都上了。俗话说师出要有名，我好奇阮兄为啥请客？开席了，阮兄端着酒杯站起来，笑眼眯成一条缝儿：我下个月就退休了，来京四十载，受到各位兄弟姐妹关照，今天略备薄酒，真心感谢大家，说完一饮而尽。

听明白缘由，我站起来敬酒：说句实在的，本来想戒酒了，但一辈子讨厌浪费，还是从明天开始吧。记得2008年北京奥运会前后，阮兄跟我说，现在茅台便宜，一瓶才800多元，最好囤几箱，将来用得着。我问，你囤了吗？他说整了一些。现在看来，阮兄有远见，跟诺查丹玛斯差不多，是大预言家。说到阮兄的为人，就一个字：爽！亲切自然，厚道善良，彼此舒服。这点挺像茅台，幽雅细腻，酱味醇厚，空杯留香。

阮兄生于安徽枞阳。古时枞阳多枞树，人们把发源于大别山、经菜子湖入长江的河段，叫枞川。县城坐落在枞川北岸，因而得名。阮兄的父亲，1953年毕业于北京大学图书馆系，不幸的是，1968年老人家无法忍受"文化大革命"的折磨，自杀身亡，成为时代之殇。

雨过天晴驾小船　鱼在一边　酒在一边

张建田先生在《歌乐年华》一书中说，阮齐林1975年高中毕业后，下乡当知青，在霍山县背石头，修水坝，种庄稼。农村辽阔，年轻人进田就看不见了。那时的阮齐林，个子矮小，身单力薄，挑粪上山，不会换肩膀，硬是把粪桶扛上去了。

我和阮兄20世纪80年代留校任教，他教刑法，我教宪法。千禧年前，我俩被任命为法律系副主任，班子成员还有少华、大炜等，主任是朱勇教授。阮兄分管教学，我负责科研。他抓教学很有章法，主张法学教育要唤醒灵魂，厚植公义，敬畏生命。他讲过一个故事，至今难忘：有位"二战"老兵，胸前挂着铁十字勋章，过90岁生日时，手捧勋章却泪流满面。老兵反思，这勋章上沾满了鲜血，我现在一点也不为它感到光荣和骄傲，反而感到羞耻和悲伤。阮兄慨叹，这是人类经过战争、触摸生死后才有的认知，是人过90、历尽沧桑后才有的悔悟。

阮兄特别重视实践教学，除要求学生到法院、检察院和律师事务所实习外，还鼓励老师编写教学案例。他说，教学案例通过事实描述、争点概括、法条阐释、逻辑推演和答案探寻，能培养学生正确的法律思维，在模拟办案中像法律人一样思考。为契合他的主张，我和李树忠主编了一本《宪法教学案例》，1999年由法大出版社出版。阮兄自己则独著了一部《刑法总则案例教程》，近500页，案例丰富，点评精到，可读性强，成为案例教学的引领者和示范者。

有人觉着，讲授司法考试（现在叫法考），有点跳脱教师主业。其实这种课市场化程度高，学员们用脚投票，考验着老师的能力。早前，我和阮兄都参与过授课，既服务社会，又贴补生活，还能践行大学使命。阮兄用生动的语言、鲜活的事例，删繁就简，画龙点睛，把刑法精义，通过三尺讲坛和图书网络，传播到千家万户，嵌入学子们心中，成为法治文明的布道者。罗翔说，迷茫时听阮老师点拨，能找到前进的方向。

阮兄喜欢下围棋，在法大校园是佼佼者，这可能跟他1992—1994年在东京大学访学有关。那时正是大竹英雄、武宫正树、小林光一等超一流棋手霸屏的时代，阮兄耳濡目染，打谱手淡，累积了深厚的功力。我在学院路校区，跟阮兄有过两次交手，根本不在一个段位。阮兄大局观好，攻守平衡，张弛有度，很难抓到他的弱点。"宝鼎茶闲烟尚绿，幽窗棋罢指犹凉"，人生如棋，是娱乐，也是审美，演绎着个性，深藏着情味。

阮兄是个实在人，说话做事，信守教书人的本分。2004年夏天，他代表老师给毕业生致辞，题目叫《祝你们选择幸福》。什么是幸福呢？他开宗明义，就是在自我感觉愉悦时，还能造福人类。他说，我不好意思建议你们无私奉献，反哺社会，报答父母，光耀母校，这有点把你们当工具之嫌。不过生活真美好，阳光真灿烂，凉水真解渴，爱情真浪漫，我希望你们：选择幸福，感受幸福，更要给民众带来幸福。现场响起经久不息的掌声。

好看的皮囊千篇一律，有趣的灵魂万里挑一。在开启新生活之际，祝阮兄：草屋茅庐有几间，行也安然，睡也安然；雨过天晴驾小船，鱼在一边，酒在一边。

太阳的光　洗着我早起的灵魂　　　　　　　　（白晟）

白晟是法大 1981 级本科生，后跟随北大沈宗灵先生攻读法理学硕士，又追随本校潘汉典先生攻读比较法博士。我和他在法学院同事多年，一直有个误会，以为他叫白"盛"，后经本人指出，我才恍然大悟，原来叫白"晟"，前者表示兴旺，后者寓意光明，差别挺大。

白晟的网名叫"静静的白天鹅"，让我想到了唐代诗人骆宾王：鹅鹅鹅，曲（一声）项向天歌，白毛浮绿水，红掌拨清波。继而又想到了天山脚下的天鹅湖：宽阔的湖面上，成群洁白的天鹅，在悠闲地游荡。它们时而挺脖昂首，神气如同将军，时而曲颈低头，娴雅胜似仙子。看来，好的网名也会让人遐想。

白晟一米八的个头，脸长眉直，鼻子挺阔，五官分明，有英武气。特别是头发，既密又硬，有如铁刷子，倔强地竖在头顶。我平生羡慕头发刚直的人，他们给理发师预留了展示才艺的空间。白晟眼睛大，眼神犀利，说话有种神秘感，时而顺畅，时而顿挫。他的手很有力量，好像练过什么功夫。

白晟自己说，上大学前他当过 8 年矿工，在山西大同。去年暑期，我有幸拜访了这座城市，方圆 10 公里的文瀛湖浩浩荡荡，周长 5 公里的老城墙气势磅礴，华严寺文物群古色古香，云中刀削面更是妙味横生，完全颠覆了我对中国煤都的想象。不过 20 世纪 70 年代的大同，跟煤矿工人白晟一样，共同经历了苦难的时光。深长的矿井，昏黄的矿灯，无常的事故，生命每天都与风险相伴。所以一提到上大学，老白总是感慨万千，为了这一历史性时刻，我在黑夜中等得太久了。

白晟大学毕业后留在学校教务处，后来转到法理学教研室，一边教书，一边追慕先贤。他怀着对大先生们的敬重，凭一己之力，编辑了三本法学大师文集，即《潘汉典法学文集》《费青文集》《楼邦彦法政文集》。这三本书内容珍贵，结构完美，图文并茂，装潢古雅，老白都题赠我收藏了。《费青文集》的序，是由时任校长黄进撰写的，其中说道，像费青这一代法学家，学养深厚，学贯中西，坚守读书人的良知和理性，敢讲真话，不讲假话，在当下情境中，正是我们后辈应该学习和传承的。

我喜欢读传记，特别是自己熟悉的人物的传记，它们能抚慰乡愁，对抗遗忘，激活热情，捍卫尊严，在感同身受中获益。白晟有一本传记，叫《东吴身影——走近导师潘汉典》，是其代表作。老白常说，学者是靠作品说话的。为了写好这部传记，他想尽一切办法，收集潘老师的人生资料，做到采访有录音，事实有根据，文字有出处，叙述有分寸，评价有担当，是一部拿得出手的汉语法学作品。

北京大学出版社的蒋浩先生，是白晟的同学，论及《东吴身影——走近导师潘汉典》这本书，讲了一个故事：就在样书出来后，发现把书名副标题"走近导师潘汉典"误写成"走进导师潘汉典"，一字之差，云泥之别。大家觉得，对待大师，只能走近观察，不能踏进内心，正如《论语》所言，夫子之墙数仞，不得其门而入，不见宗庙之美。最后出版社决定，把4000本首印的封面和扉页全部更换修正，为此耗资20000元。

2017年5月7日下午，是白晟教授荣休的日子，法学院为他举办了有意义的仪式，除校、院、所代表外，都是他邀请的嘉宾——法大德高望重的杨鹤皋先生、谷安梁先生、甘绩华先生、任中杰先生、曹子丹先生、程味秋先生、裴广川先生、刘全德先生、曾尔恕先生和马致冰教授等，以及潘汉典老师的后人潘百鸣、潘百方，可谓群贤毕至，少长咸集。柯华庆教授赠他一本书——《从前的先生》，副标题是"盟史零札（一九三九——一九五〇）"，张冠生编著，广西师范大学出版社出版。舒国滢称赞他，"从煤矿工人到大学生，从行政转入教学，从注重教书到潜心研究，体现了低调的坚韧和自信"。老白则以《历史是不能忘记的》为题，发表了告别演说，其中特别提到：大学不能遗忘自己的历史，校史应该以院史为基础，院史应该以所史为依据，并承诺愿意为此尽绵薄之力。我代表法学院，也敬赠了白晟教授四句话：白晟荣休，嘉惠弥长；精研学术，勤育栋梁；君子之风，德化馨香；少用烟酒，且寿且康。

转瞬间，白晟兄荣休满 5 年了，他继续阅读、思考、写作，用眼去观察万事万物，用脚去丈量四面八方，用心去体验人性的力量，他还参加了教育部"银龄讲学计划"，到新疆政法学院去发光发热。

图木舒克市，这个充盈着刀郎文化的圣地，这个长满胡杨林的原乡，而今又有一只静静的白天鹅，每天巡查自己的领土，俨然是个国王。宗白华说，太阳的光，洗着我早起的灵魂。

我是您满头白发上的早春　　　　　　　　　　（林来梵）

林来梵兄供职香港城市大学时，我们就认识，要说密切接触，还是在浙大之江校区。那时他和弟子郑磊举办"中国宪法学基本范畴与方法"研讨会，我应邀前往。法学院坐落在月轮山下，钱塘江畔，六和塔边，环境优美，适合坐而论道，探讨学问。后来这个研讨会举办了十几年，出人、出书、出思想，助推了中国宪法学的发展。在杭期间，来梵兄特意安排吾等去西湖山庄（北山街84号），参观"五四宪法"诞生地。刘庄紧邻黄龙吐翠、宝石流霞、曲院风荷等名胜，登高还能看见断桥残雪、苏堤春晓、雷峰夕照。难怪毛主席选择这里起草《宪法》，真是"故乡无此好湖山"呀。来梵还给兄弟们讲述当年的立宪过程和鲜为人知的故事，仿佛陈伯达、胡乔木、田家英等大秘在世。作为宪法学人，这么近距离走进历史、品鉴文物、思接古人，我还是平生第一次，既长知识，又得见识，不虚此行。

来梵兄福建人氏，一米八多的个头，眼大有神，鼻直口方，刮过的络腮胡须，茬口铁青。讲话声音不高，慢条斯理，却抑扬顿挫，颇有韵味。他演讲有个口头禅，兄弟口才不好，不像谁谁谁，是京城名嘴。不过他的演讲，却如磁石一般吸引人。他讲话，视野开阔，内容扎实，逻辑性强，善用比喻。介绍自己时，往往这样开场：我叫林来梵，对这个名字，很多人会浮想联翩，以为是个和尚，或早晚要出家的人。他形容别人，也异常生动，如描述一位教授，头发像《德国民法典》，条理清晰，一丝不苟，光可鉴人，我一听就知道在表扬谁。说到宪法学界，就更有意思了，他说吾辈就像"在绿原上啃枯草的动物"，拥有的资源少，思考的问题多，担负的责任大。

来梵兄生在岛上，名曰平潭，是大陆距台湾地区最近的地方，仅68海里。这个岛屿，以沙滩闻名，沙细粒白，与夏威夷相媲美。来梵兄加盟清华后，在家乡举办过两次学术会，一次是宪法，另一次是港澳基本法，研讨的细节记不清啦，唯主人的热情招待与海上仙境，永远尘封在记忆里。有两位到场的美女教授慨叹，她们尝到了世界上最鲜美的鲍鱼和螃蟹。来梵兄也在其诗作《夏天的但书》里追忆：今年的盛夏，我真想拥有一个岛，让一切特殊起来，阔别的好友踏浪而来，听石头唱歌，我们向东迎着海风，喝着烈酒，不在乎当下。

听福建同事说，福清、平潭人，喜欢出国，尤其是日本。京都鹿苑寺附近，有所大学叫立命馆，当年来梵兄就在这里读博，师从畑中和夫先生。有一年我去京都进行文化考察，受好奇心催动，决定到里面探个究竟。丁学芝是北京大妞儿，早年负笈东瀛，主动担任导游。到了校门口，我把寻访的愿望，做了真诚表达。门卫似乎听懂了，示意可尽情体验。雨后的校园，马路被冲刷得干干净净，一尘不染；留在树叶上的雨滴时不时落下来，打在身上凉凉的；红木香的藤蔓沿着路边，竞相绽放，馥郁芬芳。

首先映入眼帘的，是一块巨型鹅卵石，沉着地矗立在路旁。上面刻了两行汉字：夭寿不贰，修身以俟之，所以立命也。读半天，也不知啥意思，赶紧查百度，原来是《孟子·尽心上》里的话，大意：作为人，有的早逝，有的长寿，都是天命。所以活着的时候，要修身养性，勤奋学习，以待天命。校园里人不多，很清静。往前走不远，有座纪念馆，叫西望寺。印象最深的是大门匾额上"立命馆"三个字，枯笔悬针，苍劲有力。记得来梵兄说过，初见畑中先生，就在旁边的修学馆。先生见面就问：君，有没有什么论文带来？来梵兄回味，听到先生这么称呼自己，很是温暖。

来梵兄喜欢诗文，经常把阅读中发现的趣事，跟友人分享。2021年12月8日晚，与来梵兄在清华西路花家怡园小聚。窗外湖水冰凉，柳枝狂舞，窗内古色古香，温暖如春。来梵兄坐在竹椅上，边喝茶边聊天，说有本奇书，是钱锺书的老师温源宁记述民国人物的。首篇是吴宓先生，写得活灵活现，但有些刻薄，如说吴先生长得价值连城，怪异得像一幅漫画；脑袋的形状像颗炸弹，也像炸弹一样随时可能爆炸；盯着人看的一双眼睛，像烧红了的两粒煤球。我听了觉着很生动，也佩服来梵兄的记性。第二天，来梵兄特意发来照片：老焦，这是昨晚所说民国奇书《不够知己》的封面、目录和首页，有兴趣可找来一读。

来梵兄有两本著作大卖，一本叫《从宪法规范到规范宪法》，是他的奠基之作，开创了宪法学研究的新流派；另一本叫《宪法学讲义》，是他多年的授课实录，把人生的知识、思想和良心都投入其中了，影响了众多年轻人。来梵兄说，宪法学是有祖国的，应该打开规范的天窗，去迎接宪法的阳光。

来梵兄是过继的，对养父母一往情深。他在早年的随笔集《剩余的断想》里说，敬爱与真诚一样兹事体大，在人类固有的精神意义上，我把这部小书献给养父冥冥的在天之灵，并借此表达对二老无限的感恩。您是我喜上眉梢时那一道最深刻的皱纹，我是您满头白发上的早春。

莺歌不在多　在于嘹亮　　　　　　　　　　（许身健）

2009年，是我48岁本命年，期待着出国。7月上旬的一天，我率团访问耶鲁大学，按行程，第二天上午9点到法学院。谁料旅行社弄错了行程，安排吾等住在波士顿，离目的地纽黑文有300多公里。是推掉公务，还是起早赶路，必须决断。大家达成一致，排除万难，按时会面。

我脸皮儿薄，不善谈判，就委托马宏俊、许身健出面交涉。老马经验丰富，又是北京大爷，跟旅行社谈起来理直气壮，态度坚决。身健则察言观色，斗而不破，双方商定凌晨三点出发。大家星夜兼程，赶到纽黑文，正好早晨八点半。导游找了餐厅，团友们洗、吃完毕，来到法学院。

高洪柱院长是韩裔美国人，国际法和程序法专家，个子不高，脑袋挺大，满脸微笑。他跟身健是老朋友，热烈欢迎大家。身健负责翻译，熟门熟路，夹叙夹议，笑声不断。我们此行，重点考察美国的法律诊所教育。高院长和两位美国教授，分别作了介绍。印象较深的是人权诊所，师生不仅参与关塔那摩虐囚案的调查取证、卷宗整理，还参与劳工移民案听证，甚至到国际组织做义工，帮助弱势群体维权。我们也向耶鲁同行，介绍了法大开展实践教学和法律诊所的情况，交换了彼此的关切。

座谈会后，高院长带我们参观图书馆和法律诊所教室，还参观了院长办公室。墙上有幅中国书法，非常引人注目，上写：没有实践的理论是灰色的；没有理论的实践是盲目的。高院长说，他非常喜欢这两句法谚，道出了法学教育的精髓。身健马上凑成一副对联：实践无理论则无灵魂，理论无实践则无生命。

离开法学院前，我希望参观耶鲁的两幅"神"雕。高院长领着大伙，来到学院前门，门框上有个三角形浮雕：老教授戴着眼镜，左手伸向空中，右手摸着椅背，慷慨陈词，滔滔不绝，学生却趴在桌上，梦游天姥。到了后门，雕像正好相反：学生群情激昂，相互辩驳，手舞足蹈，教授却趴在桌上，安然入睡。我询问浮雕的意思，高院长解释，是一种教学方法，进来时学生心灵蒙尘，等着老师开蒙。毕业后，老师完成了使命，学生可自由搏击。

身健为人随和勤快，尤其是嘴，说起话来一套一套的，薛小建叫他"许串串"。他深谙相声技巧，讲话先抑后扬，先贬后褒，用"现挂"的绝活，实现了思维的跳跃。记得法大施鹏鹏和王毓莹两位教授到最高检挂职，在欢迎仪式上，身健作为"娘家人"发表致辞，笑称他俩来自明光村，又是"狮王"组合，就用一副对联相送：来自明光村，且向光明行。横批：狮王前途光明！大家笑成一团，场面喜感。

身健的幽默和智慧，既来自天性，也来自阅读。记得《方圆》杂志有篇文章，叫"书是我的家人"，描述了身健的藏书，也记述了他的阅读。其中谈到《难忘的影子》，是未名湖畔四老之一的金克木先生，用笔名"辛竹"发表的作品，身健说他非常喜欢这本书，影响了他的阅读实践。

我写微博、微信，受教于何兵教授。大概 7 年前，共同参加学术会议，我与老何挨着坐。他喜欢新手机，恰巧我也换了一台。他说这么先进的机子，为何不写微博？我很惭愧。他就帮我申请账号，建立平台，拍了头像，取了网名，并教我在哪里写字，哪里传照片，然后还在群里介绍了我。他是大 V，一呼百应，马上有人跟我打招呼，并加微信，我一下子像睁开了双眼。

莺歌不在多　在于嘹亮

微博容量只有 140 字，写好不易。无论讲故事、发感想、写评论，一个废字都不能有。回想写作过程，一靠好奇心，二靠想象力，还不能偷懒。内心的感触，有如《阿甘正传》所言：奇迹每天都在发生，有好的，也有坏的，真是忽上忽下。身健是个好读者，我的每篇文字，他都写评语。有时接着讲，有时对着谈，补充细节，增添素材，让我发现很多知识"短板"。他跟我说，读王人博老师的微博、微信，就像品尝鲍鱼海参，食材好，烹饪佳，味道足。读您的文字，则像吃白菜豆腐，虽在家常之中，也能嗅到一份悠远。

身健与何兵外语都不错，先后去过韩国庆北大学讲学。身健说，学院门前有块石碑，刻着四个汉字：法心如秤。后来他出了一本书，也取名《法心如秤》，由何兵作序。老何说，身健其文，一如其人，质朴憨厚又不乏机灵。

序末，老何引作家孙梨的一句话作为结尾：彩云流散了，留在记忆里的，仍是彩云。莺歌远去了，留在耳边的还是莺歌。莺歌不在多，在于嘹亮。

风吹过来　总带着清新的荷香　　　（张俊浩）

张俊浩老师走了，悼念的人很多，特别是民商经济法学院编发的《祭文》与《追思》，我每篇都看过，甚至好几遍，细节越来越多，人物也愈发丰满。记得2002年以前，我和张老师供职法律系，同事多年。后来法律系被拆分，刑法、刑诉等专业成立了刑事司法学院，民法、民诉等专业成立了民商经济法学院，剩下的法理、法史、宪行等专业组成法学院，从此法大二级单位只有院没有系了。

记得每周二下午的系务会，由主任主持，传达学校的工作部署，听取教研室的工作安排，讨论法律系的决策决定，可谓公法与私法交融，实体与程序同辉，理论与实务共通，是真正的法学大家庭。其时张老师任民法室主任，张树义任行政法室主任，洪道德任刑诉法室主任，舒国滢任法理室主任，我任宪法室主任。有次张老师跟我说，洪昌，你们宪法上的代议制，实际上脱胎于公司法的董事会制，二者通过委托代理，共享契约自由和意思自治。以后你们进人，除了懂公法，也要懂私法，这样才能实现科际整合。你要注意培养懂财税法的老师，因为人大监督的对象，主要是国家的财政税收。学校不应把财税法划归经济法，这样矮化了它的公法地位。

我觉着张老师说得有道理，遂请朱勇教授给宪法学研究生讲民国时期的议会运行，请方流芳教授讲美国最高法院的"罗伊判决",请龙卫球讲民法上的物权制度,请张俊浩和姚新华帮忙物色有公法情怀的民法学人,将来有机会加入宪法团队。

张老师任民法室主任时,刘心稳和姚新华跟他搭班子,三人抱负远大,想编写一本有中国特色的民法学教科书。心稳大哥说,编写组成员,在俊浩的带领下,从内容到结构,从标题到引注,认真讨论,反复打磨。三伏天在家里写作,没有空调和风扇,就穿大裤衩,光膀子,夜以继日,挥汗如雨,终于整出一本大部头——《民法学原理》,被誉为民法学的传世之作,也因此奠定了张老师在民法界的学术地位。

心稳大哥说,张俊浩性格清高,脾气倔强,属读书多、思考多、著述偏少那种。不过作为法大复办后的首批研究生,他为人为学有口皆碑。可按当时标准,却达不到评博导的条件。心稳兄等和民法学同仁,就积极向学校反映,全力争取破格聘用他。为此特意组了一个局,希望大家统一思想。结果俊浩硬是不出席,弄得在场者很尴尬。

张老师腰背不好,长期受病痛折磨,影响了他的生活。谢枫华老总在珠海举办研究生课程班,面向港、澳招生。法大作为合作单位,有时我也前去授课,能碰上张老师。他不抽烟,不喝酒,不旅游,只喜欢那里的气候,以及盲人按摩。张老师钦点男技师,为他揉肩按背,舒解疼痛,劲儿越大越好,我能感觉到,什么是痛并快乐着。得空儿我们会聊聊青春岁月,聊聊在新疆的生活。他像一头闲卧的老牛,慢慢咀嚼过往的时光,发出清脆的响声。

张老师是河北任丘人氏,出生在哪个村镇,没考证过。有位1981级校友,任当地法院院长时,约我和秀云等前往考察。庄稼、油田、河流,景致是典型的燕赵形象;勤劳、朴实、憨厚,人们是真正的与世无争,我想这就是养育张老师的环境。

张老师和我是同一楼层的邻居,他在右边,我在左边。历史原因我没在那里住,碰到时就聊一会儿。他腿脚不好,但脑子清晰,退休了仍然关心时政。他说中国没有宪法法院,也没有宪法案子，你们讲课和搞研究太难了。我说每年我们都评选宪法事例，也积累了不少。胡适之先生说，哪怕真理无穷，得一分有一分的喜乐。

  张老师走了，那独特的声音和清癯的形象，一直萦绕在我脑际，就像白洋淀上笼起的薄雾，风吹过来，总带着清新的荷香。

遇见你 是我最美丽的意外

(刘惠敏)

2019年12月23日,法大新春晚会在昌平校区礼堂举行,我夫人刘惠敏和梅派传人胡文阁,献唱了一首京剧版的《我爱你,中国》。当"百灵鸟从蓝天飞过,我爱你中国"的京腔京韵,由远及近、飘向观众席时,会场沸腾了。既而,大幕徐徐拉开,着深色唐装的胡文阁,潇洒地转过身来,续唱"我爱你春天蓬勃的秧苗,我爱你秋日金黄的硕果",青春的掌声和欢呼声,再次响彻礼堂,这大概就是对国粹的礼遇吧。然后轮到惠敏,她一袭蓝袍,略施粉黛,接唱"我爱你青松气质,我爱你红梅品格,我爱你家乡的甜蔗,好像乳汁滋润着我的心窝"。声音婉转,柔中带刚,有程派青衣"气韵绵长、口含橄榄"的味道。待唱到高音部时,我的手心都出汗了,生怕她与专业演员同台,因紧张而破音。没想到,她异常冷静,轻松地完成了演唱任务。

惠敏是天津人,1981年考入北京政法学院,用她的话说,平生最喜播音专业,无奈那年北京广播学院不在天津招生,就改学政法了。刚入学时,北京戏曲学校、北京曲艺团、北京歌舞团与政法学院共用一个校园,耳濡目染中,她渐渐对戏曲有了兴趣。特别是听了京剧表演艺术家程砚秋先生干女儿李世济的戏曲讲座,便开始迷恋京剧,且一发不可收拾。认真体会唱念做打的表演方式,仔细领悟皮黄锣鼓的伴奏结构,甚至和同学们组成戏剧社,学京剧文化，看现场演出，练名家名段。

刚认识惠敏时，得知她喜京剧，我便花了四百多银子，买了台双卡四喇叭收录机，还淘换了李世济先生演唱的《锁麟囊》等录音带，作为见面礼。说来也巧，我住的单元分来一位新同事，叫施泉根，毕业于华东政法学院，也酷爱京剧，马连良先生的录音带，他就收藏了好几盘。我们相互交流，一起神侃：为什么马连良先生发音大舌头；为什么程砚秋先生演唱口闷；什么样的大师算唱念做打俱佳；什么样的前辈叫文武昆乱不挡；京剧学习为何不疯魔，不成活；等等。不过最让我过瘾的，还是听惠敏清唱《锁麟囊》，真是"百听不厌《锁麟囊》，程派唱腔婉而慷。悱恻缠绵入肺腑，余音美妙胜琼浆"。

惠敏除了京剧，也喜京歌、民歌和草原歌曲，学校文艺演出，同事平常聚会，都少不了她的歌喉。我听过《前门情思大碗茶》《请喝一杯下马酒》《梨花颂》，有时她也和贾彤、李淑荣等演唱现代京剧《沙家浜》智斗一出，堪称法大一绝。更令人难忘的是同事小聚，酒过三巡，菜过五味，淑荣和惠敏往往轮流献歌，国强、小青和秀云等积极跟进，我们则随声附和，饭桌顿时成了剧场。不过，自打淑荣走后，大家唱得就少了。惠敏说，没了淑荣在场，唱歌都觉着寡淡。而今我们焦门聚会，弟子会载歌载舞，各显其能。不过，张鹏和师母的京剧小段儿，还是保留节目。

惠敏是个有规律的人，清晨即起，洗澡、煮咖啡、吃早餐，然后去上班，周而复始，有条不紊。我除了上课或开会，很少吃早点，但每天都陪她聊一会儿。我们谈的话题很多，从婚姻、家庭、财产到疾病、养老、消费，也谈生死、信仰和未知。惠敏认为，婚姻是人类不自信的产物，但它一定程度上维护了社会稳定；信任是家庭生活的基础，倦鸟归林是正常夫妻的写照；财产与自由、尊严有关，但过分追逐会成为负累；疾病有的能预防，有的躲不开，摊上了就得积极面对；人走不动、挪不动时，老夫老妻的相助才最靠谱儿；能挣会花是本事，回馈社会是美德，不必给子女留太多财产；

死亡不可避免，用不着过度医疗，从容回归才是自然。

我和惠敏生活了三十多年，经历过她两次生死大考和两次腿部受伤，她都坚强地挺过来了。第一次是1988年10月28日，当天傍晚，惠敏羊水破了，比预产期提前几天。我赶紧骑自行车，把她带到昌平县医院。同病房的是昌平南邵的一位妇女，二人共闯生产这道关。惠敏很努力，但折腾了一夜，还是难产。我在医院楼道，苦苦地等着、盼着。直到第二天早上八点，医院才决定用侧切、产钳、吸盘等方式来助产。孩子终于生下来了，却伴有脑颅内出血、新生儿窒息和新生儿肺炎。大人就更惨了，又发生了产后妊娠子痫。医生把我叫到跟前，问如果母婴不能两全，先保哪一个？我心乱如麻，无法决断，最后本能地喊了一声，先救大人吧。事后想来，我是那么的没用，女儿的生死存亡竟然等待运气来安排。有时，生命像一根稻草，看着柔弱，其实坚韧。结果母女平安，有惊无险。在昌平居住的那些年，每当女儿过生日，我总带她到出生的医院，感受生命的奇迹。女儿长大了，愈发懂得"孩子的生日是妈妈的受难日"这句话的真正含义。

2004年秋天，惠敏经受了生命的第二次考验。她在自我检查时，摸到一个小肿块，怀疑是肿瘤，就到北医三院检查，结果确诊是乳腺癌。做手术那天，医生让我在《手术知情同意书》上签字。他们先向我说明了病情和手术方案，然后详细解释了麻醉和手术的各种风险，听得我目瞪口呆，心惊胆战，顿时脸色苍白，四肢流汗。我一辈子以说话、写字为生，没想到这次签字有这么难。再看看惠敏，她穿着病号服，平静地躺在病床上，胸有惊雷而面如平湖。感恩主刀医生，感谢白衣天使，你们的仁心仁术，拯救了我们全家。惠敏在，家就在；惠敏没了，家也就散了。

惠敏身体痊愈后，跟我商量，为社会做点什么。有一天，她说顺义马泉营有个助养院，叫"奇妙双手"，收养的都是先天有缺陷、被父母遗弃的孤儿，平时只有几个义工姊妹，照顾十几个不满3岁的孩子，她希望每周去一天，抱抱这些孩子。我说，人在做，天在看，每个生命都值得尊重，每一点帮扶都令我们心安。说干就干，惠敏买了饼干和玩具，穿上柔软的旧衣服，一大早就开车出去了。晚饭时她跟我说，从西三旗到马泉营，要开一个多小时。助养院挺温馨，不少好心人送来食物和玩具。孩子们都姓党，管志愿者叫叔叔、阿姨，管未来的收养人才叫爸爸、妈妈。孩子们既可爱又可怜，希望有人亲近他们，宠爱他们。有个叫党辰瑞的宝宝，大眼睛，很帅气，就是先天发育不全，一整天都缠人。自那以后，惠敏风雨无阻，每周一天，全心全意地去抱这些孩子，一共坚持了5年，直到助养院解散。

2022年5月16日，是母校70华诞，学校拟出版文化丛书《法大爱情》，共襄大典。本家小妹焦运佳约我写一篇文字，记述过往真实的情感。经验告诉我，距离越近的人，越难溯源，不过我还是应允了。我和惠敏初识于昌平西环里，李秀云和李生是媒人。相识后，我们如雪含烟，听浅粉鹅黄对话；暗香浮动，看桃花杏花低语。我们没举办正式婚礼，几个朋友在家做了一桌菜，就算见证新婚了。女儿出生时6斤8两，脑袋细长，面容生动。惠敏说："听见孩子的哭声，我就忍不住流泪了，看见你上辈子的情人，就觉得此生满足了。"我打小过继给大爷，事实上有两对父母，惠敏和他们相处得都很融洽，特别是养母，感情更深，老人家离开26年了，惠敏还时常梦见她。给二老上坟时，惠敏会动情地说，给你们寄的钱都收到了吗？别舍不得花呀！你们儿子、孙女都挺好的，继续保佑咱全家安宁吧。

我已满60岁了，回首过往，无论顺境、逆境，都得到了惠敏坚定的支持和无私的呵护。她为我哭过，也为我笑过，更为我担心过，但始终认为我是个善良的人，挺有趣，就是有点懒，一生不爱求人。老话说，人生一世，草木一春，来如风雨，去似微尘。在未来的岁月里，我只想和夫人生活在某个小镇，冬天滑雪、游泳，夏天散步、骑行，春天养花、种菜，秋天写字、摄影，共享无尽的晚霞，共听不绝的鸟音。

诗人北岛说,沿着鸽子的哨音,我寻找着你。高高的森林挡住了天空。小路上,一颗迷途的蒲公英,把我引向蓝灰色的湖泊。在微微摇晃的倒影中,我找到了你,那深不可测的眼睛。

遇见你,是我最美丽的意外。我喜欢你春风挽眉,唇间住着花声。

活出来呀　就是一枚慈祥的麦穗　　　（胡锦光）

　　锦光兄是中国人民大学教授，最受学生欢迎的名师。人大是世界双一流大学，莘莘学子向往的地方。其英文名字，原来叫"People's University"，后改为"Renmin University"，辨识度更高，也更有气魄。锦光兄长我一岁，讲授宪法与行政法学，尤其是合宪性审查研究，全国领先。法学院德高望重的曾宪义先生说过，锦光口才了得，能把死的东西给说活了。

　　锦光兄是个好玩的人。2013年夏天，我们几位公法学人，前往台湾"国立"政治大学访问。晚上董保城院长安排小聚，在后山腰上。大家人手一杯冻顶乌龙，边喝边聊。过了一会儿，国民党前副主席关中先生到了。他穿着白衬衫，手提两瓶金门高粱酒。保城大哥给一一做了介绍，然后正式开席。金门高粱酒瓶装750毫升，58度，属高度清香型白酒。刚一入口，热流就在胸膛里奔涌，跟二锅头相仿。三杯酒下肚，话匣子就打开了。关主席说，酒是好东西，三点水代表了三种状态：李白斗酒诗百篇是文人的浪漫，武松畅饮能打虎是武人的气概，醉卧酒场吹牛皮是痴人的豪迈。西表示时辰，灯下场景，浅夜十分，我心飞翔。另外，酒谐音"九"，是十以内最大的数，也有长长久久的意思。关主席接着说，中国汉字里有个"爽"字，什么意思呢？就是一个人被挠了四下后，那才叫解痒呢。各位先进，让我们举起酒杯，共同爽一下。

活出来呀　就是一枚慈祥的麦穗

锦光兄在参访团里最年长，理应代表大家提一杯。他说，海峡两岸，亲如一家，公法交流，已经常态化。这其中有关主席这样的长者支持，更有老董这样的持之以恒，精心运作。他提议，大家共同举杯，感谢关主席和老董大哥花费的心血。说完锦光兄一饮而尽，脸上泛起了红光。

锦光兄脑子好使，最大特点是思维缜密，逻辑性强。俗话说，逻辑有自身形象，就看我们如何认识和呈现。锦光兄演讲时，总爱用是什么、为什么提出问题，然后层层递进，不断追问。再后则自问自答，慢慢揭开谜底。他就像一块吸铁石，能形成强大的磁场，抓人眼球，摄人心魄。有一次听他讲宪法宣誓，首先设问，宪法宣誓的本质是什么？是让宣誓者心里有宪法。那宪法是什么？是国家和社会的最高准则，良好的公序良俗，共同选择的生活方式。那宣誓的对象又是什么？是向人民主权宣誓，向基本人权宣誓，向社会主义制度宣誓，向法治宣誓，向权力制约和监督宣誓，更是向中国共产党一党领导宣誓。宣誓虽然是一种仪式，但它内化于心，外化于行，便于公民形成对宪法的信仰与认同。

锦光兄是安徽黄山歙（shè）县人，这个地方以前叫徽州，后更名为黄山市。古代徽州，人多地少，孩子打小就出去做生意，有"前世不修，生在徽州，十三四岁，往外一丢"的说法。安徽人非常重视教育，他们相信文化能润泽子孙，教育能改变人生。锦光兄写过一篇"一个徽州人的高考和走进大学"，详细描绘了他的求学历程，有情感，有情节，历历在目，至今难忘。特别是读到入学时的一段情景：高他一年的歙县老乡——洪道德师兄，前来看望他，不仅嘘寒问暖，还赠送了一套4卷本的《列宁选集》，进行政治思想引领，至今都珍藏在自家书柜里。

锦光兄是许崇德老师的高足，他与师傅和师母，亲密无间，处得跟一家人一样。忆起恩师，他的眼中总是流露出无比的尊敬与怀念。等到他自己有了学生，对每个弟子，从学习、生活到就业，都悉心关怀，能帮尽帮。记得当年秦奥蕾找工作，他特别向我推荐奥蕾在演讲和写作方面的优长,真心希望她加入法大团队。奥蕾入职后,不负师傅的期待,在北京市青年教师基本功大赛上勇夺一等奖,还被本科生评为最受欢迎的十大老师。

锦光兄为人率真随和,爱交朋友,不过骨子里很有个性,从不谄媚,更不害人,这跟他从事的公法教学有关,当你想把蛮横的权力关进制度的笼子里时,对人性幽暗的警觉与对科学公义的追寻,也许就显得自然而然了。

丰子恺说,有些动物主要是皮值钱,譬如狐狸;有些动物主要是肉值钱,譬如牛;有些动物,主要是骨头值钱,譬如人。活出来呀,就是一枚慈祥的麦穗。

蹒跚地拉长了自己的影子　　　　　　　　（席涛）

　　席涛大哥即将荣休，朋友们小酒畅叙。平时饭局，安排座次是个难题，往往关涉适用什么规则。开始时你推我搡，互相谦让，后来认同某种说法，宾主落座。本次聚会，主题鲜明，长幼有序，大哥自然坐在主位。他端起酒杯，首先致辞：各位兄弟姐妹，我拙嘴笨舌，不善表达，提三杯酒吧。第一杯祝贺美女教授，众望所归，荣升管理岗位，我们要一如既往支持她的工作；第二杯，疫情当前，生存不易，我们要保护好家庭、朋友和自己，且行且珍惜；第三杯，我将满65岁，早前在官场行走，后来转会法大，一晃16年有余。承蒙各位不弃，而今活得单纯、快乐。请各位满饮此杯，接受我的谢意！

　　我心里说，这哪里是拙嘴笨舌呀，简直是演讲大师。席涛教授是研究法与经济学的，早年就读于芝加哥大学，回国后给领导当秘书。2017年冬，我借访问芝大之机，拜谒了法与经济学的发源地。科斯教授在《社会成本问题》一书中，将交易成本与法律制度相勾连，分析了法律规则对资源配置的影响，主张产权界定可解决外部性问题，从而创立了科斯定理，获诺贝尔经济学奖，并启发了波斯纳等一批法学家。芝大校园非常优美，古色古香，建校130年来，以"益智厚生"为校训，将创新与传承相平衡，形成了独特的校园文化。"这里的每一片碎屑都是新的，却如苍山一般坚固。"老校长库珀的话,激励了一代又一代芝大人。

人博兄接着祝酒:席涛教授有情有义,给法大带来不少资源。平时更像大哥,得着好东西,总想着兄弟们。希望你再接再厉,把不爱喝的土酒,不愿品的新茶,一并拿来与兄弟们共享。人博兄还强调,席大哥是见过世面的人,经历过许多人和事,让我大开眼界。记得席兄跟大领导去见黄永玉先生,老人家九十多岁了,住北京东郊一座自建的宅子,名曰"万荷堂",每天写字、作画、雕木,活得有滋有味。老人家为了找寻春天的气息,抽烟斗,喝小酒,还经常干点让年轻人都汗颜的事儿。张爱玲形容黄永玉,骨子里充盈着流浪的气质,却以孩子般的心态审视世界。黄老自己则说,年轻人常错过老年人,故事一串串,就像树梢挂的干果,已经痛苦得提不起来了。

国滢兄祝酒,力度比较大,三小盅并一杯。他说,席涛教授有前瞻性和大局观,2007年春天,陪同显明校长访美,在亚特兰大拜会了前总统卡特先生。席兄力荐在法大设立卡特行政学院,并愿意参与筹备工作。法大校长与美国前总统会见,对提高学校国际声誉和加强国际交流产生了重要影响,具有里程碑意义。另外,席涛教授一直呼吁,在法学学科建设上,应把财税法纳入公法范畴,特别是宪法相关法。因为财政与税收,是一国宪制的核心,关系到民权与民生,更关涉治国理政人才的培养,我赞同席涛教授的观点。说完一饮而尽,没几个人能跟上。

席涛大哥喜欢当老师,到了痴迷的程度。他曾跟我说,自打2005年创办法与经济学研究中心,并招收研究生以来,没在校外讲过一节有报酬的课,没代理过一件有报酬的案子,把所有时间和精力都花在了教学、科研上。薛小建在祝酒时提到,她主持法学院新学期师生见面会时,席老师介绍他们的学科和团队,简直是手舞足蹈:视野开阔,数字精准,事例鲜活,表情丰富,感染了在场的每一位师生。印象最深的,是法与经济学的研究生毕业后都去了资本、金融机构,有的还去了国际组织,年均收入在45万元以上,连教授们都自愧不如。小建接着说，为了席老师的这份赤诚与执着，我来提一杯，先干为敬。随后各位亲朋好友，分别表达了感念之意。

席涛大哥是个简单又有趣的人，乡音难改，故事很多，经常生活在自己的意念里。初接触时，你会以为他不食人间烟火，及至熟悉才发现，江湖上的规矩他什么都懂。文化人脸皮薄，求人办事往往心里打鼓，生怕被人拒绝。席大哥却将心比心，兄弟们有事儿，会真心施以援手。记得有个学生想考博士，求我向他举荐。我忐忑不安地给他打电话，席大哥听后马上索要简历，仔细了解学生的情况，并明确告之可以报考，择优录取。后来这个同学自己放弃了，我一直于心不忍。

席涛大哥喜欢音乐，也时常约我和夫人等，前往国家大剧院，听大师演奏，感华彩乐章。然后喝土酒，品美食，骂天热。

宋人黄庭坚说：骑牛远远过前村，短笛横吹隔陇闻。多少名利长安客，机关算尽不如君。在席涛大哥的身上，以他的夙愿和秉性，当个教书先生，已然是"春服既成，冠者五六人，童子六七人，浴乎沂，风乎舞雩，咏而归"了。不过谈起退休，他还是有些伤感，仿佛童年时家乡河岸上的老黄牛，散漫地咀嚼着夕阳，在村口同伴的呼唤下，蹒跚地拉长了自己的影子。

复归婴儿时的真诚   （陆敏）

有人说，陆敏长得像卓别林，我仔细端详，真的有点像。特别是嘴巴，如崇明岛的入海口，呈鸭嘴状。如果再留个牙刷胡，眼窝再深一点，做特型演员没问题。陆兄是上海人，大碗喝酒，大块吃肉，达观处世，幽默待人，更像北方人。跟他闲聊得知，他生在崇明岛，是上海郊区的。

一次去上海开会，我突发奇想，到陆敏老家看看。说走就走，打个的士就奔崇明了。快上岛时，见一座银色的大桥，呈 S 形蜿蜒着横跨海上。仰望天空，斜拉钢索犹如一张网，舒展地奔向桥面。透过玻璃窗，海水由远及近，着了魔法似的，分列两旁。

上得岛来，我跟司机师傅说，先去看个村庄，然后再看看湿地。师傅遵嘱，把我带到了陈家镇瀛东村。这个村有 52 户人家，据说是全岛最先看到日出的地方。村里有乡愁博物馆、农家乐饭店、果蔬采摘园、石雕群英像，还有芦苇荡、养鱼塘和乡间别墅。我马上给陆兄打电话，说到你家后院了，正跟乡亲们聊天呢。老陆很诧异，狐疑地问，你小子瞎编吧，怎么会一个人跑到崇明岛呢？我把路上拍的照片发他几张，他确信我去了，就坚持让他老家的兄弟们来招待我。怕麻烦，我真心谢绝了。

崇明岛是我国第三大岛，由长江泥沙冲积而成，有长江门户、东海瀛洲之称。紧邻瀛东村，是我心仪的东滩湿地。这个昔日"潮来一片白茫茫,潮去一片芦苇荡"的荒滩,而今已是"蒌蒿满地芦芽短,正是河豚欲上时"了。我顺着木栈道,只身向湿地深处走去:远方海天一色,风起云涌;近旁百鸟争鸣,芦苇摇荡;水下螃蜞横行,鱼虾跳跃,真是一处人间仙境。

陆敏长我3岁,1983年毕业于华政,分配到北京政法学院,在《政法论坛》编辑部工作,官至常务副主编,位正处级。由于都是1979年上大学,共同的成长背景,使我们走得较近。记得2001年8月13日,最高人民法院批复了"齐玉苓诉陈晓琪案"司法解释后,宪法司法化问题渐成热点。陆兄特别安排了几篇稿子,进行专题讨论。我写的题目是《论我国宪法司法适用的空间》,发表在《政法论坛》2003年第2期上,引用率还可以。从此,陆兄的知遇之恩,使我和杂志社的同仁们,结下了深厚友谊,尤其是人博兄加盟法大后,活动组织得更加多彩。耳濡目染中,我竟学会了许多编辑术语,什么初校、二校、三校、通读、过红、核红、眷样、清样、付印样等。

何秉松教授是我国刑法学老前辈,率先提出了罪刑法定和罪刑相适应原则,授颁过法国荣誉军团勋章。陆敏兄跟着何先生攻读法学博士,毕业论文曾获法大首届优秀论文奖。记得何先生在世时,每年都举办全球化时代犯罪与刑法国际论坛,陆兄每次都亲力亲为,全身心投入,协助老师做好会议保障工作。何先生是个严肃又和蔼的老人,我经常见他穿着圆领背心,戴着黑框眼镜,拿着书报材料,在校园里走过,有时觉得他像看门大爷,有时感觉他像黑社会老大,然而一接触他的思想,景仰之情就油然而生。他说,自由是科学的本性,创新是科学的生命。没有自由,科学将沦为奴婢,没有创新科学将枯萎死亡。跟陆兄交往,总觉得他身上有何老师的影子。

陆敏是个外粗内秀的人,即使打牌、喝酒,也总透着文气。什么"天凉好个秋"啦,"莫道君行早,更有早来人"啦,"今宵酒醒何处?杨柳岸,晓风残月"啦,"东风不与周郎便,铜雀春深锁二乔"啦，张口就来，顺口即赋，毫无违和感。记得全民打牌热时，我们几个老"常委"，时常围坐桌前，打上两圈。大家和牌时表情各异：心稳大哥会说，都别动，大了；人博兄会大喊，都给我出去；积禄则莞尔一笑，对不起，又和了；老陆大哥表情丰富，会非常痛心地说，兄弟们，你们又受伤啦！

老陆也是个心灵手巧的人，上大学前是个好钳工，念书后是个好写手，他把钳子和毛笔进行了有机结合，让每件作品，都臻于完美，和谐共生。"洗笔调墨四体松，预想字形神思凝。神气贯注全息动，赏心悦目乐无穷"就是他创作时的真实写照。陆兄退休时，请兄弟们吃饭，他把写好的几幅作品，现场展示后，送给长者和同事。他先吐了一下舌头，然后用上海普通话的节奏，表达了感激之情。

这是绚烂之极后的平淡，更是复归婴儿时的真诚。

五官灵动胜千官　一日清闲似两日　　（马宏俊）

马宏俊被称为大爷，是有根据的。人家早年住鼓楼大街边上，打小就吃卤煮火烧、喝豆汁儿、逛后海、走德胜桥。长得英俊高大，细皮嫩肉，还有一头乌发（我怀疑是染的），口齿伶俐，动不动就"你丫的"，感觉挺爷们。我跟马大爷认识有年头了，共同毕业于北京政法学院，我是1979级，他是1981级，跟我夫人是同学。90年代初，我们两家住法大昌平校区家属楼，是对门邻居。

马宏俊当时在校团委工作，年纪轻轻就做了副书记，官拜副处，意气风发，上升的空间很大。我是个宪法老师，不谙官场，曾在羊坊店一个民办研究所做兼职，参与图书出版和文化推进工作，与同代人一样，读读书，下下棋，过着闲云野鹤的生活。不知怎的，马宏俊也忽然辞官赋闲，在家带孩子，写稿子，开始接触人民群众。马夫人何静老师，人如其名，心灵手巧，烧得一手好菜。记得马大爷写了一本律师办案的书，欲让领导作序，请我代拟一下。我自知才疏学浅，然盛情难却，还是完成了任务。何老师很热情，专门做了红焖鸡块，权当犒劳。鸡块端上来，色泽酱红，骨松肉软，吃到嘴里咸甜可口。我放开肚子饱餐一顿，连汤汁里的葱蒜和姜片都挑着吃了，真香呀。

马大爷是个讲义气的人，说不上两肋插刀，至少是雪中送炭。记得当年学校领导找我，希望给北京电影学院帮个忙，化解一起劳动合同纠纷。我就邀请马大爷出手相助，老马爽快答应了，还从事实和法律的角度进行了精心准备，并整合多方资源，全力促成双方和解。我忘了电影学院领导怎么感谢他的，只记得本校领导对我说，马宏俊尽心尽力，办事靠谱，要当面表扬。

还有一次，重庆某高校发生了"女生意外怀孕，学校开除学生"事件，引发了社会舆情。受教育部主管委托，由我们组织一场模拟法庭，回应各方关切。我盛邀马大爷做审判长，其他老师扮演相关角色。此时马大爷正在海南公干，又患了感冒，他二话没说，就买机票回京了。在大家的共同努力下，这场精彩的模拟审判，震撼了媒体，警醒了学校，也声援了被开除的学生。

失足伤腿，回首闪腰，说的是人走背字，马大爷评职称时，印证了这句话。大概是2002年，马宏俊参评教授，因名额有限，院里建议年轻人让一下老先生。老马是个懂事的人，就主动放弃了。没想到之后两年，学校不评职称了。再次启动时，只有取得了博士学位才有参评资格。噩耗传来，老马欲哭无泪，只剩下感叹，做好人真难呀。还好，时任校领导考虑了情势变更对老师信赖利益的保护，就开通了一个破格程序。现在，马大爷已晋升为二级教授，成了体育法学科的带头人。

说起体育法，我进入这个领域，跟马大爷有直接关系。千禧年后，学校领导去澳大利亚格里菲斯大学访问，两校欲签署体育法国际合作协议，以服务中国2008年奥运会和未来的体育事业。科研处郭成伟教授找到我，说马宏俊和王老师想成立一个体育法研究中心，举荐你做中心主任。客观说，我除了喜欢打篮球，对体育法并不了解。不过我平生的兴趣就是对未知的追求与渴望。如此，我们仨一拍即合，正式向体育法事业启航。我的优长是宏大叙事，把方向；王老师的优长是执行力强，主实操；马宏俊的优长是点子多，管设计。我们团结众人，优势互补，终于形成了一个优秀的团队，使体育法在法大生根发芽，并拥有了相应的国内、国际地位。

外语是一种交际工具，在有些场合，又关涉人的尊严。记得

2009年，我带团去美国访问，8天时间，走访了耶鲁、斯坦福、华盛顿和天普等大学，许身健教授做全程翻译。马大爷始终能用英语研讨法律诊所的专业问题，并提出合作的建议，赢得了美国同行的赞许。

疫情之下我迎来60岁生日，马大爷担心双鱼座的我孤单、寂寞，就组织体育法导师们到鹫峰研讨。早春三月，春服既成。桃花承着残滴，杏花吐着新蕊，一脉清新的泥土上，气息直会沁人心脾。我不是诗人，却相信诗是能播种的。种下的是心性，收获的是情趣。

人活着不易，我希望来自鼓楼旁的马大爷，若是风，就走遍世界各地；若是马，就驰骋大江南北。在花甲之年来临时，送清人郑板桥的四句词，与君共勉：取数页赏心旧纸，放浪吟哦；将几枝随意新花，纵横穿插；五官灵动胜千官；一日清闲似两日。

每个不曾起舞的日子都是对生命的辜负 （李秀云）

　　李秀云是我的恩人，大恩不言谢，谨记在心。事情得从 1985 年冬天说起，那时我是单身汉，白天去学院路校区上课，晚上回昌平西环里住宿。班车在水泥铺就的搓板路上前行，承载着疲惫，也运送了欢愉。回到家，我煮了碗挂面，浇上鸡蛋酱油卤，吃完下楼看新闻联播。李生是我大学同学，毕业后一起留校，住在隔壁。他说，看电视时让你见个人，要仔细看看。电视机在一楼简易房，借着屏幕的光，看见两位女士已坐在那里。李生跟她们打了招呼，知道一个叫李秀云，另一个叫刘惠敏，然后大家坐下来，边聊天，边听赵忠祥和邢质斌说新闻。

　　回到宿舍，李生问我感觉如何，我说房子太暗，没看清楚，能否到她们住处再看一看。他说，你这傻东西，还挺执着，就陪我去了。李秀云很热情，给我倒了杯小吊梨汤，然后介绍刘惠敏，是天津老乡，在哲学教研室当老师，喜欢唱京剧。我仔细一看，刘老师梳着齐耳短发，端庄大方，文静娴淑，就有了好感，马上诗词歌赋、天文地理地瞎侃一通。没想到，刘老师还真吃这一套，一来二去，我们就好上了。俗话说，天上无云不下雨，地上无媒不成婚，没有李生和秀云的牵线搭桥，就没有我今天的幸福生活。

　　1988 年 10 月 28 日，夫人羊水破了，比预产期早了几天。那时没有手机，也没有汽车，我赶紧骑自行车，把夫人驮到昌平县医院。

折腾了一夜，孩子也没生出来。无奈之下，医生决定侧切助产。上午10点，孩子终于降生了，不过伴有脑颅内出血、新生儿窒息和肺炎，马上送婴儿病房抢救。夫人的孕检在海淀妇产医院，因情况紧急，被送到了昌平。在亲人和朋友中，她最先见到的是李秀云。两人手握着手，情绪激动，热泪盈眶，像劫后重生一样。猛然间，我发现夫人手足抽搐，牙关紧咬，赶紧喊医生。有个年长的护士比较有经验，说这是妊娠子痫，马上拿了块压舌板，横在上下牙之间，防止咬破舌头和嘴唇。秀云吓坏了，一边哭，一边央求医生，一定要救活她老乡。

2006年夏天，秀云看上了昌平富泉花园一套房子，她先生关世伟在俄罗斯读博士，就约我给参谋一下。售楼小伙非常热情，全心全意地介绍。我看了以后，给予礼节性赞美，中午吃饭时，给秀云泼了盆凉水：房子太高，6层楼没电梯，以后上下楼很困难；顶楼跃层看着面积大，但装修麻烦，也不怎么实用。秀云一听，立马打消了购买意向。她说，昌平东关晚近开了一个楼盘，叫果岭小镇，希望我陪她去看看。经验告诉我，这个小区不错，建议她多贷点款，买个底层把角、视野开阔、带花园的房子。秀云当机立断，订购了街心喷水池边带转角花园的美宅。我常想，人住的不仅是风景，更是心情。每次和夫人到她家串门，心里特别舒坦。

2007年1月9日，是廉希圣教授75华诞，白天大家以"国家结构的理论与实践"为题，研讨了廉老的学术思想，晚上在太古城（后来叫金狮麟，现在被拆除了）给老人家举行生日寿宴，我特别邀请秀云和我共同主持。秀云口才好，既有女性的温婉，又有场面上的幽默，尤其是现挂，更是她的绝活。酒过三巡，菜过五味，晚会渐入高潮。秀云朗诵了许崇德教授写给《廉希圣教授祝寿文集》的两句诗："千篇墨稿雄才见，一树繁花硕果存。"引出了许崇德老师演唱苏州评弹助兴，这是我一生仅见。然后她又妙语连珠，让张树义、韩大元、王人博、李树忠、熊文钊等多位教授，或表演或祝福，场面隆重而热烈。廉老师对秀云的主持很满意，说她饱含了对母校的爱和对一位老宪法学者的情。

秀云出生在天津东丽，家里有5个妹妹1个弟弟，母亲1986年早逝，她像母鸡呵护小鸡一样，操心每个弟妹的工作、婚姻、生活，积极乐观，从不抱怨。她人生有两大乐趣——做饭和养花。但凡朋友聚会，她都愿意邀请大伙到家里。她先生关世伟烙饼一绝，柔软、层多、劲道，据说秘诀主要在和面；她儿子关斯腾榨果汁一霸，服务非常到位；秀云炖鱼最拿手，汤浓、味厚、肉鲜，特别下饭，就是费粮食。

秀云是个心里有花香，看什么都是风景的人。一边养花，一边静待花开。她为每朵花都注入了灵魂，与之对话，寄与心事。在她家的花园里，我最喜欢那棵紫色的丁香，暮春时节，满树都开着花。那花并不艳丽，绽放开来，纯静洁雅，似一片紫色迷离的雾。

风吹落枯叶，落叶生肥土，肥土香百果，是一种生命的态度。

秀云相信，每个不曾起舞的日子，都是对生命的辜负。

与其抱怨天黑　不如点亮蜡烛
（薛小建）

在国务院参事室，和许琳参事谈起薛小建，许大姐说，薛老师很能干，也很有个性，认准的事会坚持到底。作为首任院长，她为法大在布加勒斯特大学创建孔子学院，做出了贡献，我挺喜欢她的性格，还专为布大孔院的成立发了贺信。

黄进校长退下来后，一次谈到对外交流，他感叹，布大孔院成立时，我带团去祝贺并揭牌，罗马尼亚总理蓬塔也出席，薛小建和白罗米（罗方院长）做了大量的准备工作，每件事都想得很周全。异国他乡，从零开始，展现了小建的能力和风采，非常不容易。

薛小建离开法大，去布大孔院两年整，我们组团去看她。小建挺够意思，专程去机场接我们。在那个熟悉又陌生的国度，大家嘘寒问暖，喜极而泣，仿佛进入罗马尼亚电影《沸腾的生活》的主题曲意境，海鸥鸣叫，大海波涛，口哨回旋，心都沸腾了。

布大比法大创办早88年，学校教学楼气势宏伟，古色古香。小建把我们引到孔院所在地，一幢别致的小楼，墙上、桌上、地上，到处是中国书法、古画、乐器、瓷器、风筝、剪纸等，涌动着中国气象。留言簿上，我看到石亚军书记的题词：用真诚拉近两国文化相望的距离，用品质诠释两校学术交流的内涵。

欢迎晚宴很隆重，气氛热烈。小建给我们要了酒，好像叫茴香酒，度数高，味道怪，价格不菲，我们每人喝了两三杯，让薛院长和白院长破费了。第二天，小建安排我们参观罗马尼亚议会宫，参访宪法法院。我就如何受理普通法院案件、如何帮助国家度过宪法危机等问题，向院方请教，得到了真诚、细致的解答，受益匪浅。

小建还安排我们拜会了徐飞洪大使。大使馆是座独栋三层小楼，院子中央的旗杆上五星红旗迎风招展。徐大使亲切接见了我们，特别提到中国企业来罗马尼亚投资遇到的法律难题，希望政法大学多培养涉外法治人才，为"一带一路"的建设和发展做贡献。

小建喜欢周游世界，对未知的人文艺术、风土人情很着迷，每到一处，都要去淘换点艺术品，大到油画、茶杯，小到冰箱贴、钥匙扣，从不空手。平时她把很多时间花在学外语上。有人问她动力何在，她说为了防止老年痴呆。语言是一种技能，也是一种体验，不用会生疏、荒废，影响与外界的交流。我非常认同她的观点，外语差是我一生的"短板"。

小建喜欢喝茶，微信头像就是一杯刚煮好的金骏眉。她风风火火，走南闯北，教书育人，就像一杯茶，水是沸的，心是静的，灵魂在茶雾间游走。

小建不是著作等身的人，用她自己的话说，主要是慵懒，看得多，想得多，动笔少。我体会，她还另有判断。梁文道说，我们做文章的人，何尝又不是向历史交代呢？每一篇文字，每一段讲话，都会在这个时代成为存档，再交与后人考察。

小建是我大学同学，1983年毕业分配到山西大学，她不屈从命运，考取了北大沈宗灵先生的研究生，主攻法理学，1987年5月来法大求职，其时已有5个月身孕。她在追忆许清教授的文章里说："学校把我分到成教院，许老师把我抢回宪法教研室。女人找工作，特别是怀孕的女人，能受到这样的待遇，我感到很温暖，感谢母校收留了我，它改变了我的人生轨迹。"

小建对老前辈特别敬重，逢年过节，必去看望。许清教授、孙丙珠教授去世后，她仍然带着大伙，去看许夫人、傅老师等。她说，老人不是包袱，而是财富。她跟90岁高龄的廉希圣教授开玩笑：廉老师，少喝酒，少抽烟，多开心，做个真正的"老顽童"。

小建心直口快，有一说一，喜怒哀乐都写在脸上。了解她的人都知道，她是刀子嘴豆腐心，批评人挺厉害，关键时候真帮你。她最讨厌吹拍逢迎、欺下媚上的人，遇见了会嗤之以鼻。

对自由平等的追寻，融入小建的血液。她认为，歧视是对人性尊严最大的伤害，对普通人的帮助，是一种责任，更是一种美德。有一次出访，一位老师什么礼物都没买，小建默默地买了一盒巧克力，放在这位老师书包里，作为给他家孩子的礼物，我看见后非常感动。

女人的美丽与年龄同步，特别在举止、教养和情趣上，它们就像指缝里的阳光，温暖、美好，却需要手去把握。小建的人生信条是：与其抱怨天黑，不如点亮蜡烛。她说是在一本外文书中发现的，就把它翻成了中文，夹在书页里。

将一瓣瓣心事　苒出桃红　　　　　　　　　　（沈小英）

2002年5月，受司法部指派，我到黑龙江讲宪法，由法律出版社沈小英陪同。当时正值国家"四五普法"期间，中宣部、司法部联合发文，把现行《宪法》通过的12月4日，确定为国家法制宣传日，要在公民，特别是领导干部中进行宪法教育，并作为提拔的参考。

上午讲完课，我和英子迎着午后的暖阳，到哈尔滨中央大街采风。我震惊于街旁的欧式建筑，更叹服石头铺成的街面。街石像刚出锅的面包，密密匝匝地排列着，生动地伸向远方。女人们的高跟鞋踩在精巧、圆润的面包石上，嘎嘎作响，像飞舞着的音符。这条街建于民国时期，每块条石都有半米长，深嵌在泥土中，铺就了1.5公里的街道，透气渗水，耐磨抗造，几百年不会坏。

英子介绍，中央大街的马迭尔冰棍很有名，就紫的、黄的各买了一根儿，外带两盒冰激凌。我挑了根鹅黄的，冰冷地冒着气，没想到，吃到嘴里，甜而不腻，冰中带香，入口即化。然后我们沿街蹓跶，欣赏美景，逛到马迭尔宾馆时有些累了，坐下休息。英子说，这里的街道和建筑洋气，行人悠闲，生活有滋有味，不像在北京，大家忙忙碌碌，跟打仗似的。我说，挺喜欢看街上的姑娘，个子高，鼻梁挺，皮肤白，穿着时尚，跟到了国外一样。采风结束，我仔细打量这座百年前的宾馆，既沉稳又现代，是整条街的灵魂，难怪当年新政协筹备会选在这里开。

英子供职的法律出版社，成立于1954年，有历史底蕴。作为编辑，她和法学界保持着密切联系，学者们的作品，但凡喜欢的，都积极推介。她每年参加宪法学年会，从头听到尾，从不开小差。在京城，宪法学界有"四小一大"传说，即齐小力、李小明、薛小建、沈小英和韩大元，他们团结干事，为宪法学发展做出了贡献，特别是每年出版的《宪法学年会论文集》《十大宪法事件评论》，英子居功至伟。

工作之余，英子喜欢收藏，如红木家具。有一次，她郑重地跟我说，焦爷，趁酸枝价格还没炒起来，你买一对椅子吧。我嘴里答应，却一直没付诸行动。我了解自己，爱好广，兴趣多，但没长性，与其坐等升值，不如下苦力讲点课，传承有效果，现场有掌声，回家受待见。近看英子的一些藏品，有点眼馋了，收而藏之，把而玩之，是一种真性情。

英子是个达观的人，跟她早年进游泳队有关，蛙泳、仰游、蝶游都在行，只是没当职业运动员。我也喜欢游泳，是在老家河沟练的，姿势难看，速度还行。有人说，运动能产生多巴胺，让人兴奋。记忆中，有英子参加的聚会，都热闹非凡。她真实、仗义、局气，对路子了，甭管大杯、小杯，端起就干；若看不上眼，爱谁谁，姑奶奶还不伺候。她有股北京大妞的劲儿，说话冲，时而蹦出几个脏字儿。跟她交朋友，铁瓷。

英子祖籍浙江绍兴，爷爷王一飞出生在上虞县丰惠镇，这地方人杰地灵，最有名的是梁山伯与祝英台。我看过央视一期经典咏流传，是钢琴大师巫漪丽与小提琴演奏家吕思清共同演绎的《梁祝》。当巫漪丽先生用她枯槁的双手，一个音符一个音符将内心的爱敲出来时，小提琴响起，浑身都是"梁祝"的味道。到了童声合唱《化蝶》，传唱会进入高潮：碧草青青花盛开，彩蝶双双久徘徊，千古传颂生生爱，山伯永恋祝英台。

王一飞是革命先烈，30岁英勇就义，丰惠镇有他的故居和纪念馆。作为烈士的唯一传人,英子对爷爷奶奶的情感很真挚。她说,91年前,爷爷和奶奶结婚,新婚仅一个月,爷爷就受中共中央委派,沿长江流域视察了。爷爷对奶奶说:我们的生活是奋斗的、运动的,不可能如庸夫庸妇般终老牖下,寸步不出雷池。

我去绍兴出差,特意赶到丰惠镇,一探烈士究竟。雇了辆摩托车,在胡同转了两圈,也没找见王一飞旧居。

草长莺飞,江南二月,钱塘自古风流。英子说,王一飞烈士,没有留下任何财产,只留下一张照片和五十二封家书。它将一瓣瓣心事,传与后人,苒出桃红。

写到灵魂最深处　不知有我更无人　　（李玺文）

李玺文是陕西人，生于西安，长于户县，大我一岁，我尊他为玺文兄。他个不高，发不茂，慈眉善目，一团和气，操着陕西腔的普通话，还用手比划，脸上挂着憨厚、得意的笑。

玺文兄喜欢吃面，我也是。20世纪90年代初的一天，他请我到家里做客。那时他住法大学院路校区六号楼东侧，楼道很长，年久失修，烟熏火燎的，有点暗。他的房子坐东朝西，大约16平米，中间用书架隔开，里头睡觉，外头做饭、起居。他说，今天吃油泼辣子面，然后开始准备：把宽面条煮熟后盛在碗里，把焯好的绿豆芽、小油菜码在面上，将炖好的肉切成丁放在菜上，将葱、姜、蒜末撒在肉上，再撒上一层辣椒面，把烧得冒烟的菜籽油，分三次泼在面碗里，在嗞嗞啦啦的声响中，面香、肉香、葱蒜香、辣椒香，全被热油激发出来，直抵人心。接着用筷子把面挑起来搅拌，再淋些户县香醋，加点盐和味精，一口下去，香辣鲜咸，满嘴生津，浑身冒汗。

玺文兄毕业于西北政法学院，1984年分到法大教务处，从事教学管理工作。在授课实践中，我向他反映，学生除专业课本外，很少能读到经典论文。他表示有同感，并说在读大学时，偶然见到一页《灵飞经》小楷字帖，如获至宝，就反复观看，每天临摹，字帖中秀美、庄严、灵动的气息，渐渐入脑入心，充盈胸间。依此经验，他建议编写法学系列经典论文选，请各领域的大家学者推荐把关，作为大学生的启蒙文献。他说，写大字就要描红模，写论文更要读经典。说干就干，我和薛小建配合许清教授，从海量宪法论文中，选出29篇闪耀着人类智慧光辉的优秀作品，涵括民主、法治、宪制、人权，由教务处印刷，玺文兄题字，取名叫《宪政精义》，作为系列文选的第一本。拿到样书时我很兴奋，蓝色的封面上，印着"宪政精义"四个行楷大字，潇洒、飘逸，有启功先生书法的风骨和神韵。每册以2元成本卖给学生，深受学子们欢迎。而今该书绝版了，网上花高价才能买到。

玺文兄是个有追求的人，除了管理工作，一心扑在书法研习和创作上。闲时我喜欢跟他喝二两，听他神侃学习书法的心路历程。他说，心中最仰慕的大师有两个：一位是民国时期的于右任老，另一位是当代的启功老。于老是陕西三原人，行、草、隶、楷俱佳，尤以草书见长。毛主席特别喜欢于右任的书法，嘱田家英进行收集。于老书法有两个特点：笔力雄健，笔法丰富；骨干平正，稳中求险。总体上质朴、圆润、大气。他一生轰轰烈烈，晚年思念家乡，曾有《望大陆》作为遗言：天苍苍，野茫茫，山之上，国有殇。据说临终前于老曾伸出一个指头和三个指头，作为遗愿。后人推测，可能是祖国统一后，灵柩要迁回老家三原县故里。所以世人送他两句话："三间老屋一古槐，落落乾坤大布衣。"

启功先生最大的成就，是创立了"启功体"，成为中华书法的瑰宝。玺文兄说，平生最大遗憾是没能成为他老人家的入室弟子，只以私塾身份执弟子礼。启老书法特点，可用八个字概括：清正刚秀，和天润雅。我一辈子都会谨遵启老"学为人师，行为世范"的教诲，希望能把启老的刚劲秀美与于老的圆润磅礴结合起来，形成自己的特色。

我请玺文兄给我写幅字，他答应得很干脆。作为宪法学人，我喜欢哈佛大学劳伦斯·却伯教授的一句话：宪法是一个无穷无尽的、一个国家世代人都参与对话的流动语言。玺文兄铺纸润笔，稍加思考，就完成了这幅东西合璧的书法作品。我心有不足，又念两句对联，嘱玺文兄挥毫。只见他右手握笔，左手抄起"牛二"，猛地喝了两口，脸上顿时布满红云，英武之气聚之笔端：万里风云三尺剑，一庭花草半床书。

荣休后，玺文兄用功更勤，举办了个人书法展，还出版了作品集。

林散之先生说，不随世俗任孤行，自喜年来笔墨真，写到灵魂最深处，不知有我更无人。这也是玺文兄的写照。

法律不是科学　是一门艺术　　　　　　　　（刘星）

　　法学院举行研究生见面会，导师代表登台亮相，有的谈人生目标，有的谈创新思想，有的谈读书写作，有的谈快乐成长。刘星教授穿着西服，打着领带，留着平头，戴着眼镜，发言的题目是《带走情，留下言》。

　　他说，我们来自五湖四海，聚在法学院这个大家庭，都是缘分。时光因情而暖，人生因情而美。我希望大伙借着这份缘，要广结同学情，厚植师生谊，深酿母校爱。特别要珍惜芳华，谈一场轰轰烈烈的恋爱。爱情是什么，沈从文先生说："是我行过许多地方的桥，看过许多次的云，喝过许多种类的酒，却只爱过一个正当最好年龄的人。"毕业时，希望你们把这一切装进行囊，成为取之不尽、用之不竭的精神财富。

　　刘星兄又说，古人讲三个不朽：立德、立功、立言，对同学们来说，首先是立言。立言是什么，就是把真知灼见形诸文字，著书立说，传于后世。其实，汉字是有情感的，它传递的是我们祖先所见、所闻、所思、所想，它特想把这些信息传给后代，只不过现在的我们不怎么领情罢了。说句实际的，立言不易，要有知识的储备和增量，还要有心胸和格局、气象和智慧、胆识和责任。希望毕业时，诸位能用母语留下自己的真知灼见，这才是你们的贡献。

　　刘星兄1996年在《南方周末》开了专栏，叫《西窗法雨》，读者甚众，主要是年轻人。1998 年，由花城出版社结集出版，后又转到法律出版社出版。该书通过讲述西方法律文化，来调动中国读者的思维，思考中国问题。刘星兄在书的后记里说，我从故事讲起，道理略有激发，使读者基本感受到了知识、思想便收住，字数千余，好看即可。

这是怎样的一本小书，激起如此多读者对法学的兴趣？有位网友说，《西窗法雨》开的是西窗，窗虽小，可每个案例和评说都入木三分；下的是春雨，雨虽轻，随风飘下，让我觉得法与文学相隔不远，甚至可以联姻了。评论家黄树森先生说，一袭纵横捭阖下的法趣论，一阕学养驳杂的法议论，一掬情感积淀下的法情结，灵动、缜密、成熟，读之，感到一种法理精神的欢愉洗礼，一种智慧的畅快淋漓。

刘星兄 1958 年生人，初见他，年龄和外型，会有一种顿挫感。他眼里有光，身体有型，充满了朝气，同学们封他为"不老男神"。问他养生秘诀，他会笑着回答，身心自由，生活简单，读点闲书，码点文字，核心是知足常乐。

查他简历，当过侦察兵，做过描图员。其实，我小时候特想当解放军，因为家庭出身，终成泡影。对侦察兵的着迷，主要来自一部国产电影——《奇袭》。那时不管本村，还是外村，只要放映这个电影都会跑去看。其中有两个桥段至今难忘：志愿军某部在战斗间歇，表演小品《捉舌头》，笨拙的美国大兵、逼真地学鸟口技、幽默的音乐旋律，深深地印入我的脑海；三个侦察兵化装成伤员，用修车技术和一盒香烟博得李伪司机的好感，巧妙躲过李伪小队长的盘问，在紧张和刺激中，夺了敞篷吉普车，展示了侦察兵的机智和勇敢。我没问过刘星兄当侦察兵的经历，想象中应该有一段军旅的传奇与浪漫。

刘星兄主攻法社会学，也钟情于法律与文学。其实，这两门学科，都是比较接地气的，要认真体会，耐心提炼，在细节中观大局，在个案中观法理，在渐悟中观规律。正如他在晚近出版的《法律与文学——在中国基层司法中展开》里说的，文学能把法律中被压抑的东西解放出来，能为法律提供细节性思考素材，能为法律在社会中赢得话语权，也能帮助法律反思逻辑和功能主义的缺陷。

"法律不是科学，而是一门艺术。"是詹姆斯·怀特在《法律与想象》中说的，表见了一种片面的深刻。

思想才是我们真正的财富

(李曙光)

景德镇盛产瓷器，受到西方人追捧，与"中国"齐名，并称为CHINA。镇上有条河，穿城而过，水流湍急，颜色黄褐，养育了两岸人民，标识了瓷都脉络，人称昌南河。"李破产"曙光教授，就是从这里脱颖开蒙，游学四方，享誉全国的。

1979年，曙光兄以372分的成绩，考入华东政法学院，据说这并非他的初心，北大中文系才是他的夙愿，结果造化弄人，被调剂到曾经的圣约翰大学——上海市长宁区万航渡路1575号。中山公园的风，苏州河的水，大草坪的翠绿，韬奋楼的书卷气，熏染着年仅16岁的青年学子。从根本法到部门法，从理论法学到实务法学，唯有法制史，驿动了曙光兄的心，让他在阅读与思考、追寻与比较中，找到自己的研究方向。1983年，曙光兄本科毕业，由沪进京，由华政到北政，成功地考取了张晋藩先生的研究生，得以在法制史的大江大河中逐心而为。

曙光兄说，在学术与人生的道路上，曹思源教授对他有很大影响。认识曹先生，是在一次老乡聚会上，他是景德镇人，著名破产法和宪法学家。乡音乡情，人文"四特"，关系一下子就热络了。1985年随先生去北大演讲，教室里座无虚席，过道都站满人。曹先生个子不高，五官生动，戴着金丝眼镜，灰白头发往后背着。一开口，会场就活跃起来，同学们对市场、法治、破产、宪法、新权威等问题,非常感兴趣。生动的语言,鲜活的事例,有力的手势,让掌声与笑声齐飞,眼神与情绪互动,是一次难忘的演讲。从那以后,曙光兄开始收集破产法资料,参与立法调研,举办学术讲座,主编相关教材,撰写智库报告,并加入全国人大破产法起草小组,推动破产制度建构,不知不觉间成了业界有名的"李破产",学术兴趣也从法制史转到了法与经济学。

曙光兄是个好玩的人,他打牌、下棋、踢足球,抽烟、喝茶、不烫头。20世纪90年代初,我从昌平校区搬到学院路六号楼,住151号。假期,吃完晚饭,拿着蒲扇,常踱步到三号楼东侧的小马路下棋。路灯下,松树旁,棋盘一摆,开始手谈。有时两人对弈,"不闻人声,时闻落子"。人多时,大伙轮流上阵。下围棋讲究"观棋不语真君子,落子无悔大丈夫"。曙光兄往往站在旁边,一手抱臂,一手夹烟,不时吸上两口,默默观看。等棋终复盘时,他会指点迷津,演示几种可能,发表自己的意见。他的大局观不错,思路开阔,熟悉定式,讲究薄厚,但战绩一般,估计下得不够。印象中,阮齐林兄实力最强,马建川兄讲求棋理,刘心稳兄刚刚入门,许志江老师意志坚定,老周则耐心细致。一次和老周对弈,杀得昏天黑地,直到早晨大爷来扫马路,才使我俩分开。

曙光兄喜欢踢足球,40年不间断。他个子不高,身体瘦削,浑身是肌肉。耳顺之年,还能踢全场,体力超强。他善打左前锋,带球过人,下底传中是拿手戏。2020年11月1日,法大成立校友足球俱乐部,他出任会长。在仪典后的友谊赛中,他穿10号球衣上场,这是何等荣誉呀,当年贝利、马拉多纳、巴乔等伟大球星,赋予了10号战袍以技术、力量和美的象征。记得2018年春,国家体育总局领导让我推荐一位足协秘书长候选人,要求懂足球、懂法律、懂管理、懂外语,我毫不犹豫地举荐了曙光兄。领导见了他后非常欣赏,相谈甚欢,在说到任职时,曙光兄婉拒了,他说我喜欢足球,但不喜欢中国足球。他是搞破产法的,我猜想,他是担心把中国足球也搞破产了。

曙光兄是个有思想的人，董彦斌在 2007 年读《法大人札记》里写道，我行走在郭世佑教授的《史源法流》、王人博教授的《桃李江湖》、舒国滢教授的《思如浮萍》、李曙光教授的《法思想录》里，能真切感受到他们的人文注视、宪制设问、法理析解和思想推助，能充分体悟到他们坚持良知、呼唤善治、相信法律能改变中国的情怀。

有句话说得好：灵魂是由思想来染色的，语言是思想的反映。曙光兄最近有篇文章，叫《宪法中的"破产观"与破产法的"宪法性"》，发我品鉴。阅读中发现，在破产法与宪法的勾连中，曙光兄时刻以立宪主义思想烛照破产制度，从而悟出破产法是市场经济宪法的定见，并声称受到了哈佛大学却伯教授的影响。

我不羡慕自由飞翔在蓝天上的苍鹰，也不羡慕游在水里的生物，却羡慕奔驰在无边无际旷野里的思想，因为思想才是我们真正的财富。

草在结它的种子　风在摇它的叶子　　　（邬宝顺）

邬宝顺老师发我一首自己录制的《可可托海》，共 5 分 13 秒，反复聆听后，觉得音色纯正，情感真挚。低音时，邬老师唱得缠绵悱恻，千回百转，"那夜的雨也没能留住你，山谷的风它陪着我哭泣，你的驼铃声仿佛还在我耳边响起"。像电影的近镜头，映现了一个绝望的男人，在可可托海的山谷间独语。高音时，他唱得声如裂帛，沧桑悠远，"心上人，我在可可托海等你，再没有人能唱出像你那样动人的歌曲"。犹如恋人在对天空发誓，向大地作证。

邬老师是我们上大学时的体育老师，他不但心地善良，人也长得帅气，有点像电影《英雄儿女》里饰演政委的王文清（演员本名叫王东）。说起来，邬老师还真和战争有关。1969 年，中苏发生珍宝岛之战，时年 20 岁的他，由黑龙江生产建设兵团选送到珍宝岛前线知青担架营，为解放军运送枪支弹药，抢救伤员。在枪林弹雨中，他真切体验到了战争的残酷、生命的宝贵和国家的尊严。他坦言，知识青年不仅要指点江山、激扬文字，更要在国家需要时，挺身而出，保卫家园。

作为共和国的同龄人，邬老师总把自己的命运和国家相系。每当听到"我和我的祖国，一刻也不能分割，无论我走到哪里，都流出一首赞歌"的时候，他的眼圈就发热，心跳就加速，情不自禁地跟着哼唱。受他的影响，我也喜欢这首歌，特别是陈蓉晖演奏的小提琴曲。1995年，邬老师从体育部转到校工会工作，担任常务副主席。他关心老师冷暖，帮助老师维权。1998年，在祖国南方遭遇特大洪灾时，他立即动员广大师生和校友，进行义演，捐款捐物，支援灾区人民。当大浪扑来的时候，中国人民风雨同舟，战胜艰险，邬老师是这英雄群体中的一员。

人们常调侃，数学是体育老师教的。在昌平住家时，我和白希、冯世勇、常宝国、李淑荣等，经常找体育部老师"敲三家"，邬老师会叫上贾小平、尚凤林等老师参与。"敲三家"的游戏，一要记牌，二要配合，凸显数学功底。可以说，无论牌风还是牌技，体育部老师都表现出了较高水准。不过白希说，"敲三家"最重要是抓牌，抓到一手好牌，大贡、二贡和三先都有了。我们的战场经常选在体育馆、篮球场或游泳池旁，大家斗智斗勇，尽兴发挥，然后去喝啤酒撸烤串，煮花生米就"牛二"，由输了的一方买单。邬老师团队一向很慷慨，总让我们在免费中一醉方休。

邬老师是性情中人，喜欢唱歌。节日庆典，朋友小聚，文艺演出，都有他的身影。2005年12月21日下午，法大举行"同心同德、和谐法大"教职工文艺汇演。李仁燕以一首《烛光里的妈妈》打动了在场的观众，李淑荣、支小青等演唱的《我像雪花天上来》《女人花》等，博得了现场的掌声。到了邬老师，他声情并茂，演唱了一曲《小丑》："掌声在欢呼声中响起，眼泪已涌在笑容里。"深深打动了我，使我明白，每个人在生活中，都可能扮演小丑的角色，人前强装笑颜，人后暗自惆怅。就像台湾艺人凌峰先生说的，五千年的苦难和沧桑都写在了脸上。

2020年初冬，午间的阳光照在身上。邬顺请邬老师喝酒，让我和张保生校长作陪。酒过三巡，菜过五味，曾经的记忆，温柔地落在舌尖上，生活仿佛被撕开一个口，望得见往日的时光。饭后，邬老师和保生校长，用手机扫码，骑小黄车回家。

顾城说，草在结它的种子，风在摇它的叶子，我们站着，不说话，就十分美好。

让众人把你踩成道路   （王胜利）

2020年12月30日下午，法学院总结创新会，因疫情改在线上进行。主持人薛小建，网上看不见她的影像，只有一盏红茶在碗中荡漾。她的声音简洁、理性，像流水一般波澜不惊。自由发言环节，她点了王胜利老师的名。王老师满脸通红，结巴着说："我没有准备，不知说什么好。既然点我名了，就说两句。来法学院二十多年，一直从事教辅和行政工作，平心而论，我没敢怠慢法学院交办的每一件事，却善待了法学院的每一个同事。明年就要退休了，真心爱法学院，希望有一天回来的时候，还有人能认识我。"

几句感言，扎了薛主持的心，她一下子哽咽起来："胜利老师勤勤恳恳，不争不夺，几十年没跟大伙红过脸，没因工作闹过妖，这就是法学院团结友爱的根源，希望大家能将它保持下去。明年我也要退了，此时此刻，跟胜利老师的感受一样，千言万语不知从哪儿说起……"说着说着，会场笼罩在一片伤感之中。

胜利兄1961年生，跟我一个属相。小时候听妈妈说，牛是玉帝殿前的差役，经常往返天宫和人间。当玉帝得知，大地光秃，寸草不生，便派牛前去播撒草籽儿，绿化人间，还特别嘱咐，要走三步撒一把草籽儿，不能撒太多。牛出了南天门，不小心摔了一跤，忘了帝训，走一步撒三把草籽儿，结果大地上长满了草，根本没法种庄稼。玉帝大怒，罚牛的子子孙孙去啃草，并帮农民犁地干活儿。

牛是个知错就改的好动物，勤勤恳恳，任劳任怨，让人们过上了"三十亩地一头牛，老婆孩子热炕头"的生活。

我和胜利兄有缘，在法学院分管教学、科研、师资工作时，一直跟他合作。他干事不温不火，不紧不慢，完事总要笑着问一句：焦老师，您瞧怎么样？别看他工作时温润如玉，球场上却叱咤风云，羽毛球水平能跟尹志强、舒国滢等高手媲美。2014年第七届法学教授羽毛球邀请赛在人民大学举行，王胜利和王振峰组合，打败了很多强手，荣获男子双打第四名，在爱好者中传为佳话。胜利兄也是个有福的人，在国家严格执行"一对夫妇只生一个孩子"的政策下，他生了双胞胎女儿，精心养护，勤于栽培，长大成人。

胜利兄是个平凡的人，平凡到既没有这个"长"充门面，也没有那个"家"做光环，可他却让人深深地挂念着。何兵教授在法学院群里说，我与胜利老师交往二十年，他善待每个人，善处每件事，他说到了，也做到了，是一个真正的胜利者。

人老是把自己当成珍珠，就有被埋没的痛苦，还是把自己当成泥土吧，让众人把你踩成道路。

只有灵魂相近　才有情感共鸣

（李建红）

　　李建红是法大的后人，她姑姥姥鲁直曾任法大总务长，父亲李师傅任法大厨师长。我念书时，对李师傅印象深刻，他大高个，高颧骨，打菜时勺子上下飞舞，叮当作响。我喜欢吃他做的烧茄子，汁浓、肉烂、皮焦，还有西红柿和小肉片在里面。人少的时候，我会说：李师傅，再给浇点汤儿吧？老人家目光和善，默不作声，眨眼间半勺汤汁就到了碗里。几十年过去了，那油红的颜色，咸鲜的味道，软烂的口感，再加上表层的蒜末气息，做梦都会流口水。

　　建红是摄影爱好者，她用初心和镜头，记录了法大复办后的变迁。2018年5月8日，是个难忘的日子，建红从几千张摄影作品中，拣选了200幅，参加"借你双眸读法大"摄影展。儿时爬过的核桃树、六边形的图书馆，芳草萋萋的小滇池，"法治天下"的青石板、苏联式的教学楼，久别重逢的相见欢，甚至蓟门烟树的沧桑，小月河畔的容颜，都被建红像施了魔法一样，把瞬间变成了永恒，勾勒出法大一幅幅鲜活的画卷。我真的相信，很多东西，若不是她拍下来，就没有人能看见。

　　先说说老校图书馆南边的湖心亭吧，就坐落在小滇池的湖心岛上。沿石阶上行十二级，就到了亭子中间。六根红色的柱子，上撑铁皮做的六角伞，供人避雨遮阳，下连水磨石围成的石板凳，供人

只有灵魂相近　才有情感共鸣

阅读观赏。记得高家伟和谢立斌说过,他们在法大念书时,经常到湖心亭学外语,许多德语单词都是在这里记住的。黄进校长也谈到,在图书馆大楼拆旧建新的过程中,他力排众议,坚持把这座旧亭子保留下来,移到了综合科研楼的西北角。建红是个有心人,她用镜头记录了湖心亭的前世今生与四时不同。清人袁枚有一首小诗:白日不到处,青春恰自来。苔花如米小,也学牡丹开。法大的"湖心亭",因着小巧玲珑,才有了妙趣横生的静。层见叠出的模样,没有雍容华贵,只有深切的谛听。

再说说法大班车,每天都停在教学楼前。这座"宏伟"的建筑,是法大的标志和象征。红窗框,白灰墙,朴素又大方。不知何时,马赛克闯入了人们的审美,曾经的仿苏建筑,换上了中国元素。午后的阳光,透过金黄的银杏树叶,洒在漂亮的班车上。远远望去,"中国政法大学"六个红色大字,从车的侧面映入眼帘,刚劲、柔韧,是国人熟悉的"邓体"。建红的这幅作品,光线和构图处理得恰到好处,班车静如处子,又跃跃欲试,勾起了人们对过往的回忆。想当年,从学院路到西环里,再到新校区,司机宋师傅、于师傅等,载着法大师生,无论寒暑,每天早出晚归,送走青春岁月,迎来别样人生。我依稀记得,车上"敲三家"的情景。大伙临过道而坐,将公文包放腿上,搭成小牌桌,三人一伙,六人一桌,就操练起来。通常三十分钟一局,人多时大家轮流上阵,竞争十分激烈。有的兄弟面无表情,精于计算,常常出奇制胜;有的兄弟高言阔语,却疏于记牌,结果一输到底。反正,车不到教学楼,游戏就不停止。不知不觉,33公里的路程,很快就被车轮转完了。自打有了座驾,我很少再坐班车,当然也失去了激情争"三先"的欢乐。

2019年10月19日,法大迎来了复办后首届学子返校的时光。酒红色的地毯上,摆放着12排绿色的马扎,象征着1979级12个班级,和当初艰苦的办学条件。主持人吴文彦同学宣布,会议结束后,马扎可自行带走,希望能把"马扎精神"传给子孙后代。建红的镜头快门,像眼睛一样,定格了满是马扎的会场,又开始捕捉师生 40 年后再相逢的场景。鲜花、笑脸、泪水、相拥，只有故事才是照片背后的灵魂。有一帧黄勤南老师与刘心稳、李玉香同学的合影，黄老师白发飘飘，面如重枣；心稳兄手持华为手机，喜上眉梢；李玉香搀扶老师，情不自禁。师徒三人，和谐自然，诉说着往日的情怀。

　　泰戈尔说，我跨过此生的门槛之际，并没有发觉，是什么力量使我像一朵嫩蕊，深夜在这无边的秘界里开放。我想，也许是建红的一幅幅作品吧，有如思想的眼睛，透视着每个人的心胸。只有灵魂相近，才有情感共鸣。

下一个春天的种子 （邓正来）

《大乐章下的小插曲——我与邓正来先生的点滴交往》是孙国栋君的新作，嘱我闲看。窗外细雨绵绵，远山云雾缭绕，心绪恬淡虚无，正是阅读的好时光，遂打开手机，细品起来。首先映入眼帘的，是一幅精致小照，灰白的纸面上是邓正来给国栋的赠书题字，笔意流畅，端庄秀雅，有柳体"书贵瘦硬方通神"的味道。红色印章盖着"梦觉"二字，不知是大梦谁先觉，还是梦觉流莺时一声，感觉很有禅意。

初识邓正来，在 1986 年冬天，北京军博对过有个地方叫羊坊店，据说老年间是易羊住店的地方。我当时在北京社会与科技发展研究所兼职，由法大同事肖金泉介绍。一天傍晚，北风呼啸，天气寒冷，研究所来了一位新人，安排与我同住。聊天得知，他叫邓正来，是北京外交学院国际私法研究生，师从李浩培先生。正来兄长我 5 岁，本科就读于四川外国语学院。双方熟悉后赠我一本书，叫《昨天 今天 明天》，是《走向未来》丛书中的一本。当时这套书很流行，白色封面，泼墨图案，手掌大小，有很强的视觉冲击力。丛书序言里有句话：思想的闪电，一旦照进人们荒芜的心田，必将迸发出无穷的力量，让人震撼。

正来兄特别勤奋，每天除吃饭睡觉外，都在赶稿子。他穿一件灰白色羽绒服，袖口和前襟布满了油渍。桌子上放个大烟缸，烟头堆得小山似的。说话上海口音，嗓子沙哑，交谈中感觉自信满满。喜欢听流行歌曲，特别是张晓梅的专辑《你照亮我的心》，反复放，反复听，每首歌的旋律我都能哼出来。问他为何不听听古典音乐或京剧什么的？他说，只有女人的声音和气息，才能安慰男人寂寞的灵魂。他当时正校订美国法学家博登海默的名著《法理学——法哲学及其方法》，译者是北京大学沈宗灵先生的弟子姬敬武。也许译文有些稚嫩，正来兄在这件事上花了不少工夫。他的译后记写得挺理性，不过冷静的文字背后是澎湃的激情。他说翻译是译者对原著思想的重述，也是对自身精神的洗礼，经历过无数次苦思冥想之后，终于弄明白了几个问题，如正义、秩序、法则是什么等。博登海默说，正义有一张普洛透斯似的脸，变幻无常，随时可呈现不同形状并具有极不相同的面貌。

  正来兄喜欢吃米饭，是典型的南方胃。我经常代他在食堂打饭，不用征求意见，肯定是米饭炒菜。他偶尔请我下馆子，还挺讲究。一次请我在复兴门附近的燕京饭店吃饭，我俩骑着自行车前往。拣了靠窗的一个雅座，他开始点菜。有鱼香肉丝、水煮肉片、摊黄菜、白灼菜心、花生米。一人一扎啤酒，一人一碗米饭。两人边吃边聊，他悠悠地讲，我慢慢地听，从父母南下，到图书馆偷书，再到工厂干活，以及多彩的人生经历。长安街上人流不断，酒店大堂安静祥和，酒酣耳热之后，记忆成了永恒的回忆。

  研究所当时编一套丛书，叫《二十世纪文库》，由华夏出版社出版。文库精选了过去一百年西方社会科学13个领域100本经典著作，迻译出版。作为文库秘书，我结识了大部分译者，也接触了全新的学术。文库的宣传口号是"出人、出书、出思想"，大气，响亮，至今难忘。文库的成功出版与两个人关系密切，一个是李盛平，另一个是肖金泉。他们的运营团队，共同创造了奇迹，在当时人文社科的五大派系中，已占有一席之地。正来兄外语好，又是文化个体户，被文库任命为译介质量监控中心主任。他勤勤恳恳，认真负责，在一定程度上把握了译文质量。此时的正来兄，还做了另外两件事：参与组织《牛津法律大辞典》的翻译，由光明日报出版社出版；完善他的硕士学位论文《美国现代国际私法流派》，由法律出版社出版。随着正来兄社会声誉日隆，我和他的距离也变远了，渐渐地已难望其项背。君子之交淡如水，我们的交往一直保持到1989年。谁知命运的大手一挥，大伙就各奔东西了，正所谓：聚是一团火，散是满天星。

再见正来兄，已是2006年夏天了，他在《政法论坛》发表了《中国法学向何处去》，产生了广泛的影响。杂志主编人博兄设宴款待他，邀我作陪。与20世纪风华正茂、满头密发不同，而今的正来兄已智慧持重、发染银霜了。大哥见了小弟，少不了嘘寒问暖、怜爱关心。我简要汇报了分别后家庭和事业的情况，他微笑颔首，表明一切都已感知。接着，兄弟们开始喝正来兄喜欢的五粮液。轮到我表达时，就毫不犹豫地拎起了分酒器，一饮而尽。天增岁月人增寿，万语千言在心头。真诚感谢生命和生活，给了我们兄弟再次相逢的机会。

国栋君的小文，深深地勾起了我的追忆。2013年1月24日，正来兄在学术鼎盛时期，因病匆匆离开了我们，享年57岁。噩耗传来，贺老师悲凉地发出微信：朋友通讯录里又一个号码无法通话了，愿天堂里仍有哈耶克和五粮液。我却天真地想，寒冬里唯一不结冰的只有眼泪，而眼泪才是下一个春天的种子。

是河你就长长的

（屈荣莉）

屈荣莉是法大1982级同学，1986年留校任辅导员，供职于法学院。我早她三届，算同龄人，背后喊她小屈。她管双学士班，俗称"4+1"，有400多学生。与普通班不同，这些同学在非法学院待4年，最后一年转法学院。小屈办事仔细、认真，没过多久，就能叫出绝大多数同学的名字。

辅导员是中国特有的制度设计，管学生学习、生活、社交、心理、毕业、分配等，用辅之以理、导之以情、圆之以梦来形容，一点不过分。新冠疫情给小屈的工作出了难题：学生不能返校，宿舍物品要由老师们打包邮寄回去；毕业手续和就业推荐都要在网上进行。她急得睡不着觉，吃不下饭，嘴上起泡，牙疼难忍。可依然靠着组织，顶着压力，每天奔走在办公室、图书馆、职能部门和邮局之间。她家住学院路，为工作方便，就直接吃住在昌平，家里的大事小情全让先生和孩子去打理。我打电话慰问她，她还调侃：领导，就我这干劲，你不给颁个五一奖章啥的，能行吗？

和小屈的友谊源于20世纪90年代。那时青年教师从祖国四面八方，分配到昌平。在这个略显荒凉的地方，大家无亲无故，无依无靠，只能抱团取暖。一起上课，一起娱乐，生儿育女，赡养老人。小屈有个二哥，在昌平开饭馆，经营东北菜。隔一段时间，几家人就凑在一块聚聚。男人们打台球、扑克，女人们谈天说地，孩子们疯跑游戏。当黄瓜丝、粉丝、香菜末、鸡蛋皮拌的凉菜，小葱、水萝卜、胡萝卜、豆腐皮组合的蘸酱菜，酸菜、血肠、白肉炖的杀猪菜，茄子、土豆、柿子椒炒的家常菜（地三鲜），端上桌子时，二哥就用纯正的东北话，招呼大伙开喝了。还别说，东北小烧就东北菜，喝着过瘾，吃着痛快，跟过年似的。结账时，小屈会乐呵呵地说，今天算二哥请客，大伙免单了。众人忙说，二哥做的是买卖，咱不能吃大户呀，然后就按成本价买单。说句实际的，二哥的生意，货真价实，干净卫生，去了还想去。转眼三十年过去了，不知二哥现在何方，这是厚道、难忘的一家人。

听人博兄说，有一首歌《白狐》，最初是小屈推荐给他的。当陈瑞用低沉沙哑的嗓子，唱出"能不能再为你跳一支舞，我是你千百年前放生的白狐"，悲凉、凄婉的场景顿时映现在眼前。小屈喜欢抽烟，我有时在教室外、在楼梯口，看见她独自站在那里抽烟，自己抽一口，风抽一口，烟头一闪一闪的，照亮陶醉的表情和眼角沧桑的细纹，是一幅真实的生活图景。

有一次去伊春上课，有小屈同行，车子开到呼兰县时，她下车回家了，我才知道她是呼兰人。对呼兰的印象，是从读萧红《呼兰河传》开始的。萧红用白描的笔，状貌了呼兰的人和事，简直入木三分。她写道：花开了，就像睡醒了似的。鸟飞了，就像天上逛似的。虫子叫了，就像虫子在说话似的。一切都活了，都有无限的本领，要做什么，就做什么，要怎么样，就怎么样。作为呼兰人，小屈不追名，不逐利，不巴结领导，不欺负同事，做好了本职，又快乐率真。

萧红说：是山吗？是山你就高高的；是河吗？是河你就长长的。

如果可以买到一袋星星　　　　　　　　　　（张桂琳）

张桂琳大姐卸任校领导快5年了，像长江入海、水手回家一样，读书、写作、休闲、上课，沉入宁静的学者生活。主席台上，再也看不见她高挺的身影；麦克风前，再也听不到她蚌埠的乡音，时间刻画了记忆的褶皱。

20世纪90年代末，桂琳大姐担任政管系主任，举行总结创新大会时，总会把系里老师的家属们请上，吃吃饭，喝喝酒，聊聊天，像对待姑爷或姐妹一样，把他们奉为座上客。祝酒时，她会感谢大家对政管系的支持，听了心里热乎乎的。老话有云，吃惯了嘴，跑惯了腿，我每年都愿意参加这项活动，喝点小酒，交个朋友，还挺受尊重。毛主席说，政治就是把拥护我们的人搞得多多的，把反对我们的人搞得少少的，政治系主任就是懂政治。

21世纪初，桂琳大姐从院长转任副校长，主管财务和本科生工作。她有菩萨低眉的温度，金刚怒目的厚度，霹雳手段的强度。给我印象最深的有三件事：

为提升本科生综合素质，她主导开设《中华文明通论》和《西方文明通论》，请丛日云教授和文兵教授组织校内外专家联合攻关，集众人智慧，成法大品牌，让师生受益，至今传为佳话。

为提高教学质量，她推动基层教学单位建设。记得2016年3月18日下午，她率教务处同仁到宪法所调研，薛小建重点介绍宪法所双语教学和"法大宪制网""法大宪制论坛"的建设情况，姚国建重点介绍宪法学国家精品课程和宪法学案例教学情况，张吕好、张劲、周青风、秦奥蕾重点介绍宪法学国家精品教材编写和课堂讲授情况，谢立斌、汪庆华重点介绍德国和美国宪法案例教学开展情况，田瑶、罗小军重点介绍港澳基本法案例教学情况，刘杨等重点介绍宪法教学中的得与失，实验班的沈芊和郭维克同学重点介绍宪法学习的收获与困惑，然后大家进行热烈讨论。桂琳大姐听完汇报和研讨，充分肯定了宪法所的成就与探索，积极评价了宪法所的团结和高效，希望宪法所要认真培养学生的宪法精神和宪法能力，为法治国家建设作出贡献。她强调，稳基层是大学的工作抓手，基础不牢，地动山摇。这年，宪法所在全校基层教学单位评比中，获得首个先进集体奖，大家都很高兴。

以往老师发放超课时费，都以职称等级为标准，在桂琳大姐主持的一次教职委会上，我建议取消职称差别，超课时费大家按相同标准发放。桂琳大姐非常支持，认为每个人都从年轻走来，娶妻生子、养家糊口，压力山大，学校在整体财政紧张的情况下，应当将政策适当向年轻人倾斜，这也符合法律的平等保护。她说，关爱每个人，特别是年轻人，让老师们有个体面的交际，进而维护做人的尊严，是大学的希望所在。

桂琳大姐毕业于北大哲学系，后来考入法大读政治学硕士，师从杜汝楫教授。听法学院郎佩娟大姐说过，1983年，杜老为创办法大政治学专业，自己到北大、人大等著名高校抢学生。她就是来自人大哲学系的毕业生，后来与桂琳大姐同门，拜杜汝楫先生为师。据同届研究生刘苏里介绍，杜老对学生很严格，要求他们多读外文原著，少读中国书籍。我留校任教偶尔见到杜老，感觉他是一个倔强的老头，操广东口音，讲话声音大，语速快。通过读他翻译的《历史决定论的贫困》《开放社会及其敌人》，打开了洞悉波普尔哲学的一扇窗。我推测，后来桂琳大姐深耕西方政治哲学，出版力作《西方政治哲学——从古希腊到当代》，一定是受了导师的影响。

苏格兰的首府在爱丁堡，是一座美丽的城市。一次随桂琳大姐出访，谈到爱丁堡大学，她说1994年曾在这里待过半年，校园到处能听到风铃的声音。这所大学历史底蕴深厚，人文气息浓郁，是个富有哲理和诗意的地方。桂琳大姐钟情休谟的政治哲学，写出《理性与功利：谁是权威——休谟政治哲学述评》的文章，发表在《政治学研究》上。她说，休谟有两句话发人深省：理性是激情的奴隶，习惯是人生的伟大导师。

后来，我也有幸访问了爱丁堡，花两天时间，感受这座伟大城市的古老与文明，至今仍惦念着城市车站、街旁、公园的一张张长椅，它们是由普通人捐赠的，上面刻着温暖又诗性的文字，供游人欢愉小憩。

有张木椅，经过风吹雨打，椅背已经灰白了，但上面有句话依然感动我：如果可以买到一袋星星，我们会为您播种整片天空。

尊重和保护人的尊严是一切国家权力的义务

（谢立斌）

德国为何叫德意志，有人说是音译，有人说是意译，大概与时代有关。晚清以前，国人管英国叫英鸡黎，管德国叫邪马尼，显示出对西方文化的俯视，名字自然也不曼妙。晚清以降，西风东渐，国人开始仰视西方，称谓当然就温婉了。把英国称为英吉利，表明大吉大利；管德国叫德意志，则有意志坚强之意。

北京举办奥运会那年，我初访德国，由谢立斌指引。他在德国念的博士，为人忠厚，办事利索，语言熟练，让我受益匪浅。6天的行程，安排得张弛有度，异彩纷呈。我们先后拜访了汉堡大学的施托贝尔教授、莫尔泽尔教授、费利克斯教授和社会法院的卡耐尔特法官，印象最深的是参观洪堡大学，拜见宪法学大师格林教授，为施托贝尔教授庆生，参摩国会大厦。

抵达柏林那天已是下午，我和立斌简单休息后，就步行到菩提树大街，参观向往已久的洪堡大学。学校的大门很窄，两边是门楼。放眼望去，前面是高大典雅的教学大楼，楼顶正中有一面旗帜，两边分列着三尊雕像。楼顶下方是六根高耸的罗马石柱，庄严神圣。落日的余辉，洒落在德文书写的"洪堡大学"上，光彩夺目。楼下的广场上矗立着洪堡先生的白色大理石雕像，他双手扶椅，两腿交叉，长衫曳地，和蔼地看着众生。作为现代大学的创始人，洪堡先生1810年就提出要建设科研、教学合一型大学，其价值追求是"寂寞和自由"。"寂寞"意味着大学不为政治、经济、社会利益所左右,"自由"意味着大学完全以知识和学术为目的。他说,寂寞和自由是相互联系、相互依存的,没有寂寞(独立)就没有自由。

进入主楼大厅,最吸引眼球的是刻在褐色大理石墙壁上的四行字,我不懂德文,立斌翻译说,是马克思的一段话:哲学家们只是用不同的方式解释世界,而问题在于改变世界。依此理念,洪堡大学最早设立了四个学院,即法学院、医学院、哲学院、神学院,吸引了爱因斯坦、普朗克、哈伯、赫兹、黑格尔、叔本华、海涅等一大批学术大师来此任教,产生了29位诺贝尔奖获得者。

拜见格林教授也是在下午,我们提前来到他的住所附近。路边有个土耳其烤肉亭,旋转的肉柱,飘散的肉香,卷肉的薄饼,叫人口水直流,欲罢难忍,我们就人手一份,大快朵颐起来。

格林教授头发灰白,红光满面,笑容可掬,是洪堡大学法学院的精神领袖,相当于江平教授在法大的地位。他做过12年德国宪法法院的法官,著作等身。格林教授很热情,交谈之前,先赠我们两本手掌大小的《德国基本法》,然后围绕我们关心的改革与宪法、统一后德国的宪法文本、宪法的第三者效力、宪法与法律问题的界分、宪法应否规定公民义务、欧盟条约在德国内的转化、东德国有财产的处理、公共利益的宪法解释、公民宪法权利间的冲突、违宪审查的反民主悖论等问题,展开了深入交流和探讨,长达两个多小时。最后问及现代宪法的特征,格林教授肯定地说,首先是国家权力受宪法限制,其次是国家权力源于宪法授权,最后是宪法效力高于普通法律。他再三强调,这三个要素是宪法中最核心的,也是最重要的。

从教授家出来,天已经大黑,我们乘坐公交车往回返,心绪还沉浸在温暖的交流中。汽车靠站停车,突然有两个人上车查票。立斌说,德国公共汽车没人售票,但有时会抽查,一旦逮着,就要被重罚,可能还要上黑名单,我看见有位女士被逮着了。

65岁庆典,对一个学者来说,是值得重视的。给施托贝尔教授庆生的人很多，都是公法学人。大家喝着啤酒、品着香槟，回忆着过往，畅想着未来，笑声不断，掌声不断。立斌说，施教授特别希望您能讲几句话，让大家听到来自东方的声音。我呷了口啤酒，站起来表达敬意：2008年，中国有两件大事，一是举办奥运会，二是为施托贝尔教授祝寿。中国人民本来都想来，考虑到交通和场地，就派我来代表了。施教授多次访问中国，为学生讲授德国公法，著作也译成了中文。研究生面试时，我曾问他们，是否知道施托贝尔教授，若能说出个一二三，我就会高看他一眼。感谢施教授培养了优秀弟子，谢立斌已成为法大非常有潜质的学术新人。"莫道桑榆晚，为霞尚满天"是唐代诗人刘禹锡的感悟，我敬献给施托贝尔教授，祝您生命之树常青，学术之树常绿。施教授开怀大笑，走过来跟我握手、拥抱，他感谢我的中国式幽默，让他开心、暖心。

我和立斌来到柏林市中心的国会大厦，接近中午，空气清新，阳光明媚。这是一座体现古典式、哥特式和巴洛克式多种风格的古老建筑，是德国统一的象征。建筑的穹顶是透明的，周边有观众席，人们可以站在玻璃结构上，自由观看议员们辩论，让政治家在阳光下履行自己的诺言。立斌介绍，这座建筑的设计师，是英国人诺尔曼·福斯特爵士。建筑的基础是1884年修建的德意志帝国大厦，但百年沧桑，几经战火，旧大厦已残破不全了，政府推陈出新，向全球招标，才有了这座新旧融合、审美独特的建筑。从国会大厅内部往上看，是一个巨大的锥体，上粗下细，好像随时会掉下来。意在提醒议员，一定把委托人的利益放在最高位置，否则人民会转委托，正所谓"天视自我民视，天听自我民听"。

第二次去德国是2016年，与法学院同仁考察联邦与州的事权划分和支出责任。活动由艾尔伯特基金会安排，基金会专门聘请了一位懂中国历史的教授做翻译。代表团访问了联邦与州的财经委员会，会见了政府的财政部部长，座谈了几位财税法专家，还咨询了志愿者。

此行印象深刻的是拜访德国宪法法院及盖尔大法官。卡尔斯鲁厄是德国西南的边陲小镇，也是著名的法律之城，联邦最高法院、联邦宪法法院就落户于此。与许多国家把最高司法机关设在首都不同，德国人认为，作为监督宪法实施的法院，一定要远离议会和政府。1951年，宪法法院首任院长阿斯科夫曾向司法部部长抱怨，卡尔斯鲁厄是远离政治、商业和文化的村野乡间，在那里当院长相当于被流放。

宪法法院大楼是一座水泥面的灰色建筑，共三层，分 AB 两栋楼，由走廊连接，立斌曾在这里访学。盖尔大法官和另外两人接待了我们。李树忠团长介绍了团员和参访目的，双方就开始交流了。盖尔大法官是我们的老朋友，立斌每年都邀他参加法学院与比较法学院举办的"中德宪法论坛"，并发表学术演讲。盖尔大法官详细介绍了宪法法院的组织结构和运行状况，以及他审理的典型案件，有历史，有数字，有人物。他说这里是人人平等的地方，每个公民都有权上告宪法法院；虽然我们很少宣布法律违宪，但每一次宣判都是对人权的保护和宪法的维护；我们从不担心判决的执行，因为遵守规则已深入人心。

座谈会后，盖尔大法官去开审判工作会议，委托助手带我们参观审判庭。法庭非常简洁，长桌前是听众席，后面是法官坐的转椅，转椅后的墙壁上悬挂着德国国徽，四周是透明玻璃，整体暖色调，像大公司的会议室。助手让我们每位团员都当了一回"法官"，还为我们拍了合影照，然后去参观红色法袍和现代化的图书馆。我纳闷，这么一个平和的地方，怎么能跟宪法无上权威相联系呢？等看到资料室那一柜柜卷宗后，突然明白了，是大法官们用正义和智慧写出的判决，给出了答案。立斌说，联邦德国首任总理阿登那曾感叹，宪法法院是莱茵河上的一个奇迹，比它更高的只有蓝天了。

毕竟悦女士在"邮政中的法政史"里，展示了一枚纪念邮票，是1999 年 5 月 23 日联邦德国邮局发行的，隆重纪念《德国基本法》颁布 50 周年。邮票采用小全方张式，阿拉伯数字 1949 和 1999 清晰可见。邮票的主体部分，印着《德国基本法》第 1 条第 1 款："人的尊严不可侵犯。尊重和保护人的尊严是一切国家权力的义务。"

何日再饮白云边 　　　　　　　　　（黄进）

　　黄进校长出了本书叫《何以法大》，是他的演讲集，题赠与我。封面清新简洁，上边是蔚蓝的天空，下边是辽阔的大海，中间是一缕阳光点亮太空。启功体的书名炯炯有神，落款是人民大学出版社。我弱弱地问了一句，为何没在法大出？校长说，是人大约的稿，也就答应了，以后一定出法大版的。

　　黄校长戴金丝眼镜，梳背头，但不抹油。喜欢游泳、滑雪和溜冰。经常在食堂吃饭，跟师生交流。人随和，也挺执着。生在湖北利川，有些音发不准，如新鲜永远读新（宣），笃行总是念（独）行。

　　黄校长是国际法大家韩德培先生的开门弟子，始终不忘对恩师的虔敬。在百家讲坛上，他将先生的话送给学生：对自己要有信心，干事情要有决心，成长发展要有耐心。韩先生是武汉大学的灵魂，被称为珞珈山镇山之宝，最大心愿是培养出世界级法学家。我告诉黄校长，在江苏如皋看到了韩德培先生的大理石雕像，他说那是先生的出生地，有机会一定去拜谒。

　　全国人大常委会法工委组织的法学家新春茶话会，每年都邀请百余人参加，聚集了学界大师和泰斗。记得有一年，主持人宣布开始，黄校长就抢先发言，他说中国特色社会主义法律体系已经建成，但找不到国际法的位置，这跟中国对外开放取得的伟大成就、和走近世界舞台中央的国际地位,很不相称。希望全国人大,既要加强涉外领域立法,也要关注国际法的发展。他建议修改宪法时,应该明确宪法与国际法的关系,明确国际法的国内适用规则,明确国内法的域外效力。在学科建设上,他提出要设立国内法和国际法两个平行的一级学科,推进国际法治人才的培养。我觉得黄校长思维清晰,对中国的发展有前瞻性,也促进了国内法治和涉外法治的融合。

黄校长执政时,注意听取群众意见,有两件事印象深刻。一次在工会教代会上,我讲了个故事。有位日本学者来我校开会,上洗手间后发现没卫生纸,只得电话求助,弄得双方挺尴尬。我说,大学文明首先看厕所,尤其是卫生纸,它关涉人的方便,也关乎人的尊严,我建议学校花钱给卫生间配卫生纸。黄校长听进去了,决定每年拿出30万元,解决师生的后顾之忧。剑桥大学国王学院的草地上,有一块石碑,叫徐志摩诗碑,每天都有游人参观。上面刻着两行汉字:轻轻地我走了,正如我轻轻地来;我挥一挥衣袖,不带走一片云彩。在法大,有师生建议,给海子立一块诗碑,因为海子是法大的灵魂,他有一颗伟大的心,应该栖居在昌平校园。黄校长从善如流,决定为海子立碑。诗碑是一块躺在地上的黑色大理石,图案似投石入湖荡起的波纹,也像黑胶唱片上的音轨,发出"面朝大海,春暖花开"的和声。

黄校长是个懂生活的人,跟他出访俄罗斯、匈牙利、波兰,每天排满了公务,走得腿疼。有一次他提议,抽空给家人选个礼物吧,也不枉来一趟欧洲。街边有一爿小店,专卖蜜蜡。他说波兰产的蜜蜡,既好看又保值,喜欢的可以入手,并率先垂范,挑了一条项链。他一边付款,一边自言自语:"这回要遭到夫人表扬啦。"幸福得像个孩子。

黄校长也是有情趣的人。到澳门开会,晚上他提议出去散步,并自愿当导游。海风吹拂,灯光摇曳,大三巴、大炮台、玫瑰堂、议事亭,一一入眼帘。大家边走边看,微微出汗,校长找个街边店，请大家吃有特色的刨冰。卸下重任的他，成败已付诸群众，是非由组织确定，剩下的就是自己的小确幸了。

学术之余，黄校长也学会了掼蛋。他打牌特认真，反复组合，念念有词。同事们说，一定要让校长开心，可出牌时没人手下留情。校长坦言，打掼蛋，抓好牌是最重要的。小聚祝酒时，黄校长总结了健康五步，免费赠给大家：管住嘴、迈开腿、勤动脑、不生气、睡好觉。

初次近距离接近黄校长，是在2009年初冬，他上任不久，请八位教授小聚，没有客套，只有开心。他带了30年的老酒——白云边，请大家尽兴。往事如昨，我经常提醒校长，何日再饮白云边？

想唱就唱　要唱得响亮　　　　　　　　（田瑶）

田瑶教授要退休了，法学院同仁想给她举行一个仪式，应该叫荣休恳谈会吧，以示向劳动者致敬，为过往者低眉。曾经的小田老师，在讲台上耕耘了 35 个春秋，教的是高尚的宪法，看的是饥渴的眼神，燃烧的是青春岁月，培养的是卓越人才，历史证明，她是一位好同事、好老师。

田老师是西安人，十六朝古都风貌形塑了她的气质，泾渭分明的河水浇灌了她的精神。她乐观随和，好奇有趣。我喜欢听她用方言讲段子，比如，他大舅他二舅都是他舅，高桌子低板凳都是木头，金疙瘩银疙瘩还嫌不够，天在上地在下你娃要牛。活灵活现，陕味十足。尤其是她说的姬鹏飞接机，能让你笑得肚子疼。

我还喜欢听田老师谝西安小吃，什么贾三家的灌汤包，老孙家的羊肉泡，老樊家的肉夹馍，德发家的酸汤饺，说得我心旷神怡，口水直流。

我特别喜欢听田老师唱歌，她是典型的女中音，在大学时代就有影响力。她的歌声浑厚悠扬，温柔感伤，直抵人心。无论学院庆典，还是师生联欢，只要有田老师在，大家就信心十足，不用担心冷场。记得 2017 届法学院研究生毕业典礼，老师们有诗朗诵叫《勇往直前》，集体为弟子们加油。最后田老师非常自然地领唱了《同一首歌》。当"鲜花曾告诉我你怎样走过"在学术报告厅响起时，师生们全体起立，纷纷加入大合唱，感情真挚，气氛热烈。有学生家长说，这一刻简直太神圣了，我激动地流下了泪水。

田老师热爱她的课堂，除了讲授中国宪法和港澳台法制，还开设了特殊群体权利保护选修课。她以大爱无疆的胸怀和悲天悯人的情怀，旗帜鲜明地反对家庭暴力与性别歧视，为国家立法建言献策，为受害女性提供帮助，身上充满了正能量。田老师更爱她的学生，传授知识，慰藉心灵，锤炼品质，引领前程，弟子们亲切地称她为"田妈妈"。

初见田老师是1985年早春时节，在学院路教学楼后的木板房里，那时还需要烧煤球取暖。她穿着军大衣，梳着马尾辫，手上生了冻疮，人却朴实大方，一打听，原来是来自古城西安的法科大学生。当时廉希圣教授任教研室主任，许清教授是副主任，杨达先生是支部书记，孙丙珠、熊宗域、黄方敬、丁树芳、李锡荣、方彦、朱维究、仝典泰、路遥等先生是老师，年轻人有王永志、沈红、梁丰，后来又分来了肖金泉、王炜、薛小建和李树忠等。春暖花开的时候，我们年轻后生曾一起游历颐和园。

我喜欢乔羽作词、刘炽作曲的《让我们荡起双桨》。刘炽是西安人，伟大的作曲家，这个曲子的灵感就来自昆明湖泛舟。愿我们永远年轻，想唱就唱，要唱得响亮。

心稳　才是根本　　　　　　　　　　　　　　（刘心稳）

不知何时，刘心稳被称稳爷了。校园里的他，穿白色唐装，蹬圆口布鞋，执一把紫砂壶，摇着扇子，闲庭信步。见面总是笑眯眯的，用山西普通话跟你寒暄，像唱歌一样，久久在耳畔回响。

心稳大哥父亲去世早，跟母亲相依为命。他是农村考出来的大学生，家境贫寒，平时省吃俭用。留校后在昌平分了房，就把老母亲接出来住，全心照料、孝敬。刘大娘是个干净、利落的人，言谈话语中总觉着儿子不容易。当然，任何时候都认为，她儿子是全村最能干的。

提到心稳兄，我女儿有发言权。她说，本科时上过刘大大的课，一次吃午饭的时候，在法渊阁下的书店，碰到了刘大大。刘老师买完书正在付款，马上认出我了：娇娇也买书呀，一晃长这么大了。记得在学院路六号楼前，你和李丁丁等踢足球，那时才上小学。现在学习忙吗？你爸妈都挺好吧？大大这儿有面包，分你一个，说着从包里掏出个法式牛角面包。女儿说，大大我不饿，您留着吃吧。刘大大不由分说，硬塞给她一个。

稳爷看着温和，有时也挺执拗。一次在工会教代会上，因教师购买图书的管理问题，与资产处的一位领导发生争议，刘教授认为这位领导的讲话损害了老师们的尊严，执意要求公开道歉。我最怕尴尬，面对这种场合不知该怎么办。刘教授则据理力争，通过学校书记，迫使这位干部道歉了。我觉得稳爷除了当教师，也适合做律师，意志坚定，气场强大，做事有理、有力、有节。

大学评职称，有时像咬手指头，十指连心，特别是教师突出贡献系列，申报者多，只有一个名额，内卷得厉害。有一年，问题集中在一位即将退休的老教师和一位连续参评的老同学身上。稳爷发表意见时，痛哭失声，说十根手指头咬哪个都疼，下笔会有千斤重。他表示要把票投给老同学，大家自由心证。

稳爷退休了，离开了他热爱的课堂和热爱他的学生。民法研究所为他举行了别开生面的荣休座谈会，学校也隆重地聘他为教学督导员。有一次上宪法课，开讲前发现心稳兄坐在下面。我很激动，首先给同学们做了隆重介绍：刘心稳教授，是著名民法学者，也是我1979级本科同学，除深研民法外，他还擅长票据法。他是北京和国家教学名师，今天莅临听课，是对我们的鞭策，也是我们莫大的荣幸。同学们听后，热烈鼓掌，发自肺腑地欢迎这位老学长。这堂课我讲得很认真，想把多年积累的本领展示给老同学。不过下课时，我发现心稳兄已先行离开了。

我每年受邀参加学校青年教师基本功大赛，作为评委之一，总是期待听到心稳兄的点评。他常从讲者的问题意识、逻辑结构、表达方式、课堂氛围角度提出真知灼见，有时还从PPT设计、板书形式和形体语言方面提出建设性意见，展现了名师风采。

心稳兄热爱生活，有时约我们吃点小饭，喝点小酒，打点小牌，论证个小案子。他喝酒动作很夸张，美酒入口，滋溜一声响，全屋都听得见，透着香。

张爱玲说，回忆这东西若是有气味，一定是樟脑的香。心乱，一切皆乱；心稳，才是根本。

只待新雷第一声 (张春生)

张春生先生,法学界习惯称老张。1979年我入北京政法学院学习,他进全国人大法工委工作,我们不认识。毕业后我留校教宪法,经常读他有关新法释义的书,算是神交。

后来请他给学生讲选举法、组织法修改,之后小聚,我带了板城烧锅酒。老张说,这酒喝了口不干,不上头,然后比较了衡水老白干、徐水刘伶醉和承德板城烧的各自优长,真长知识。他讲话声音不高,慢条斯理,面带微笑,愿意表扬人,感觉如沐春风,亲切自然。

2012年参加蒋劲松教授"人大常委会重大问题决定权研究"课题结项,论及党权与人大权关系时,老张说,他参与过13部法律的起草,涉及党的领导,反复琢磨后都没加权字。因为加上权字,就搞不清是 power,还是 right。power 是国家公器,来自公民委托;right 是个人私器,源于契约自由。

2014年我有个"立法权科学配置"的课题,请老张来开题。他说,应该从国家机关事权分析国家立法权的配置,它们都服从国家职能,本质上是分配正义。要把宪法上"依据、变通、不抵触"这几个概念解释好,进行类型化研究,结合中国实际,找出规律性来。

一次在北京市人大听老张讲人大制度,他说彭真同志是让人敬重的领导人，宪法意识很强，经常讲，人大工作最重要是按宪法办事，他说："如果我这个委员长不按宪法办事，就主动辞职，如果你们不按宪法办事，也别在这干了。"遵守宪法，应该从领导开始。

私下小聚，谈老张最多的是刘松山教授。他说老张很有理论水平，诗词歌赋样样精通，语言文字非常简明。他见证过 230 部法律的诞生，参与过 100 余部法律的立、改、废、释，是名副其实的"法律通"。我们曾经住在玉泉山参加《彭真传》的编写。在半年多的时间里，朝夕相处，老张观察细致，判断公允，记忆惊人，文笔练达，再现了彭真作为老一辈无产阶级革命家、政治家、法学家光辉灿烂的一生。

老张是法学律界的活字典，大事小情，没有他不知道的。2018 年修宪后，张翔采访他，实录发表在《中国法律评论》上。作为宪法学人，他讲的许多故事和史实我都不知道，让我大饱眼福。比如，《宪法》上规定的"一切违反宪法和法律的行为都必须予以追究"，是解放军总政治部主任、全国人大代表刘志坚在代表大会上提的议案，内容非常尖锐，最后彭真拍板加在《宪法》第 5 条里。又如，老张认为，违宪分大违、中违、小违。像"大跃进""文化大革命"等直接违反宪法秩序，造成严重后果，是大违；像《劳动法》《侵权责任法》等属基本法律，应由全国人大制定，但当时急于改革，就由常委会通过了，是中违或小违，属程序性问题。

老张长我 20 岁，北京人，为人儒雅，为官清廉，喝点小酒，纵情诗文。有一年参加社科院法学所李洪雷举办的"八二宪法与彭真"的项目论证，然后移步到内蒙古宾馆就餐。席间敬酒时，我说您退休后精气神更足了。老张说，会议少了，血压高了。然后握着我的手说，小焦是有思想、有立场、有才情的人，你和大元、前红的意见我都看过。宪法学者要有自己的见解，有机会发声时要敢于表达，国家需要你们这样的人。你的文字挺通透，也挺幽默，讲的是身边事，说的是家常话。定剑是个好同志，勤奋，耿介，当教授是他的归宿，带学生，写文章，做课题，比在机关自由多了。

  清代诗人张维屏有一首诗叫《新雷》，意境契合了老张的姓名，也预设了国家、民族的前途和命运：造物无言却有情，每于寒尽觉春生。千红万紫安排着，只待新雷第一声。

祖先陨落的地方　就是我们永远的家　　（吕忠梅）

本来要去重庆，探考检察公益诉讼，参访民主党派博物馆，却赶上"动态清零"政策放开，社法委兄弟姐妹，一个接一个地"阳"了，只好通知但彦铮主席，活动推迟，原定的经验交流会，也改为线上。

执行秘书李卫刚教授，主持风采依旧。幽默大气的开场白，引出余明永主任的大会精神宣讲，慷慨激昂。然后是各位委员的深情回忆，有的用"刀片音"，有的用"公鸭嗓"，透过手机屏幕，向大伙展示建言献策、投身公益、自我完善的过往。特别是吕忠梅主任的纪实文字，有成就，有经验，有故事，有感动，点点滴滴的背后，是每位委员大爱无疆，爱心融化冰雪的情怀。

高潮出现在告别阶段，有人建议工作群别着急删，想继续听到群里的言说；有人提议阳康后线下聚，让酒神平复内心的焦虑。陈文芳委员，心绪微澜，情真意切，哽咽着说，我喜欢社法委这个大家庭，每个人都带给我知识和欢乐，我舍不得大家！平潭是个小岛，离新竹68海里。欢迎同志们到我家乡考察，共建国家综合改革实验区，共谋"一国两制"台湾新方案，我会用美味海鲜让你们记住美丽平潭。

刘军主任负责编辑《委员履职画册》，他说记忆是最好的相会，照片勾连着你我他，我们见证的万事万物像风一般吹过。我希望用创造力和想象力,为大伙留住往日时光。有首歌也叫《往日时光》,是廖昌永演唱的,那浑厚的男中音,撞击着每个人的心房:人生最美的珍藏,正是那往日时光。

健康中国与美丽中国,是中国农工民主党向国家的建言。陈竺主席在全党表彰大会上,一改往日的平和,多次脱稿演讲。他点评了三位发言者,然后激动地说,雨露甘霖,是祖国和人民培养了我,我将个体生命融入党和国家事业。作为医务工作者,我也时常想起人道主义大师亨利·杜南的话:真正的敌人不是邻国,而是饥饿、贫穷、无知、迷信和偏见。士为知己者用,希望全党同仁,在新班子领导下,不忘本党创始人邓演达的嘱托,为中国式现代化做出自己的贡献,会场响起了热烈而持久的掌声。

我和陈竺主席有过两次接触。一次是跟他去浙江和山东调研如何起草《基本医疗卫生与健康促进法》,十天行程,白天走访,晚上总结,直面问题,寻找答案,让我充分感受到了陈主席的为民情怀与敬业精神。再一次是为中国农工民主党中央讲"中国特色社会主义法律体系",陈主席边听边记,不时提问,讲座持续了3个小时。中午在食堂用餐,服务员给他端上一碗面,他说,先给教授吧,我再等一会儿。

学习党的二十大报告和审议本党工作报告座谈会,在北京会议中心举行,吕忠梅主任是第一小组召集人,也是发言者。她谈了一个细节,建议把制定《环境法典》写入党的二十大报告。张来明是她大学同学,参加文件起草。她曾问过,是否看到了我的建议?张说,每一条建议我们都研究过,并全力吸纳。你的建议,我们写在"建设以宪法为核心的中国特色社会主义法律体系"部分,在法律立、改、废、释的后面,加了一个"撰"字,意味着制定《环境法典》等,是党和国家今后的一项重要任务。

吕忠梅大姐是社法委的老主任,她视野开阔,思维敏捷,专业精湛,执行力强,把社法委工作带到了新境界。于我来说,有三件事至今难忘,一是我主持的北京市哲学社会科学重点课题——"都城关系法治化研究",请她主持开题。她二话不说,组织各位委员,讨论课题研究的重点、难点,明确研究的思路、方法,有宏观,有细节,醍醐灌顶,豁然开朗。二是我接任社法委主任后,她拨冗随团前往惠州、深圳考察,交接工作,传授方法,规划未来,并和考察团拜谒邓演达旧居,请耿献会委员协助栽下一棵纪念树,真诚表达对先贤的虔敬。三是2020年12月28日,我在京仪大酒店举办"人大立法理论与实践"研讨会,邀请吕主任发表主旨演讲。她鼎力相助,头三天就把PPT发来了,题目叫《如何理解民法典的绿色规则》。演讲这天,她不用接送,不取分文,精神饱满,集中论述了三个问题:宪法确定的国家战略需要《民法典》加以落实;《民法典》绿色规范体系的含义;绿色原则适用需要生态环境。与会代表会后跟我说,演讲融贯公法与私法,紧密围绕绿色发展这条主线,纵横捭阖,理念超前,震撼人心。

  称吕主任为大姐,不是基于年龄,而是因为做派。每次见她,无论在办公室还是她住地,都会以茶相待,辅之水果。她生于武汉,喜喝"恩施玉露"。她说,茶绿、汤绿、叶绿是这款茶的特色,冲泡时水不能太烫,以二道茶最佳,当地有句顺口溜:恩施玉露一相逢,便胜却人间无数。

  吕主任办公室挂着一幅字,叫《品逸如梅》,是她人生的自况。我想,咱们中国人,其实就是一树梅花,微小的花朵,繁星般开着。你生在那枝头,我长在这树丫。祖先陨落的地方,就是我们永远的家。

一株站着的芦苇　加深了秋天的辽阔 　　　　（霍玉芬）

霍玉芬是低我一届的师妹，人称"霍大侠"，部队大院长大，正直、爽快；说话分贝高，笑点低，有时你乐完了，她还沉浸在曾经的包袱里；长得像德德玛，嗓音似殷秀梅，演唱《我爱你，塞北的雪》，高亢婉转，气势如虹。我尤其喜欢其中的两句：你是春雨的亲姐妹哟；你把生命融进土地哦。"雨"和"命"是两处华彩，各有六个节拍，考验着唱者的功力。听歌与听戏有相似之处，对名家名段，过瘾处在于丹田音、云遮月或嘎调，如《四郎探母》，站立宫门叫小番的"番"字一出，就知道唱得如何了。

霍师妹毕业留校，当辅导员，教经济法。辅导员是中国式的教育制度产物，遍设大中小学。20世纪80年代，辅导员由任课教师兼任，负责学生实习、就业、入团、入党、当干部等。现而今，辅导员差不多专职化了，功能更多元、任务更吃重。教育部领导说，她/他们要进行政治领导、思想引导、情感疏导、学习辅导、行为教导、就业指导，真是神一样的存在。当年霍师妹做辅导员，冯世勇副校长说，霍老师是政工天才，她在精神上引领，生活上关爱，学习上督促，就业上操心，我们都亲切地称她为"霍妈"。

霍师妹后来以教书为志业，也以学术为志业。她相信教育是一棵树摇动另一棵树，一朵云推动另一朵云，一个灵魂唤醒另一个灵魂。她深研《拍卖法》和《信托法》，将对法学的敬仰与专注，转化为一个个跳动的字符，融入两本专著里。同事评价她，工作有声有色，做人有情有义，生活有滋有味，是典型的"六有"之人。

霍师妹长我1岁，2020年退休。2019年8月，她决定去中国石油大学克拉玛依校区"教育扶贫"。她回忆说，从法大来到这里，一下子被震撼了：7600多亩的阔野上，各式建筑星罗棋布；双向六车道的马路上，红绿灯闪耀；荡漾的湖面上，能装下两个法大校园；落日的余晖洒在人们脸上，幸福安详。她白天讲授经济法、竞争法、消费者法等课程，晚上散步备课阅读，日子过得充实有序。

冬至时节，洪松等代表母校去看望她。这时的克拉玛依校园，湖面结着厚冰，"树挂"爬满枝头，积雪覆盖校园，仿佛走进童话世界。漫步在人行道上，洪松说，经常有同学高喊，"霍老师好"，看来人缘不错。走进霍老师宿舍，迎面墙上挂着一幅字：大漠孤烟直，长河落日圆。一看就知道是李玺文的作品，苍劲挺拔，枯笔悬针，力透纸背。两簇芦苇插在花瓶里，分列书桌两侧。还有几张玉照，摆在桌子上。洪松感叹，霍老师真把这里当成家了，布置得温馨，稳得住自己。

2020年7月19日上午，霍师妹发来微信语音，说全国都在讨论《民法典》，校方让她给师生搞一个讲座。她碰到的首要问题是，宪法与民法的关系。她梳理发现，学界有四种观点：一是宪法是父，民法是母，所谓父母说；二是宪法是上层建筑，民法是经济基础，所谓上下说；三是宪法管政治国家，民法管市民社会，所谓平行说；四是宪法是根本法，民法是普通法，所谓位阶说。她认为，从历史上看，民法生发在先，宪法产生在后。但民法调整的是财产关系与人身关系，宪法调整的是公民与国家关系，其要害在于约束国家权力，保护公民权利。但约束国家权力谈何容易，所以要赋予宪法最高法律地位和效力。她说师兄你是搞宪法的，我不知道这样理解对不对？

我即刻回复她，《民法典》第1条宣示：根据宪法，制定本法，表明宪法是民法的法源。究其缘由，宪法是创制国家权力之法，属元规则，民法是行使宪定权之法，属从规则。制宪权源于人民主权，立法权赋予代表机关，由于制宪权高于立法权，所以宪法高于民法。我说作为法律人，你的宪法意识很强，给你点赞。她谦虚地回复，我曾拜张佩霖先生为师，今又有师兄点拨，不能给法大丢人。

为了表彰霍师妹艰苦奋斗、开拓创新，为西部"教育扶贫"做出的突出贡献，学校决定授予她"对口支援西部地区先进个人"荣誉称号。对此，她总是念着学校的好，特意安排了答谢小聚。借着酒劲，她反复说，人是天地之间最渺小的存在，只有一人为大家，大家为一人，才能实现人的全面自由发展。我趁大家不注意，抢着去买单，没想到霍师妹点完菜就把单结了，真是个"霍大侠"。

想到霍大侠的为人，我想到了她宿舍里的芦苇，苇秆细细，个子高高，开白色棉絮一样的花。它们曾成片长在水里，是鸟儿的安乐窝。一株站着的芦苇，加深了秋天的辽阔。

阳光不锈　温暖着我们的回忆 　　　　　（体育法团队）

　　2002年3月中旬的一天，学校科研处郭成伟老师与我通电话，转述石亚军书记和朱勇副校长的指示，法大成立校级体育法研究中心，拟推我做主任。事出突然，我好奇地向郭老师求证原委。郭老解释，校领导正在澳大利亚访问，与格里菲斯大学交流时，得知该校体育法研究居世界前列，体育法人才培养成绩斐然，而我国正处在从体育大国向体育强国迈进的新时期，从全民健身向全民健康跃升的新时代，特别是2008年北京要举办第29届夏季奥林匹克运动会，需要大批懂体育、懂管理、懂法律、懂外语的跨学科人才。校领导果断决定，与该校开展国际合作，通过共同培养研究生，增进学者间互访，推动两国文化互鉴。

　　郭老特别指出，体育部的王老师和法学院的马宏俊老师，之前申请过体育法研究中心，因为主任需要正高职称，就暂时搁下了。他们认为你热爱体育运动，能够合作共事，善于把握方向，符合所需条件，就推荐你了。我听后深受感动，虽然不太懂体育法，但觉着能拓宽研究领域，结交新的朋友，方便去体育馆打球，就愉快答应了。有一张照片，摄于2002年3月18日，地点在法大启运体育馆门前，是央视记者拍的，真实纪录了中心挂牌时的情景。那时我41岁，穿西装，打领带，身体紧致，目光清澈，头发与宏俊、笑世等差不多，既黑且密，显得阳光帅气。

办好研究中心,并非易事。学科、学术、学人,三者要协同发展,一体推进。我们"三驾马车"(王老师、马宏俊和我)清醒地认识到:在新兴学科、交叉学科建设中,实现体育与法的有机融合,形成有本土特色的知识体系和话语体系,是体育法学走向成熟的标志;拥抱学术思想,悦纳学术大家,形成学术流派,打通知行壁垒,是体育法学享有知名度与美誉度的必然选择;招收优秀弟子,传道授业解惑,赓续法大基因,传承法治文明,是体育法学由虚向实奋进的总目标和总抓手。

当时薛刚凌教授任法学院院长,何兵教授主管研究生工作。我把增设体育法学研究生方向的想法,向二位领导做了汇报,很快就得到了他们的肯定与支持。学院决定,在宪法学与行政法学下,暂设体育法学方向,作为三级学科培育。当年,从已录取的行政法学研究生中,分了几个到体育法方向。开始时学生们不太愿意,有的甚至还哭了鼻子。

程远是我招收的首个体育法硕士生,他从行政法学调剂而来,主攻体育仲裁,同年还有余俊和张淼同学。他们2006年入学,2009年毕业。程远为人朴实,干事认真,是写文章的高手,指导起来比较省劲。印象中他患有汗脚,冬天易冻,夏天易痒,是完美中的小烦恼。后来读了行政法学博士,供职于国务院港澳办。

程远是个有心人,挂职河北赞皇县某村第一书记,每次回京,都来看我,聊聊基层治理的人和事,什么"两不愁三保障"、合村并居上楼、土地三权分置、农村两委直选等,有数字,有事例,有人物,鲜活真切,直抵人心,让我了解了中国乡村振兴的实然。挂职结束后,他带着基层经验,立即投身到维护香港繁荣稳定的大业中。一次我接受央视采访,需要了解香港选举的实情,请他帮我提供些材料,他驾轻就熟,很快整理出一份报告,翔实地回答了相关问题。这期访谈很成功,生动、准确、权威,产生了较好的社会效果。在庆祝研究中心二十周年之际,程远把尘封在记忆深处的片羽,精心打捞出来,形成了一篇"良师益友永难忘"的怀旧文字，记忆清晰，文笔流畅，让往昔历历在目。

我招收的第一个体育法学博士是席志文，2014年入门，2018年毕业。记得当年设立博士点时，学校给了特殊政策，助推了体育法学的发展。志文是个追求完美的人，耿直率真，办事踏实，有时喜欢较真儿。他以运动员的结社自由权为研究对象，论题横跨宪法学、劳动法学、体育法学等多个学科。为了收集资料，借鉴发达国家的经验，他考取了美国印第安纳大学的国际交流项目，学习期限为1年。凑巧，当年国家留基委首次推出一项新政，指导教师可跟随学生访问1个月。在波利斯期间，志文陪我访问了州议会、州政府、州法院和相关体育组织，观看了两场篮球赛（步行者队主场，都赢了），还顺访了印第安纳大学布鲁明顿校区法学院、圣母大学法学院、西北大学法学院和芝加哥大学法学院等，并为我设计了参访哥伦比亚大学、纽约大学、南加州大学、伯克利分校以及迈阿密大学的行程，使我在美的活动既丰富、高效，又令人难忘。

志文的论文答辩，2018年5月17日下午在学院路校区科研楼举行，首都体育学院的钟秉枢校长任主席，清华大学的田思源教授、北京体育大学的闫旭峰教授，及本校的马宏俊教授等任答辩委员。本来，黄进校长也答应参加，后因故未能成行。专家组对志文论文的选题给予了充分肯定，认为在转型时期的中国，如何化解运动员与俱乐部的关系，是未来社会治理的难题。专家组对论文的分析框架、核心观点、逻辑论证和材料运用，也给了积极评价，认为有四方面的创新之处。最后经匿名投票，志文得了4个优秀，一个良好，算是为自己的学业画上了句号，也为法大体育法博士生的培养开了个好头。

有人说，也许在离得最远的时候，才能把曾经走过的日子看得更真确。20年，弹指一挥间，当我们回首往事，进行纪念的时候，一个绕不开的问题摆在面前，我们究竟要纪念什么？是开了多少会议、发表了多少论文、承接了多少课题，还是获得了多少奖励、打赢了多少官司、培养了多少人才？可能都是，也可能都不是。在我看来，最重要的有两方面：感悟体育法精神，感恩帮助过我们的人。我常想，通过育体，达致育心；通过育心，涵养人格；通过人格完善，实现人的尊严，也许触碰到了体育的本质，因为人的一切苦境，都可以靠运动来解脱。而如何处理身体自由与规则之治、更高更快更强与公平正义和谐之间的关系，则在某种程度上形塑了体育法的精神内核。

  我特别感念那些于我有恩的人，甚或如木心所说，像寻找仇人一样寻找我的友人。他们有的已经故去，如张士忠教授，他参加硕士生答辩时，环环相扣地追问，紧张得让人透不过气来，可每次淘换来的首钢篮球票，又让吾等大饱眼福；有的已经荣休了，像薛小建教授等，他们的挚爱与执着、开放与豁达，温暖着体育法团队每个人的心；有的老当益壮，如马宏俊教授、王人博教授、许身健教授等，他们靠着睿智和责任，依然战斗在教学科研第一线；新生代学者们，则在袁钢教授的带领下，共同创造着法大体育法的未来。其实，想要感恩的人很多，他们每个人身上都有一个太阳，只是在用自己的方式，为法大体育法发着光和热：刘岩会长的大气、陈岩司长的坚定、张剑司长的理性、嘉司教授的智慧，以及那些不能一一列举的朋友，都是我们永恒的精神力量。

  守望是天涯咫尺的思念，相知是一江春水的涌动。阳光不锈，温暖着我们的回忆。

一颗水注的灵魂自由飘泊　　　　　　　　（韩大元）

　　2003年9月12日下午，人民大学法学院举行纪念许崇德教授执教50周年庆祝会，曾宪义院长在致辞时说，许老师出版了这么多学术著作，还出版了诗集和书法集，同时还会玩乐器，唱苏州评弹，请问韩大元，你除了宪法还会什么？大元从容地回答，还会喝酒。

　　其实老韩谦虚了，不当院长以后，迷上了钓鱼。他常说，钓鱼的乐趣不在钓到几条，而在于过程。抛钩入水，微风习习，在静谧中，手上有了感觉。虽然不知水下发生了什么，但紧张、期待、兴奋的心情已传遍全身。这时鱼漂下沉，奋力提杆，轻轻一溜，鱼就乖乖入篓了。

　　记得到山大青岛校区开会，有幸跟老韩出海垂钓。海风吹，海浪摇，船载着我们驶向一个海岛。我还沉浸在鹰击长空、鱼翔浅底、万类霜天竞自由的思绪中，老韩已调好鱼竿，上好鱼饵，放好鱼线，打好窝子，准备大显身手了。

　　船上和陆地不同，没经验的人，就像李逵遇上张顺，过不了多久就得晕菜。开始我还努力坚持着，后来实在忍不住，就大海扬波做和声了。终于回到了码头，我有气无力地问老韩，收获几何？他从容地说，喝酒去！

　　后来听李小明和李中夏说，渔夫和老韩都尽力了，换了两个地方，也穷尽了各种钓法，鱼就是不上钩，可能对宪法学人不感兴趣。

其实老韩真正钟爱的，还是他的宪法。齐小力的公子齐修文结婚，请大元做主婚人。他长者风范，从初次认识修文开始，谈到了修文为人处世的秉性，分享了自己结婚30年的经验，高潮出在结尾处。他说，作为长辈，我应当送你们一件礼物。本想送一套房子，一打听已经有了，又想送一台车，一打听也有了，那送什么呢？最后决定送你们一件天底下最贵重的礼物：它能保障每个人的尊严，保证国家的长治久安，维护正常的社会秩序，推动人类文明进步，使人民安居乐业。我跟小明兄私下嘀咕，不会送一本宪法吧。果不其然，老韩马上揭开谜底，送一本《中华人民共和国宪法》。他让人把礼物递上来，但见精美的玻璃盒内，静卧着一部暗红色的宪法掌中宝。老韩接着说，这部宪法很有灵性，它会保佑你们夫妻恩爱，家庭和睦，平安健康，事业有成。现场宾朋被老韩的独特礼物惊住了，接着爆发出热烈的掌声。

老韩在外叱咤风云，在家却百依百顺。他说家里大事我做主，小事夫人做主，可至今家里没有大事。他坦言，家里无是非，夫人永远是对的。夫人也抱怨，想吵个架都没有对手。老韩不嗜烟，偶尔也冒两根，想抽时，总跟锦光、小明、茂林、树忠等人说，把好烟拿出来，我帮你品鉴一下。老韩既帮人，也会照顾人。一次跟他去韩国庆熙大学访问，当晚欢迎宴会，有11位教授参加。法学院院长赵大海带头，每人用啤酒和真露白酒组成的"深水炸弹"，敬一圈。轮到我时，老韩鼓励我，不能给中国人丢面子。我也依惯例，敬每人一杯，然后空杯置顶，杯口朝下，以示喝干了。韩国酒太厉害了，第二天头痛欲裂，我坚持发表演讲和与谈后，老韩带我到大海院长办公室休息，并找来毛巾被帮我盖上，他吃完午饭后，还给我打包带回。

老韩是个有担当的人，广东"王登辉事件"后，我因接受《民主法制报》记者采访，宪法学研究会，对我的言行进行批评。作为会长，老韩带头表态：学者有学术自由，宪法的司法适用问题，学者可以发表不同观点，不能动不动就上纲上线。童之伟、周叶中等学者，也对我进行了支持和声援，给了我莫大的精神安慰和前行的力量。

2020年10月28日，宪法学年会在华中科技大学举行。张文显主任代表中国法学会致辞，他充分肯定中国宪法学研究会在韩大元会长的领导下，取得的辉煌成就。他说，给我感受很深的一点是，在宪法修改过程中，宪法学者围绕如何修改好宪法，提出了很多建议，表达了他们的观点。但宪法修正案通过后，他们带头捍卫宪法权威，保证宪法实施，体现了宪法学者和宪法学界坚持真理、捍卫法治，诚心诚意为党、为人民、为宪法尽职尽责的精神。

而今，大元已逐渐从各种行政职务中退出，身心更放松了。他从河里到海里，从国内到国外，闲趣人生，垂钓相伴。一颗水注的灵魂，在汩汩的流水中，自由漂泊。

燕子飞时　绿水人家绕　　　　　　　　　　（艾群）

20世纪90年代初，我和郝军编了一套书叫《大王文库》，是儿童读物，共4集16本，由中国国际广播出版社出版。时光荏苒，岁月悠悠，转眼已是30年前的事了。想当初，国家像一条奔腾咆哮的河流，在历史的转弯处忽然安静了。闲下来的人们，开始打牌、下棋、喝酒，回忆过往的惊魂，平复难耐的心胸。

文库作者全是法大老师，本着"写大字就要描红模，做伟人就要读传记"的念想，给孩子们讲大王伴随成长的故事。艾群长我6岁，在宪法教研室工作，我约她写《发明大王爱迪生》。艾大姐为人率真、干事利索，一个半月就交稿了。十六开的大稿纸，有两百多页，钢笔字像庞中华的硬笔书法。文中对爱迪生发明电灯和获取专利的描写，客观真实，妙趣横生。特别是写到爱迪生去世，美国政府下令，晚上8点钟全国停电1分钟，用黑暗来纪念这位伟大的发明家给人类带来光明时，令人震撼。我忽然明白，为何《美国宪法》要规定发明专利制度，也懂得了林肯总统说的"专利制度是给天才的火焰浇上利益之油"的意涵。

90年代末，艾群离开宪法教研室，去了党委宣传部，做摄影记者。苏珊·桑塔格说，摄影的本质在于观看，摄影者用自己的眼睛，去发现和记录观察对象。记得有一年我在昌平端升楼阶一上宪法课，教室过道和讲台周围坐满了人，讲到宪治是疏解民主与人权内在紧张的制度安排时，我引名言，讲故事，抖包袱，释法理，现场气氛活跃，笑声不断，自己也很得意。不知艾老师何时进来了，她用神奇的相机，拍下了这一难忘的时刻，并把照片洗出来，镶在画框里送给我。我非常珍惜这幅作品，把它放在了办公室的重要位置。每当看到同学们开心的笑脸和曾经年轻的我，心里总是热乎乎的。衷心感谢艾大姐果断按下快门的那些瞬间，给法大人留下了永恒的回忆。

西藏是令人向往的地方，到处充满了神秘。2005年我到拉萨讲课，顺便参观布达拉宫，爬到大殿顶层时，因高原反应，浑身无力，头疼欲裂。偶然间看到了艾群大姐，她背着照相机，正默默地欣赏藏传佛教的伟大。我大声喊了她的名字，她见我后分外激动，简单问明了情况，马上从包里拿出止疼药和矿泉水，让我快速服下。不一会儿，头疼果然减轻，身上也有劲儿了。我们聊了一些分别后的话题，就挥挥手各奔东西了。第二天我去了林芝，在有"西藏江南"之称的大街上，又碰到了艾群大姐，她像"独行侠"一样，不停地游览、拍照、旅行、思考。我想，一趟西藏，两次相遇，简直太神奇了，仿佛佛祖安排的一样。仓央嘉措说，世间有一种思绪，无法用语言来形容，粗犷而忧伤。

疫情期间，我们到十三陵观赏杏花，据友人们说，艾群大姐退休了，就住在永陵旁的村庄，我们兴致勃勃地去拜访她。艾大姐住的房是租的，很便宜，小四合院，房不高，房间不少。除了卧室、客厅、书房，还有摄影室、绘画室、收藏室等，艾大姐如数家珍，深情地讲了每件物品背后的故事，听得我如醉如痴，恍如隔世。艾大姐说，从人文学院退休后，我在这里过起了隐居生活。家里除了一条狗，就是从全国各地、世界各国淘换来的心仪之物。六年来她每天摄影、画画、写大字，过着简单又快乐的生活。她希望能举办一个个人书画展，把自己的所思、所想、所做跟朋友们分享。

中午，艾大姐用柴锅给我们煮了方便面和速冻水饺，饭后带我们逛东梁，游野陵。一路上，绿柳婆娑，杏花绽放，在春的气息中，有条小狗跑前跑后，恋恋不舍地跟着我们。艾大姐时而兴奋，时而愤怒，时而惆怅，她感恩生活的馈赠，感念逝去的韶光。

在艾群的摄影作品中，除了拍我上课那张，还有两幅我很喜欢。一幅叫《母亲》，黄河岸边，母亲用乳汁喂养孩子，远处水面，黄河用苦难养育中华民族；另一幅叫《生命》，镜头实处，是花褪残红青杏小，远景是"燕子飞时，绿水人家绕"。

天空没有留下翅膀的痕迹

(李小明)

2004年,"国家尊重和保障人权"入宪,李小明兄约我写篇稿子。《中国法学》是何等刊物,真是受宠若惊。那时编辑部在兵马司胡同,我欣然驾车前往。

按地图,我从丰盛胡同由西向东开,走不远箭头指示左转弯。停车一看,是条非常窄的胡同,叫三栅栏。望着胡同口的两个石礅子,我不自信起来,只得求助小明兄来接管。一眨眼工夫,他就把车子开进了法学会那神秘的所在。

谈完稿子,中午找饭点。小明兄地面熟,带到政协礼堂南边的一个小饭馆。点一锅香肉,95块钱,店家还送一碗。真是闻到炖肉香,佛祖也跳墙。我俩党政军民学,东西南北中,一通神侃。然后每人再来碗面,拌上茄丁、炸酱,剥一头新蒜,浇上老陈醋,太香了。

吃完饭,一起散步,到政协礼堂东北角,发现有个售楼处,就进去闲逛。没想到服务员一下子认出我俩,原来是老朋友的女儿。她向我们介绍,这个楼盘叫"西城晶华",地段好,精装修,拎包入住,均价1.5万元,适合自住、出租,更适合投资。她恳切地说,您二位帮帮我吧,刚进入这行没客源,我一定向经理请示,给您打折。面对善良可爱的姑娘,我俩决定,各自回家,向夫人报告情况。

1999年冬天,小明说武汉的童之伟兄来京,想晚上吃涮羊肉小聚,就安排在政协礼堂北边的能仁居。我说明天要参加外语职称考试,能否安排在中午。老童说没问题,我们拣个靠窗的位子,围着紫铜火锅,要了一箱啤酒,边喝边聊,从学术到人生,从宪法到法理,如滔滔江水,连绵不绝。散场时,政协礼堂已华灯初上,匆忙回家。第二天早起,头有点晕,就在操场跑了两圈,然后赶往考场。记得那次考了90分,第二年评上了教授。

一次开车去锡林郭勒野游,碰到一个大水泡子,夏日的风从草原的深处吹来,凉爽通透;白色的云倒映在水面,马不停蹄;自由的鸟儿在不远处追逐嬉戏,欢乐祥和。众亲友抑制不住对大自然的渴望,纷纷跳进水里,与青草为邻,与鱼虾为友,洗心革面,放松身心。上岸时,小明兄忽然神色慌张地说,手机掉水里了。偌大的水面,该如何寻找呢?只好碰碰运气。下到水里,我走了10步,居然踩到了手机。回到住处,吹干屏幕上的湿气,手机就恢复工作了。我想,三尺之上有神明,小明兄做编辑,肯定干了不少好事,关键时刻老天爷就能显灵。

小明兄长得帅,脾气直,吃面、喝酒有股豪气,打牌、打球有股霸气,对待学术,一丝不苟,既成人之美,又发现新锐。

小明的名字很普通,还经常出现在课本里。历代书画家,对"明"字有特别的好感。有本书叫《"明"字的70种写法》,是70位书法大师的作品集。反复阅读、玩味,仿佛昭告了"神明"的密码。

小明兄要退休了,回忆过往,历历在目,没有恐惧,只有喜乐。泰戈尔说,天空没有留下翅膀的痕迹,但我已经飞过。

每一篇故事都饱含寓意　　　　　　（方流芳）

1997年10月10日晚，我以法大宪法研究所所长的身份，主持了一场学术讲座。报告人是方流芳教授，评议人是朱苏力教授，听众是法大研究生。

那时候，法大法律系既有公法学科又有私法学科，交流比较方便。方老师是教民法的，去哈佛大学访学半年，重点研究了宪法判例，所以我邀他讲一下"罗伊诉韦德案"。

讲座在教学楼207教室，人来得挺多。方老师穿西装、打领带，举止优雅，讲话声不大，有南方口音。他讲了一个半小时，有些内容至今还记得，比如，司法与政治应当分开，不过在释宪时，大法官受前见影响，表现出谦抑性和能动性的分殊，所以探讨其边界很有必要。又如，在中国制度背景下，最高人民法院既无释宪权，也无违宪审查权，看似很弱小。但它脱离个案去解释法律，像个准立法机关，这个权力美国的法官想都不敢想。

方老师讲完后，苏力教授评议。苏力穿件衬衫，神采奕奕，点评很到位，具体内容记不清了。回答完同学的提问，我们到贵友酒家用餐。他们俩一个当过兵，一个学过医，谈起法律来，除了理性，也有诗意。

方老师做事讲原则，认死理。我参评二级教授，中午时分，人博兄告诉我通过了，我说正好在饭口，请几位小聚一下。方老师说，老焦参加可以，接受大家祝贺，但不能买单，这是规矩。最后，还是人博兄买了单，我始终记着这一幕。

方老师平时话不多，一旦开讲，深刻、幽默又富于哲理。有一次探讨多数民主是否会走向多数暴政，老方说，在有言论自由的社会，一般不会，因为议题是多元的，每个人在不同场合、不同议题上的观点并不相同，但尊重每个人的表达权很重要。

方老师喜欢丹宁勋爵的作品，也喜欢别人评价丹宁的话：法律于他，非冰冷规则之汇集，而是温暖的人间故事。每一篇故事都饱含寓意。

身后是一片真真切切

(查海生)

1988年秋的一天，看完新闻联播，我拿半瓶红粮大曲和一些下酒菜，在昌平西环里，找海子聊天。小查的房间，白灰刷墙，水泥抹地，靠西墙是两张桌子和两把椅子，靠东墙是书架和床。屋子里书很多，有的在架子上，有的在桌子上，有的在地上。一盏白炽灯从屋顶吊下来，照得房间温暖、柔和。

辣酒下肚，小查的话匣子打开了。他说，暑期去了西藏，一个神秘又神圣的地方。看上了两尊佛头，想把它们运回北京。白天不敢去取，夜里才壮着胆子背回来。现在想来挺后怕，因为藏人对其域内的每棵树、每块石头都赋予了神性，更何况是两尊佛头呢？果然灵验，我去时天上还有星星，可过了一会儿，就风声大作，雷电交加，接着下起大雨，仿佛天兵天将下凡，我赶紧深一脚浅一脚地逃走了。

说到写作，他认为需要刺激。各种美术展览、大师们的经典绘画，都是进入状态的媒介。他说有时需要一块红布，把它挂在墙上，眼睛久久凝视着，火一样的热情就会不断在心中燃烧，意象也就漫漫浮现在脑海里了。

他说正在写一部大诗，叫《太阳系列》。把历史上那些由语词确权的概念用太阳串起来，形成神话故事，是远古的，也是未来的；是英雄的，也是大众的。他还特别讲了诗剧《太阳·弑》，听得我频频点头，就是云里雾里。唯一能记住的一句话是，《太阳系列》是真正的史诗，值得花一生去写。

  后来又谈到了他20岁时写的《新娘》，那首在支小青、陈寿春夫妇结婚时朗诵过的小诗：故乡的小木屋、筷子、一缸清水，和以后许许多多日子，许许多多告别。有一盏灯，是河流幽幽的眼睛，闪亮着。

  暗幕落下，心绪升腾，夜谈恣意，酒已告罄，不知不觉，东方露出了鱼肚白，我挥手告别，回家睡觉，身后是一片真真切切。

风带着雨的思念　吹白了整个冬天　　（张树义）

想起张树义教授，总想到关羽关云长。丹凤眼，卧蚕眉，面如重枣，唇若涂脂。区别在于身长和美髯。树义兄祖籍山西临县，早年插队兵团，后来读书做学问，乃一介书生。

树义兄讲授行政法，但偏好宪制理论，跟宪法圈走得近。所以师生叙谈、朋友小聚，他往往是宪法所的座上宾。对酒的偏爱是，啤酒不如白酒，低度不如高度。期待边吃、边喝、边抽、边聊，在优雅中坦露心扉，在碰杯中激发灵感。酒桌上，他有大哥的威望，却不以老大自居，更多是笑眯眯地看着兄弟们，我参与，我倾听，我快乐。

我的博士学位论文答辩会，树义兄是委员之一，面对《选举权的法律保障》这一主题，树义兄提了一个问题，他说选举的本质是竞争，在中国语境下，如何用立法和司法保障竞争性选举？其政治和文化的障碍是什么？这是两个有学术冲击力的问题，我就自己所知所能，进行了必要回答，树义兄边听边点头，表示赞许。因为要赶去昌平上课，树义兄投完票先走了，没能参加集体合影。

有段时间，我和树义兄同讲司法考试，主观上贴补家用，客观上培养人才。与宪法不同，行政法和行政诉讼法，体系繁杂，知识点多，实操性强。尤其上大课，既是嘴力劳动，也是脑力劳动，会消耗大量精气神。据说有一次，树义兄累坏了，下午讲的内容与上午重复，有人指出来，他说换一个频道，马上又娓娓道来了，同学们听得如醉如痴。

树义兄病了，我和院办李宏陪他跟顾晋大夫坐一下。顾晋是全国人大代表、中国农工民主党医委会主任、顶级专家。树义兄像孩子一样，笑眯眯地说，顾大夫做检查一点都不疼，还挺舒服，我相信他。几年后我在中国农工民主党中央碰到顾晋院长，他还提起树义兄：你们张教授怎么样了，人非常可爱。

有人说，旅行是从自己活腻了的地方到别人活腻了的地方。树义兄则不同，他是用生命践行旅行的意义。树义兄为了实现自己的夙愿，花一年时间到美国考察。结果人文自然、天上人间、美国社会、中国思考，一齐奔入他的笔端，汇成温暖的故事。树义兄拟出5本书，身体原因，只有《旅行的意义》一本面市，给后人留下了无尽的遗憾。

树义兄是中国行政法"控权论"的代表，其学术思想影响了一代年轻人。马怀德教授在树义兄追思会上说，行政控权成绝响，世间再无张树义。

月亮照回湖心，野鹤奔向闲云，风带着雨的思念，吹白了整个冬天。

唯有垂杨绾别离　　　　　　　　　　（董保城）

董保城教授是个有心人，形象在官员和教授之间，一次在台湾东吴大学教学楼，看到电子屏幕上写着：欢迎中国政法大学法学院马宏俊教授！他说，我是学校的副校长，怎么不知道这个事，马上联系马教授。后来老马说，与董老师见面，好像他乡遇故知，亲切得不得了。

2012年早春，马英九在青年宫举行法律界人士见面会，保城大哥安排我和张翔等去观摩。有个小朋友给马英九献花，小马哥单腿跪地，一手捧着花，一手揽着小朋友，很接地气。问答环节，有人提问，你当选后会否干预司法改革？马英九回答得挺干脆，我若有半点干预司法的念头，都是非常可耻的。

一次与马英九吃饭，保城大哥特意安排我坐在他边上。握手时，感觉马英九的五个手指像藤条一样，强健有力。请教了他博士学位论文《从新海洋法论钓鱼台列屿与东海划界问题》中的几个问题，他都作了清晰、简明的回答。保城大哥说，我们聘请了马先生为东吴大学的教授，条件允许时我会促成他去你们学校搞讲座。

马先生喜欢吃红豆饼，见到刚出锅的美食就垂涎欲滴。我说，天津有个"耳朵眼"炸糕，跟红豆饼有一拼。他说，有机会得尝一尝，只是别让太太看见，否则甭回家了。保城大哥补充道，在家里，没有宪法至上，只有老婆至上。

利用西安开会之机,和保城大哥、莫于川兄饱览了大雁塔的夜景。看到"最中国、看西安"的标语时,保城大哥很感慨,改革开放以来,大陆真富了,这么漂亮的大街,台湾根本找不到。我说,北京也找不到!

灯光摇曳,夜色正浓,人们沉浸在大唐盛世的街景之中。该和保城大哥说再见了,然后是一年一度的等待,期待"海峡两岸公法学论坛"续开。"长安陌上无穷树,唯有垂杨绾别离。"

法意与酒意 　　　　　　　　　　　（陈新民）

陈新民教授懂公法，也懂酒。在法大，我给他主持"法治政府原则与台湾公法发展"讲座后，朱维究老师请他吃饭，我和薛小建、王成栋等作陪。

陈教授建议服务员把那瓶红葡萄酒倒在醒酒器里，顺时针摇几下，让它充分氧化；再把那瓶贵腐白葡萄酒（Tokaji）放在冰块上，不时转一转，让它全面降温。

小仲马说，酒是一餐中的精神部分，肉只是物质而已。我们的晚餐便从谈酒开始。我知道，陈教授是品酒大师，还出版过《稀世珍酿》与《酒缘汇述》等评酒专著。所以希望听听他对《论法的精神》与葡萄酒的见解。

陈教授说，理解《论法的精神》，首先要抓住该书序言中的一句话："如果人们愿意寻找作者的意图，只能在著作的整体意图中寻找和发现它。"

那孟德斯鸠的整体意图是什么呢？当年严复先生把 Dé lésprit des lois 译成《法意》，后来张雁深先生翻成《论法的精神》。其实 esprit 有"精神"的意思，也有"酒精"的意思，二者之间是互喻关系。

1689 年，孟德斯鸠出生在法国波尔多附近的拉布雷德城堡，他们家族既种葡萄，又销售葡萄酒，是当地有名的贵族。他在观察葡萄生长的过程中，联想到了法律的生成，最后找到了影响葡萄和法生长的共同因素，那就是风土人情。

法王路易十五看不惯波尔多贵族们有遍地的葡萄和美酒，就下令他们种麦子。对这种专制和强权的做法，孟德斯鸠带头反对，《论法的精神》《波斯人信扎》等雄文就是抗争的表现，最后捍卫了波尔多地区的葡萄酒业。

孟德斯鸠骄傲地说，自从和平恢复以来，我的酒在英国为我赚的钱一直比我的书赚得钱多。所以有人臆测，《论法的精神》也是给孟德斯鸠葡萄酒业做的长篇广告。

与陈教授交谈，使我们忘了时间，甚至忘了季节的变换。陈教授说，对我而言，酒是生活的调剂品，是快乐源泉的一部分。我很欣赏一副对联：且与少年饮美酒，更窥上古开奇书。这里的"少年"，不单指年轻人，我把它解释为真诚、坦率、无拘无束的好友，与他们一起饮酒，快乐无比。最后大家品尝了冰好的匈牙利贵腐酒，清凉、滢润、甘甜，唇齿留香。

坐在我对面的人走了 　　　　　（蔡定剑）

　　蔡定剑是江西南昌新建人，生在农村。他弟弟蔡定造说，我哥哥一生都在抓机遇，用知识改变命运。18岁从军，当战士；23岁从文，当学生；30岁从政，当干部；48岁从教，当学者；54岁离世，成为人们怀念的人。

　　为了永续定剑精神，2011年中国政法大学成立了蔡定剑宪法学教育基金会，每年奖励宪法学领域的优秀学子。2015年蔡定造创建了蔡定剑公益图书馆，免费为老家的孩子们开讲座、阅图书。如今蔡奖已与江奖齐名，激励了一批又一批宪法学人；蔡定剑公益图书馆，则让年轻人在书香中感受知识的力量。

　　定剑兄安葬在昌平天寿陵园，一个夏日的午后，我开车去看他，开始阳光明媚，白云朵朵，一会儿云彩却变暗了，还飘下了雨滴。我看着被雨水打湿的大理石头像，以及大理石制作的宪法典，眼睛有些模糊。回到车里，收音机正播放李闰珉的钢琴曲《Tears》，在怀旧和忧伤中，我默念着老蔡的名言：民主和宪政是我们这代人的使命。还有一次，我带着弟子们，为定剑兄扫墓，在同一座墓园，我们还祭扫了许崇德老师和张树义兄的墓，大家为三位公法学大家静默、献花，追忆他们生前的音容笑貌和动人故事，感受生命的价值和尊严。

　　曾记得，当年去荷兰访问，在海边散步时，老蔡说，你小我5

岁，个子比我高，但不一定跑得过我。我说，那就比试比试，毕竟我念书时也练过长跑。我俩脱掉鞋，定了60米的目标，光脚飞奔。没想到，老蔡步幅小，频率快，一会就超了我一截。我不服气，又折返再比试，结果口干舌燥，气喘吁吁，还是赶不上他。我想，一定是军人的意志和战场上的磨炼，让他两次战胜了我。

还记得，当年跟老蔡去遂宁市步云乡参观乡长直选，他像孩子一样不停地问，不停地看。无论是3位候选人的竞选演说，还是孙子背80岁老奶奶去投票站，都成了他推动中国选举制度改革的素材。当见证了谭晓秋成功当选中国首位直选乡长时，他感慨万千，为之热烈鼓掌叫好。

人博兄在纪念定剑兄时说，坐在我对面的人走了，他像一面镜子，时常照见我的形貌，此言极是。定剑兄如果活着，今年应该多少岁了？别后这些年，我时常想起他。

法治强国的宪法故事　　　　　　　　（王人博）

人博兄的"宪法学 30 讲"在网上播出，愚以为是 2019 年发生的两件大事之一，另一件是国庆 70 周年献礼。讲座广告设计得很喜感，底色是满眼奔来的中国红，让人看了热血沸腾。

王教授的头发明显打理过，少了往日的随风飘荡，多了黑白相间的规范约束。黑框眼镜后是他遍读古今的智慧，当然也流露出不经意的期许。笑意被定格了，仿佛能听见摄影师在吆喝：老先生，灿烂些，再灿烂些！

有人说，大酒过后，我谁都不服，只扶墙；市场大潮中，我谁都不信，只信商业。商家是伟大的魔术师，它们运用互联网，将学者们的思想光芒，像闪电一样传遍四方。其中，最是那一刹那的触摸，让人温柔地支付后，换回了可期待的文字。亲耳聆听时，应该是曼妙的心灵感应。

本雅明被称为欧洲最后一个文人，戴着圆眼镜，蓬着灰头发，与人博兄有点像。不过人家嘴上的小胡子与眼睛里的忧伤，却映现了犹太人的宿命。本雅明有一篇雄文，叫《讲故事的人》。他决绝地认为，这个时代，讲故事的艺术即将消亡，因为信息彻底统御了世界，经验贬值了。

德国有句谚语叫"远行人必有故事讲"，人博兄就是这样一位远行侠。他从历史的余热中走来，携着英、美、法、日、德等国的宪法资料，还原出一幕幕惊诧的历史瞬间，又从晚清、民国的大变局中拣选出宪法人物，发掘了他们有趣的宪制言行。就像本雅明所说，他是一个让生命之灯芯徐徐燃烧的人，在故事的烛光下遇见了正直的自己。

　　人博兄没有把目光聚焦于当下，应该是刻意安排，毕竟隔代修史、盛世修志的祖训依然统御着华夏。人博兄应该接着写宪法学后30讲、60讲，甚或更多。

　　列斯科夫说，讲故事不属于人文艺术，而是一门手艺。在中国，这门手艺刚刚起步，莫言就是地道的手艺人。法治强国应该有与之匹配的宪法故事。

生命是由无数感恩构成的 （朱勇）

1997年3月，我和张今大姐随校领导解战原去美国杜肯大学访问，有幸结识朱勇教授。他中等身材，讲话简洁明快，略带安徽口音，有书卷气。朱老师在匹兹堡大学做高访，作为法大同事和先在者，专程陪我们去考察尼亚加拉大瀑布。

马路上车不多，朱老师一边握方向盘，一边给我们介绍沿途风光。有时车轮稍微偏离车道，他就果断地一个小错轮，车子又回到正确轨道。三月的宾夕法尼亚，春回大地，景色宜人。胜利返程后，大家热情不减，决定搞个庆祝。

我带的两瓶赊店老酒派上了用场，解校长是河南人，对这款酒也颇为认可。朱老师去小卖部买了一袋怪味豆，一袋酸黄瓜，一袋香肠，一桶土豆片，一盒罐头鱼，一场中式小酌拉开帷幕。没有酒杯，就用瓶盖代，没有筷子，就下手抓。大伙滋溜一口酒，吧嗒一个豆，错把杜肯大学当法大了。

朱老师回国后，我请他给宪法学研究生做了一场报告，题目是《论民国初期议会政治失败的原因》。他描述了民国初期议会政治三起三落的历史，提出中央集权、一元化控制是中国政治的固有基因，两院分置、政党轮替的西方宪制模式很难在中国立足。会后大家踊跃提问，朱老师一一作答，至今难忘。不过，20年后，朱老师给中央政治局讲"我国历史上的法治与德治"，我们就只能从电视上看到了。

朱老师慧眼识人，爱才如友。记得当年引进王人博教授，晚上小聚，邀我作陪。朱老师介绍说，人博教授是张晋藩先生的得意弟子，是研究宪制历史与文化的大家，其博士学位论文获得了7票优秀，论著《法治论》在学界有很大影响。学校想邀请他加盟宪法教研室，谈谈你的看法。我说从历史角度研究宪法，是方法论的创新，我们现有学者多从制度和规范角度进行研究，人博教授的优长填补了我们的空白，我代表宪法教研室热烈欢迎。多年后跟朱老师相聚，朱老师总说，人博你要记着洪昌的好，他的公心和厚道，成就了你们的友谊。

2020年隆冬的一天，朱老师宴请国务院参事方宁和柯锦华教授，让我作陪。他说，我们三位是安大本科同学，后来方宁从政，柯教授深研哲学，我在大学教书。这二位是我敬佩和信赖的人，他们为国家出谋划策，贡献了智慧。今天洪昌也被聘为国务院参事，你要虚心向前辈学习，并请两位多带一带洪昌。接着，他们三位轻松地谈论熟悉的人和事，我在旁边用心地记和听。岁月静好，灯光柔和，饭菜可口，得大自在。

朱老师看着挺严肃，其实挺好玩。一次跟他去教育部开会，领导讲话时，有人手机响了。他若无其事地看着别人，直到铃声结束。过了一会儿，我见他悄悄地掏出手机，调成了静音状态。还有一次，跟朱老师小聚，他说作为老北京人，你家里有镇宅之物吗？我听后一脸茫然。朱老师接着说，老城砖是中国文化的象征，如果上面还刻着文字符号，就更有价值。我一直收藏它，没事就摸一摸，看一看，能感受到历史的温度和厚度。

朱老师古道热肠，不抽烟，爱散步，打打扑克，喝点小酒。他说只有喝不同风格的酒，才能丰富人生的味道。一次刘心稳大哥淘换一款波兰产的白酒，有92度。朱老师让弟子买来中华酒樽，每人发一个。斟上一小杯，大家共同品尝。入口还可以，通过喉咙时，像个火球在翻滚，真可谓"春流无旧岸，夜色失诸峰"。

生命是由无数感恩构成的

朱老师常说,人生千万步,关键两三步。助人一臂之力,有时能改变人的一生。他还特别强调,导师对自己的弟子,要更多地付出。因为你都不关爱他/她,谁还真上心呢?对于朱老师,我想真诚地说:从灵魂上看,生命是由无数感恩构成的。

爱情才是归宿 　　　　　　　　　　(杰文津)

杰文津结婚，请我做主婚人。这个角色，通常由年高德劭者担任。我没有德劭，年纪倒是有一把，再说也教过小杰，就爽快答应了。

婚礼现场布置得很典雅，白布铺就的鹊桥花团锦簇，云雾缭绕的空间如梦幻一般。新郎伫立桥头，眼巴巴望着对岸。新娘挽着父亲，拖着曳地长裙，缓缓走向新郎。

新娘的父亲注视着新郎，庄重地说，孩子，我把女儿交给你了，你要好好待她。灯光下，父亲的手有些颤抖，眼睛泛着泪光，毕竟呵护了二十多年的娇儿，今天终于出嫁了。有完成使命的喜悦，也有心被掏空的失落。

新郎紧紧地握着岳父的手回应，爸爸，放心吧，我一定好好照顾她！然后牵着新娘的手，幸福地步向了婚礼的殿堂，留下了新娘父亲默默返回的背影。接着是双方真情告白与甜蜜举动，在亲友见证下，人类又演绎了一出美好姻缘的故事。

主婚人之一，是著名央视主持人张越女士，她首先致辞，像主持《半边天》栏目时一样，亲切自然，生动介绍了一对新人相识相知相恋的过程，还对如何处理好工作学习家庭关系提出殷切期望，并以秦少游"金风玉露一相逢，便胜却人间无数"作结。然后我来发言，重点介绍了新郎杰文津。我说小杰是江西抚州人，2000

年考入中国政法大学法律系，后继续攻读硕士、博士，和刘永峰、王旭并称法大"三剑客"。在校期间获得学术十星、学术新人等称号，作为法大辩论队成员为校争光。2008年时任总理温家宝来法大视察，以学生代表身份参加座谈。后入职新华社，两次获得主持人大赛金奖，还采写报道了大量社会热点问题，获得"新锐青年"称号。

作为教过他的老师，我要代表母校，祝贺新娘父母，是你们慧眼如炬，招到了乘龙快婿，更要祝贺新娘，找到了如意郎君。

婚姻像一座桥，连接了两个孤寂的岛，使两颗心彼此相通，两个灵魂彼此相慰。在爱的召唤下，男人创造，女人帮助；男人担当，女人尽责。他们的结合，不似公民社会，构筑了权利共同体，更像入党宣誓，组建了义务"远洋号"。婚姻不是归宿，爱情才是。

往事

终极之问

(张友渔)

百望山是座小山，海拔210米，登顶能望见北京城。其匾额和石碑是1991年张友渔先生93岁高龄时题写的，转年张老就去世了。每次来爬山，我都要在匾额和石碑前伫立一会儿，以表达对这位宪法前辈的景仰之情。

立宪和行宪是宪制的两只眼，它就像围棋游戏，有两眼才能活棋。胡适之先生说，某种程度上行宪比立宪更重要。据统计，联合国193个会员国，由法院进行违宪审查的国家有155个，占总数的80%，其中美国、墨西哥、巴西、阿根廷、日本、印度等82个国家采普通法院模式，奥地利、德国、俄罗斯、韩国、泰国等73个国家采宪法法院模式。

我国由全国人大及其常委会监督宪法实施。记得在一次宪法理论研讨会上，有人问，如果全国人大常委会违宪怎么办？张老说，有全国人大管它。有人又问，如果全国人大也违宪怎么办？张老回答，绝不可能！

有个寓言故事：为了防止鸡糟蹋青菜，上帝派羊看管菜园子；为了防止羊偷吃青菜，上帝派狼看管羊；为了防止狼偷吃羊，上帝派人看管狼；为了防止人捕猎狼，上帝又派另一个人看管这个人；依此类推……

面对终极之问，世界上多数国家采司法复核方式应对，我们则用中国智慧解决了这个难题，即党的领导、人民当家作主、依法治国的有机统一，转化成合宪性审查和备案审查的具体方式。

只为共和民主而写作　　　　　　　　　（王宠惠）

我外语不好，怎么都化不过魂儿，所以特别羡慕外语好的人。民国时期，孙中山说，中国精通英文的有三个半人，辜鸿铭、伍朝枢、陈友仁，那半个人指王宠惠。梁任公在《新大陆游记》里说，当年游耶鲁大学，赶上毕业典礼，一个中国留学生，代表4000多名同学，用美式英语致毕业谢辞，非常震惊，此人就是王宠惠。据说，尼克松1953年11月访问台湾，指名道姓要见王宠惠，因为1936年他在杜克大学念书时，读的英文版《德国民法典》，就是王先生译的。一个中国人，在英语世界，将《德国民法典》译成英文，被英美常青藤大学奉为经典教材，令人敬佩。

1907年，王宠惠翻译《德国民法典》时26岁，之前社会上也有英译本，只是在信、达、雅方面，存在这样那样的缺憾。王先生凭深厚学养，中立态度，用半年多时间，完成译事，由伦敦著名的斯蒂芬斯书店出版。他在书的封面上写着：承蒙惠允，谨将此书献给耶鲁大学法学院，以表敬意。学人浦薛凤在回忆录《音容宛在》里说，王先生的译文简洁而更为正式，合于法律条款之体裁，而在选字措辞上，更为确切明白，不致曲解误会。气润平衡，流利自然，每句每段，毫无洋人执笔之牵强痕迹，而且有能文老手之高雅风格。有位传记作家更这样描述，书印成后，不到两个月就轰动了，学者专家认为译文是最上乘的。一次英国法院审理案件，欲引书中按语作为判决依据，专程写信征求王先生的同意，使王宠惠的大名在社会上不胫而走。

10年前，张生教授在法大法学院青年学术沙龙上，发表"王宠惠与中国法律近代化"的演讲，他回顾了王宠惠学通两大法系、主政法务外交、守望法学教育的历程，总结了王先生对民法、刑法、宪法制定做出的贡献，重点回答了两个问题：作为学贯中西的大学者，王先生为何没留下传世作品？作为宪制实践家，王先生为何没有更大的政治成就？这涉及个人命运和时代发展的关系问题。张教授认为，王先生是官员型学者，经常在官与学间穿梭，最后两边都受到了局限，很多时候还不被人理解，内心非常苦闷。说到动情处，张生教授眼含热泪、声音哽咽，不能自己，场面令人动容。

去台湾东吴大学访学时，我拜谒了王宠惠先生墓。墓碑建在双溪校区的西山坡上，由其爱子王大闳先生设计，安静肃穆，朴实大方。灰色碑体上，是蒋中正题写的碑文：司法院院长王公宠惠之墓。中国近代法律第一人，永远留在了台湾岛上。

纵观王宠惠先生的人生历程，其实他是个好玩的人，喜欢看电影，听音乐，吃海鲜，穿西服，还特别会蹭朋友的饭，而且理由充足，办法多样，屡试不爽。不过在大是大非上，他却立场坚定，绝不糊涂。当年袁世凯欲复辟帝制，派人游说王宠惠，写一篇支持赞美的文章，议定稿酬50万大洋。没想到，王先生却一口给回绝了：余之笔专为民主共和而写作，不能以拥护帝制而受辱。

高怀无近趣　清抱多远闻　　　　　　　　（钱端升）

法大首任院长钱端升纪念馆，坐落在学院路校区科研楼一层，精致、典雅，弥漫着书香气。馆名由法大美女教授孙鹤题写，清雅古朴，金石相击，暗合了馆主"高怀无近趣，清抱多远闻"的追求。

1953年1月14日，毛泽东签发了钱端升院长的任命状。在我有限的阅读里，由中央人民政府主席直接任命法学院院长，并题写"北京政法学院"校名，在共和国历史上是绝无仅有的。

钱端升是著名的宪法学家，民国时期，就和王世杰先生合著了《比较宪法》一书。北京大学的沈宗灵先生说，他念书时，就用这本书做教材。1954年起草《宪法》时，钱端升被聘为法律顾问。他特别关心公民自由的宪法保护，其中，1954年《宪法》第90条规定的"公民住宅不受侵犯、通信秘密受法律保护、居住迁徙自由"，就是钱老建议增加的。

钱端升是个有理想、有抱负的掌门人，上任伊始，就雄心勃勃地说："只要有政府和人民的支持，在不久的将来，政法（学院）在教学上绝不会逊色于伦敦政治经济学院（LSE）。"

伦敦政治经济学院是怎样一所大学呢？它以较小的校园、较单一的学科，赢得了与牛津、剑桥大学不相上下的社会地位。其中哲学的波普尔教授、经济学的哈耶克教授、政治学的拉斯基教授等，就是该院享誉全球的学术大师。截至 2016 年，该院共培养了 16 位诺奖得主，34 名政府首脑或国家元首，80 多位上、下两院议员。毕业生年薪起点排英国首位。

伦敦政治经济学院的院徽非常有意思。上边是合拢着的两本大书，等待学子们去认真阅读；中间是一只河狸，暗寓学子们拥有创意的未来；下边是一条叠加的绶带，映衬着简明的院训（Rerum Cognoscere causas）——溯本追源。取自古罗马伟大诗人维吉尔的《农事诗》，教导学子们了解万物发生之由，明晰事物本质属性。

历史与钱端升院长开了一个不大不小的玩笑，舒国滢在《小月河边，有一所大学叫政法》里说，新创办的北京政法学院，并没有按照他设想的轨迹发展，端公的伦敦政治经济学院情结，随着时代的变迁，像风一样飘散了。

后来的北京政法学院，更名为中国政法大学，校园从学院路校区扩展到昌平校区，厚德、明法、格物、致公成为校训，玉兰被选为校花。30 万莘莘学子从校门走出，扎根在祖国大地。

钱端升的精神也像一根标杆，被法大人景仰和传承。钱端升铜像的落成、"钱端升"教学楼的命名、"钱端升法学研究成果奖"的评选、《钱端升全集》的出版发行，已成为这所大学的底色和风景。

音乐响起来　语言就停止了　　　　　　　　（《决胜时刻》）

"不忘初心，牢记使命"主题教育活动，要求我们看场电影接受红色洗礼，我选了《决胜时刻》，当然是自费。进入大地影院放映厅，发现只我一个人。来杯冰镇可乐，尽享包场之愉。

故事发生在双清别墅，主角是毛泽东。经典的桥段有毛主席率四常委拜谒孙中山衣冠冢，任弼时邀毛主席及三常委听小提琴。

我国宪法序言说，1911年孙中山先生领导的辛亥革命，废除了封建帝制，创立了中华民国；1949年以毛泽东主席为领袖的中国共产党，推翻了"三座大山"，建立了中华人民共和国。孙中山和毛泽东，中华民国和中华人民共和国，双双入宪，前后赓续，意味深长。

影片本着"大事不虚，小事不拘"的精神，再现了五常委向孙中山先生庄严告慰的场景。真实历史如何不晓得，但演员表情是"革命尚未成功，同志仍须努力"的赤诚。我依稀记得，2006年连战来京时，也拜谒了孙中山衣冠冢，并手书"青山有幸伴中山，同志无由忘高志"。废除帝制，走向共和，天下为公，民族复兴，是否就是影片的初衷？

任弼时是新中国的建立者之一，被称为党的骆驼，人民的骆驼，但身体羸弱，其他常委登上天安门城楼参加开国大典时，他只能卧床听实况转播，年仅46岁就去世了。为了表达对战友们的深情，对建立新中国的渴望，导演让任弼时用一首小提琴曲——《奇异恩典》，来诉说此时此刻的感恩与感伤。

  我在网上听过朴智海演奏的《奇异恩典》，扣人心弦，动人心魄。当任弼时拉响小提琴，熟悉的旋律从弓弦摩擦中缓缓流出，历史的瞬间被一个个画面定格时，我有种心悸的感觉，眼睛不觉湿润了，也许这就是决胜时刻。

  盛中国说，音乐是普适的，它响起时，语言就停止了。其实我们每个人心中都有一根弦，不经意间就会触碰到灵魂深处。

到底落到了谁人手中 （陈伯达）

　　1953年12月27日，毛主席带陈伯达、胡乔木、田家英三大秘书，到杭州西湖北山街84号，起草共和国宪法。据王芳回忆，初来杭州，主席就爱上了这里，之后来过五十多次，宛若第二故乡。浙江省委用生日宴欢迎主席，老人家意气风发，茅台喝了半斤多。

　　田家英是清史专家，记忆力超群，董成美教授说，他读一晚上苏联民法教科书，第二天就能评价它的优缺点。为预备立宪，他收集了两箱子宪法资料，不知是小皮箱还是集装箱，运至杭州。在77天的草拟宪法中，他以广博知识和专业素养成了主席的得力助手。

　　胡乔木是党内秀才，思维敏捷，学养深厚，文笔流畅，开合有度。据说花1小时起草的解放日报社论《苏必胜，德必败》，毛主席改几个字就能发表。不过草拟宪法期间害了眼疾，参加讨论就少些。

　　陈伯达是严复的老乡，精通中国哲学，喜读书，有思想，是文人从政地位最隆者。来杭州前，他闭关一个月，独自起草了宪法初稿，并自信地说，新宪法可以此稿为蓝本讨论完善。没想到，毛主席和田家英、胡乔木等对此都不感兴趣，这对老夫子打击很大，情绪自然低落。

　　暮春的午后，友人相伴，我参观了"五四宪法"历史资料陈列馆。西湖的阳光，穿过历史迷雾，照在展品上，65年前的情景仿佛就在眼前。作为宪法爱好者，我心里一直藏着个小秘密，陈伯达的初稿，为何不受待见？

  讲解员介绍，遗憾的是，陈氏初稿，经多方收集发现，像雾一样在历史中消失了。韩大元教授说，他去请教过《陈伯达传》的作者叶永烈，被告之采访了陈十几次，从未提到宪法初稿的事。而且他起草文件，从不留底稿。

  三月残花落更开，小檐日日燕飞来。子规夜半犹啼血，不信东风唤不回。一部废弃的宪法初稿，到底落到了谁人手中？

宪法是一盏灯　　　　　　　　　　（宣誓）

　　宣誓是人类不自信的产物，它想用看得见的方式唤醒当事者的良知，震慑可能的背叛者。

　　最早接触誓词，来自三国故事中的桃园三结义：念刘备、关羽、张飞，虽然异姓，既结为兄弟，则同心协力，救困扶危；上报国家，下安黎庶；不求同年同月同日生，只愿同年同月同日死。皇天后土，实鉴此心。背义忘恩，天人共戮！

　　后来，国家也向社会学习，建立了宪法宣誓制度。据统计，全世界193个有成文宪法的国家，明确规定该制度的有177个，未规定的有16个。

　　实践中，我们了解较多的可能是美国，因为它是世界上第一个创制成文宪法的国家。依惯例，1月20日上午10点，当选的副总统举行宣誓就职仪式；12点，总统再宣誓就职。我一直很好奇，为什么副总统要先宣誓呢？后来听了哈佛大学一位教授的演讲，才明白了其中的原委。

　　他说，依美国总统继任法案，总统离职，由副总统等18位领导按顺序依次接替其职位。如果总统先宣誓就职，若发生枪击等不幸事件，导致总统离职，这时副总统还没上任，国家就会产生权力真空。而副总统先宣誓就职，总统一旦发生意外，他就可以接着宣誓继任总统。

难怪有人说，副总统与总统之间，只有一个心跳的距离。尽管副总统只是一个熟悉的陌生人，但是在心跳的一刹那，还是能派上点用场的。

宪法是一盏灯，指明了国家权力的方向；也是一张网，罩住了国家权力的边界；更是一件棉衣，在冬天来临之际，护卫着国家安全。

共同挂在没有乌云的夜空 （首都）

张南皮、李合肥、康南海，一听就知道是张之洞、李鸿章、康有为。我出生在北京顺义，不能称焦顺义，因为没人知道在说谁。顺义原属河北通州专署，更早属顺天府，1958年划归北京。

说是北京人，我16岁才见天安门。当时很激动，有睁开眼睛看世界的感觉，一切都那么新奇。人民大会堂、毛主席纪念堂、历史博物馆、中山公园、新华门等围合成巨大广场，加上中央矗立的人民英雄纪念碑，代表了北京的格局和气象，也是大国首都的模样。

孟德斯鸠说，对一个大国的君主而言，正确地为他的帝国选择首都是非常重要的。如果把首都建设在南方，就有失去北方的危险；如果定都在北方，就容易保有南方，这并非个别情形。

新中国定都哪里，取决于依靠力量。国民党依靠帝国主义，定都南京，离上海近。共产党依靠人民，定都北平，离东北近。后来毛主席提议，把北平改为北京，是颇有深意的。

《宪法》规定，中华人民共和国首都是北京。历部《宪法》，提到的唯一地名就是北京。《宪法》的创制者是大智者，明确了首都是北京而不是北京市，预留了想象和解释的空间。"京"字指高山上的建筑，引申为国家首都，属中央。而"市"指行政区划产生的单位，属地方。

中央和地方是单一制国家的特有概念，也是几千年中国政治的根和魂。首都是中央政权所在地，需要相对独立的地理空间承载功能，功能不畅时，疏解非首都功能就理所当然了，从而有了北京市政府搬往通州和建设雄安新区的决策。

北京市民与首都都民既重叠，又有区隔。作为核心区的都民，享受了首都的红利，也得负担交通成本和呼吸废气。非核心区的市民，在天高云淡和碧水蓝天中放飞着心情。

首都与北京，就像月亮和星星。

众星捧月，又相伴相生，共同挂在没有乌云的夜空。

他们才是灵魂　　　　　　　　　　　（民法典）

张荣顺主任离开福建老家南靖四十多年了，乡音无改，未说先笑，抑扬顿挫，有学者气。2017年3月9日上午，在梅地亚中心，就《民法典》编纂答记者问时，转述了一件事。纪念《法国民法典》诞生200周年（2004年）时，有位外国政治家说，成就伟大法典，应具备三个条件：有利的时机、有才华的法学家、强烈的政治愿望。我觉得，这三者中，最重要的是政治愿望。

近读老校长徐显明演讲录，谈到《法国民法典》的制定，忆起了一段往事。国民议会讨论法典草案共102次，拿破仑直接参与了97次。他对议员们说，这部法典，多一个字冗，少一个字欠，我希望一字不改，全票通过。议员们听后傻眼了，不知所措。他接着说，我在议会门前架了三门炮，若一字不改通过，鸣三声礼炮，以示庆贺；若改动了，炮口将对着你们，今天就是诸位的葬礼。结果法典草案一字未改，全票通过。传说司汤达每天读这部法典，以锤炼文风。保罗·瓦莱里称，民法典是法国文学史上最伟大的作品。拿破仑也自豪地说，我是一个新的普罗米修斯，从天上盗下了火种，做成一份礼物，送给法兰西，就是这部民法典。1852年，法国人把这部法典命名为《拿破仑法典》。

去巴黎一大访问，就近参观了先贤祠，在讲解录音的指引下，神交了72位贤人。观后才知道，像拿破仑这样的英雄，并没有资格进入先贤祠,而是葬在荣誉军人院。法国人认为,他只是军人,不是思想家,其贡献没那么伟大。那什么人能进入呢?伏尔泰、卢梭可以,在伏尔泰的雕像旁,写着这样一句话,他拓展了人类精神,使人类懂得精神应该是自由的。卢梭则将手从棺柩中伸出,执一束火炬,说明牌上写着,一位自然与真理之人。不过,国王路易十六,读了伏尔泰和卢梭的著作后,却恶狠狠地说,就是这两个人,毁了法国。

1885年,当维克多·雨果通过凯旋门葬入先贤祠时,法国人民举国哀悼,全体静默,在反省和思索中,送走这位伟大的作家。从这一天起,法国人明白了,不是有了拿破仑,而是有了雨果,巴黎才得救了,法国才得救了。同样,2002年11月30日,当大仲马迁葬先贤祠,法国总统希拉克深情地说道,共和国将最高的敬礼,献给他最不安分和最有天赋的孩子之一,这个孩子将终生献给了我们理想的共和国。我由此想到了纪录片《大国崛起》里的一段解说词:法国对思想文化的尊崇,早已浸润了我们的灵魂,使我们懂得有思想的民族,才会诞生伟大的思想。拥有伟大思想的国家,才能拥有前行的力量。

波塔利斯和特龙谢,是地道的法律家,也进了先贤祠。拿破仑任命起草民法典的"四大天王"中,波塔利斯起了最重要作用。他在民法典草案说明的演讲中,激情澎湃地说,我们在抛开一切激情与利益的冷静思考后,迎来了民法典草案的诞生。也就是说,迎来了可以"给予"和"领受"伟大财产的诞生。无知的时代,法律曾被亵渎,启蒙的时代,法律又太激进,人民的法典因时间所铸,非由我们创造。法律必须适应它所针对人民的特征、习惯与情况。

面对这些伟大的法律人,拿破仑也不无感慨地坦言,我只是法典的推手,他们才是灵魂。

主要还是怕死呀 　　　　　　　　　　　　　　（无能为力）

1945年4月28日，墨索里尼被游击队员击毙，尸体倒悬在米兰广场示众。两天后，希特勒在德国总统府开枪自杀；7月26日，中、美、英发表《波茨坦公告》，要求日本无条件投降；8月8日，苏联也加入公告国。

摆在日本国面前的有三条路：无条件投降、有条件投降和绝不投降。铃木贯太郎首相征得裕仁天皇同意，决定实施"一亿玉碎"计划，即战死到最后一人，绝不投降。为此，他们进行了全民动员，誓死效忠天皇，保家卫国。为了减少伤亡，苏联准备了500枚巨型炸弹，拟轰炸富士山，使沉睡2300年的火山爆发，引发海啸，日本国沉没。美国则于8月6日、9日，抢先在日本广岛、长崎投下原子弹，动摇天皇和内阁的决心。面对残酷的现实，8月10日，昭和天皇通过铃木内阁向盟国表示，愿意在保留国体的前提下，有条件投降。盟国口头答应保留天皇制；8月15日，昭和天皇宣读了《终战诏书》，第二次世界大战宣告结束。

麦克阿瑟以盟军最高司令官的身份，进驻日本。他在回忆录里写道，汽车开进东京市区后，保卫他的士兵们都转过身去，背朝汽车，面朝街道。这种礼遇，以往只有天皇才能享受到。进入住地后，天皇前来拜访，谦恭地说："将军，我是日本国在政治和军事方面的负责人，是来接受审判的。"我半开玩笑，半认真地问道，日军战败,作为日本国的最高统治者,陛下您为何不剖腹自杀呢?裕仁却谦虚地回答:"我曾在御前会议上,多次极力阻止战争的发生,但最终还是无能为力。"

"无能为力",轻飘飘的四个字,就把自己的战争责任摆脱了。东条英机在东京接受审判时说,整个日本军队就没人敢违抗天皇的意志,连有这种想法都是荒唐的。人是不可能跟神对抗的,天皇哪怕一个微小的暗示,都足以让军部费尽心思,猜测圣意到底为何。

裕仁打小手指不灵,眼睛近视。其祖父明治天皇为了培养他的尚武精神,特别让陆军大将乃木希典作他的老师。乃木教导严格,并以身作则,在明治天皇驾崩后两天,自裁身亡,为先帝殉葬。这件事对裕仁产生了极大刺激,奠定了他的武士道性格。

不过,面对麦克阿瑟之问,裕仁天皇在88岁临死前,终于说出了心里话,所谓无能为力,主要还是怕死呀!

银杏的金黄　　　　　　　　　　　（返校）

1979级同学荣归母校，沸腾了整个校园，握手、拥抱、怀旧、照相，追随昔日的恩师，踏遍校园的边角。

江平老师的演讲把庆典推向高潮，年近九十的他，精神饱满，声音洪亮，思路清晰，思想闪光，把该说能说的话都点到了。

主持人吴文彦，从小女生蜕变成了新女性，她郑重宣布，这次返校的同学有236位，远远超过了上一次，接着又悲伤地说，有18位同学永远不能返校了，他们在天上为大家祝福。念到每一个名字时，台下都是一阵骚动，惊诧之余，同学们面面相觑，当年熟悉的身影快速闪现眼前。

回到家，心情久久不能平静。秋风吹来，秋雨飘下，窗外的银杏树吸引了目光。在春风夏雨的关照下，曾经的嫩叶，已然渐黄，曾经的青涩，泛出了果香。

想起了一个童话，叫《一片叶子落下来》。有一天，来了一阵风，不似以前的温柔，硬生生把一片叶子从树枝上拽下来，无情地抛向空中，然后悄悄地消失了。没人知道它去了哪儿，也许躺在了冰雪中，也许沉在了沃野里，也许成全了其他生命，也许归到了养育它的根。

有个小朋友焦急地问，明年树叶还会来吗？我想，寒冬过后，春风一定会把它们唤回来，不过已不是那片树叶。

亲爱的同学，情如叶，风吹散，一叶知秋呀，你绝尘而去的身影，转眼成了天涯。唯有窗前银杏的金黄，永远印在了记忆之中。

似水雾一般把花色晕染　　　　　　　　　　（住校）

封校了，按事先约定，我住进办公室。行军床是学校配的，还送了床垫。弟子们听说我来了，就帮着铺被褥，擦桌椅，打开水，购食物，忙得不亦乐乎。为了解情况，我先去男生宿舍调研。没电梯，就顺楼梯而上。楼道还算干净，偶尔有塑料袋与酒瓶子堆在墙角。

每个宿舍有 4 张上下床，住 4 位同学。两床的间距较窄，得相互侧身而过。房间除行李、帐篷和晾晒的衣服外，最多的是书，有摊开的，有并列的，俨然一个书市。记得两年前，也是封校的日子，我们帮同学打包，有个毕业生，藏书竟装了 60 个纸箱子，花了学校 3 万多元邮寄费。

走了几个宿舍，我发现有的凉快，有的闷热，同学们说，空调要自己付费，所以就凉热自治啦。同学看着挺面熟，就是叫不上名字，耳顺之年的人，记性真不行了。与即将毕业的同学交谈时，得知他们大多找到了工作，有读博的，有去企业的，有做律师的，有等公务员面试的，整体看，安然淡定，压力不大。

为了解女生情况，大家散落在一楼大厅，站着交谈。相较男生，女同学体验更细腻，提的建议也多：图书馆楼西晒严重，要打伞读书写作，希望学校尽快加装窗帘；超市水果冷饮太贵，同学们消费不起，希望经销商打折让利；球场和健身房关得太早，想运动无场地，希望后勤早开晚关；上午和中午运动后，没地方洗澡，希望学校加开洗浴的时间段。大家踊跃发言，不一会就提了十几个问题。我让志愿者把意见记下来，第一时间反馈给校领导，并催促落实。

住校期间，最好能跟同学打成一片。我让弟子租了场地，决定来一场师生乒乓球赛。20年没摸球拍了，上场还真有点刺激。我是右手直板快攻打法，同学中高手多，故意给我喂高球。一阵大力扣杀，感觉有些气短，浑身是汗，手指也磨破了。只好坐下来歇一歇，补充水分，继续战斗。

傍晚时分，马校长要巡视校园，我们受邀陪同。第一站是"蓝波屋咖啡厅"，一个浪漫的地方。我是政法老人儿，在学院路上课、办公，竟然不晓得有这个所在。知情者说，这地方以前叫"禾谷园"，跟法大有产权纠纷，经法院确权后，被学校收回，主营西式简餐，生意火爆。

说话间，来到餐厅旁，恰有8位同学，庆祝答辩通过，一问是党内法规专业的。但见长桌上有意面，有汉堡，有凉菜，有可乐。校园不让卖酒，大家只好对"水"当歌。马校长跟大家打招呼，孩子们挺懂事，都站起来了。简短寒暄后，就切入正题，校长询问大家对限制网购、外卖和返乡的看法，同学们各抒己见，有的面露难色，有的毫无怨言，总的来说，支持学校的封控举措。我感觉，校长悬着的心有点放下了。

第二站来到快递取货区。为防快递小哥手递手传染，后勤部门专辟一块地方，做缓冲区，在老教学楼西南角，六号楼与文化楼之间。这个地方我比较熟悉，记得1995年，为了让女儿能在城里上小学，我们毅然从昌平校区搬进六号楼151号。这是间朝南的房子，约有16平米。邻居们都在楼道做饭，一家炒菜，全楼闻香。没课的时候，我每天去小操场打篮球，回来后在盥洗室洗澡。最开心的是女儿，她和小伙伴们踢足球，捉迷藏，玩打仗，可着新一、二号楼和教学楼后花园，疯跑疯颠，无拘无束。3年后学校进行住房调整，我有幸住进了十三号公寓楼，两室一厅。搬进来时，女儿吓傻了：这么大的房子，都由我们一家住吗？那做饭和上厕所就不用出屋啦！

缓冲区门口，有保安把守，校长代表师生，对他们进行慰问，然后详细了解开放时间、消杀情况和安保力量，特别强调网购和外卖是最大的传染源，要仔细认真，确保零传染。我首次踏进取货区，发现货架上、地面上放满了物品，五花八门，俨然一个超市。再看看保安，他们穿着防护服，对每件物品进行反复消杀，生怕些许疏漏。

夜色渐浓，华灯齐放，校园进入了夜行模式，同学或跑步，或散步，或夜读，或夜宵，一幅太平景象。我拖着略显疲惫的身躯，行走在回办公室的路上。楼道的地砖，有的隆起，有的破裂，踩上去咯吱咯吱响。透过玻璃窗，篮球场上依然人声鼎沸，年轻人还在尽情享受，仿佛有使不完的劲，年轻真好！回到办公室，我没了阅读和思考的兴趣，就舒服地把自己放倒在床上，不知不觉进入了梦乡。

梦境像电影一样，大概是当年住十三号楼时的情形：一个春夏之交的早晨，天气阴郁，像要下雨，忽然有人敲门，开门一瞧，是个陌生老者，操河南口音。他说村里土地被政府强征了，村民没得到应有的补偿，也没了生计。在电视里看到我是政法大学教授，说可以用宪法维护土地权利，就通过看门大爷，找到我家。说完就扑通一声跪下了，嘴里直喊"焦青天"帮忙。我慌了手脚，赶紧扶老人家起来，告诉他老师没什么权力，但可以把材料转给有权者。最后我把老人送到电梯口，眼见着消失在人海中。

记忆中的十三号楼，有个青石板砌成的小院，院里种了8棵绒树，树干挺拔，长势良好，比三层楼高。鱼鳞似的树叶，夜晚闭合，白日张开，永不懈怠。花朵像个绒球，白色的根茎，红色的针毛，向空中散开着，似水雾一般把花色晕染。

我放下了天地　却从未放下过你　　　　　　　　（辩经）

　　给活佛们讲宪法是平生第一次，刘鹏副院长用藏语做了恳切的介绍，除了我听不懂，僧员们都听懂了。掌声中接过哈达，我虔敬地放在讲台上。

　　面对佛学院的大德高僧，如何讲解根本法？我想起了宪法教义学，读原典，品原味，悟原意。当"宪法"这个词，漂洋过海，跨语际来到中国时，就被深深地打上了本土烙印。"人民"这个概念是打开中国宪法大门的钥匙，迎面而来的是中华民族大团结的舞台，任务与制度的并置，主权与人权的关联，中央与地方的和谐，民主与法治的牵绊，这一切都在党的集中统一领导下上演。70年的共和国，从站起来、富起来，开始华丽转向强起来了。

　　活佛们一脸平和，表情自若，时而闭目，时而微笑，时而警醒。我猜想，内心深处，他们也许在汉藏文化之间寻求平衡。演讲告一段落，安排了提问环节，不过大师们都很谦虚，让我体面又自信地离开了讲台。

　　高级佛学院坐落在北京西黄寺的后头，前面是博物馆和清净化成塔，据说有350年没开放了。我是有福的，通观了大隐于帝都深处的整座寺院。值得一提的是，藏经阁前有10棵柿子树，盖碗大的柿子已挂满枝头，霜降过后，活佛们就可采摘品尝了。据说这些树是习仲勋副委员长当年送给班禅大师的，寓意：十世班禅，事事顺利。

中午有幸和沃赛活佛一起进餐，我就"拓然巴"高僧辩经程序进行了请教。大师说，辩经是研习佛经的一种方式，一站一坐，一问一答，提问者后退几步，跟着把念珠一甩套在左臂上，前跨步，右手高高举起，用力一拍左手，炸雷般的声音便响在回答者的头上。我问这招式有什么用？大师解释：双手相击，表示契合；掌声震耳，表明威慑；甩珠跨步，表现活泼；众目睽睽，裁判定夺；经过此关，才能服众。

我带过不少学生，有硕士，也有博士，他们没辩过经，也都毕业了。没想到，中国藏语系的硕士生、博士生，辩经竟是他们毕业的不二选择。也许这里就蕴含着宪法与佛法的某些差异。

仓央嘉措说，这么多年了，你一直在我的伤口中幽居，我放下了天地，却从未放下过你。

我也是个经不起恭维的人 （思维）

内蒙古自治区科左中旗是法大的定点帮扶对象，疫情期间，学校嘱我上一堂网络辅导课，题目是《领导干部法治思维的培养》。据说，除主会场外，旗下的苏木、嘎查还设了二十多个分会场，听众有三千多人。

十二届全国人大会议期间，我有幸参加了由委员长主持的宪法宣传总结会，脱稿讲话时，领导说了一个现象，有的地方宣讲宪法，1/3 的人在睡觉，1/3 的人在看手机，1/3 的人在听讲，效果不咋地。他希望，讲者要用生动的语言、鲜活的事例、民众喜乐的方式讲法治中国的故事。

王小波有本书叫《思维的乐趣》，他说，有道理且新奇叫有趣，有趣是感觉世界美好的前提。书里讲了个故事：妻子为让丈夫早点回家，明确约定，晚上 11 点就锁门。第一周挺奏效，第二周丈夫晚归了，妻子按约定锁了门，丈夫进不了家，后来干脆就不回来了。妻子很郁闷，深入学习后，改变了规则，如果 11 点还不回家，就敞开大门睡觉。丈夫吓坏了，以后每天都按时回家。小波总结道，思维是一种力量，可以改变世界。人若想从思维中获得快乐，第一要务就是学习。

张明楷是湖北仙桃人，为人谦和正直，说话未语先笑。他有本书叫《刑法格言的展开》，在市场上卖得很火，我观察，亮点首先在书名上。刑法格言是千百年来人类智慧的结晶，它将纷繁复杂的刑法现象，凝炼出规律和秩序，用哲理性的语言加以表达，春风化雨，润物无声，形成了人们恒久的思维模式，如法无明文规定不为罪，法无明文规定不处罚；存疑时有利于被告；任何人不因思想而被处罚；正义要用看得见的方式来实现；刑法是犯罪人的大宪章；等等。如果进入公法领域，领导干部作为关键的少数派，更要牢记授权与限权的宪法格言：权力产生腐败，绝对权力产生绝对腐败；用权力制约权力，用野心对抗野心；宪法是人民权利的保障书；宪法法律至上，法律面前人人平等，权由法定，权依法使；有权就有责，用权受监督；等等。

人博兄最近出了本书，叫《你看我说——一个法学者的人间情味》，由北京大学出版社出版。它是先有图画，后有格言，每一页都充溢着人间情味。我特别喜欢这句话：人的命运与他的思维方式之间，有一条隐秘的通道，而通道里那系着铃铛的绳索，牵在上帝的手中。那绳索是什么呢？也许如国滢兄在《法律智慧警句集》中说的，是法律的不法和超法律的法。

我由此想到了辽阔的大草原，想到了草原上生生不息的牧人，还有马头琴那低沉的呜咽。有个故事是这样讲的，20世纪50年代，蒙古国抗美援越，送了10匹战马，运到越南后，第二天发现跑了一匹，到处搜寻也没找见。6个月后，在乌兰巴托市郊牧场，有一匹马，身瘦毛长，像野马一样，见到主人就哏哏地叫，马蹄刨地，双眼泪流。主人看了一会儿，终于认出来了，这是自己半年前送走的那匹马，居然翻山越岭，自己找回家乡。蒙古国与越南，何止千万里，这匹马是怎么回来的呢？老辈人说，是北方的风吧，或是北方的气息，马能闻出来。

为了领导干部法治思维的培养，月光下，我精心备课，认真思考，从古至今，从帝都到科尔沁，思绪在不停地发散着。我惊奇地发现，比起世界上任何人，最应该提升的恰恰是自己，因为我也是个经不起恭维的人。

助人的双手比祈祷的双唇更有灵性 　　　　（缘分）

有个农村孩子，好不容易考上重点中学，算是抓到了命运的大门。城市生活丰富多彩，特别是随处可见的网吧，让人迷恋。夜深人静的时候，孩子心里长草一般，期待进入虚拟世界。校园东边的院墙，不知谁在下面放了木墩，蹬着能翻过去。好奇心和想象力，助推他去体验人生刺激。从此，神不知鬼不觉，孩子不断地奖励自己。一个夏日的夜晚，花好月圆，他又熟练地攀上墙头，准备跳下时，被眼前的场景惊呆了：月光下，父亲靠着墙根，和衣而卧，睡得正酣。他悄悄地溜回宿舍，一夜无眠。第二天，父亲笑呵呵地把伙食费送到他面前，浑身散发着夜的味道。孩子什么都没说，接过沉甸甸的活命钱，心在流泪。趁人不注意的时候，他偷偷把院墙下的木墩搬走了，以后再也没爬过。

"二战"中的一天，大雪纷飞，艾森豪威尔将军乘车返回总部，路遇一对法国夫妇汽车抛锚，在寒风中瑟瑟发抖。他二话没说，和卫兵们将二老送到其儿子家里。汽车因绕道改变了路线，不过事后听说，希特勒已派人埋伏在必经的路旁，静候着将军的到来。这对汽车抛锚的老夫妻，改变了将军的生命轨迹。历史学家说，一个善念让艾森豪威尔躲过了一劫，否则"二战"的历史将会被重写。

欧·亨利有篇小说，叫《最后一片树叶》。女主人公琼珊得了肺

助人的双手比祈祷的双唇更有灵性

炎,已无药可救,她躺在漆过的铁床上,望着荷兰式窗外的常春藤,一动不动。她执念地认为,常春藤树上的叶子,与她的生命是同步的。寒风中,她目不转睛地数着树叶,还剩6片、5片、4片。她感觉自己就像一片可怜的藤叶,慢悠悠地往下飘。黑夜漫漫,凄风苦雨,好不容易熬到天明。她抬眼打量窗外,以为余下的4片叶子,早被雨打风吹去。没想到,居然还有一片树叶,紧贴在靠墙的树枝上,锯齿形的边缘染上了枯败的黄色,而靠近叶柄的部分还是深绿的。惊诧之后,她喘息着又熬一天,发现那片树叶还顽强地挺立在枝头。她的神经仿佛被针扎了一下,生的欲望渐渐地回到身上。然后,她兴奋地握着闺蜜苏艾的手说:我希望有朝一日,能去那不勒斯海湾写生。苏艾流着泪告诉她,你要感谢那片树叶,更要感念创造树叶的人。画家贝尔曼大叔,为了鼓励你活下去,在风雨中拖着病体,蹬着梯子,提着灯笼,拿着画笔,用生命创作了那片永不凋谢的树叶。

父亲中年时出了车祸,手术后肠粘连,强壮的身体从此虚弱。母亲踱着一双小脚,挣工分养家,还要照顾我和父亲。他们是旧式婚姻,说不上多恩爱,但在细碎的生活中,彼此认命。父亲病重时住进北医三院,症状是腹腔积液。那天凌晨,估计快5点了,父亲呼吸急促,我赶紧叫值班大夫察看,他们用电击急救。十几分钟后,一切都结束了。清晨我回到家,告诉母亲,父亲走了。母亲很平静,只淡淡地说了一句,已经知道了。她指了指桌子上的钟表说,它突然从墙上掉下来,一定是你父亲走了,给我报个信儿,我有感应。

我觉得,相识注定是缘分,相知注定是巧合,相伴注定是天意。过客般的我们,过客一样,从彼此的世界里走过,只留下一串浅浅的脚印。有人说,在不幸的源头,总有一桩意外,在幸福的源头,总有一种巧合,而巧合只是上帝保持匿名的方式。其实,助人的双手比祈祷的双唇更有灵性。

体育大众化　竞技法治化　　　　（体育）

小时候，我居住的村庄地势较低，周围河湖环绕，冬天结冰时，可以在上面打出溜、抽"汉奸"、滑冰车。打出溜很费鞋，尤其是棉布鞋，着了冰雪后，脚尖处容易开绽，露出脚指头，老人们管它叫"鲶鱼张嘴"。冰上抽"汉奸"比地上省劲，把鞭子缠绕陀螺三圈，在冰上使劲一拉，就转起来了，然后一边溜冰一边抽，非常畅意。"汉奸"一词始于何时不知，只知道是卖国贼，像汪精卫一样，抽"汉奸"是一项爱国运动，寓教于乐，越抽越爱国。滑冰车是件奢侈娱乐，考验人的智慧和能力。制作冰车很复杂，需要三块木板、两根木棍、两根粗钢丝，还要一副滑冰车的钎子。双腿盘坐在冰车上，身体前倾，双手发力，钎子助推，冰车就发动了，越滑越快，耳畔生风，一会就冒汗了。童年时代，有个冰车是件很酷的事，你能看到同伴羡慕嫉妒的眼神。

上大学了，开始学习真正的滑冰。北京政法学院二号和三号楼之间，体育老师浇出一块长方形冰面，四周用芦席围起来，东南角留个小门，就是一个简易冰场。想滑时，先去教学楼后的板房，向体育老师登记借一双冰鞋，自带棉帽、围巾、手套，在冰场的长椅上换好鞋，就可以下场了。对南方同学来说，由于初次见到冰，重心高又靠后，掌握不好平衡，刚开始学时经常挨摔。我滑冰还可以，凭着儿时的感觉，身体前倾，双手背后，轮流蹬腿，身后马上留下两条白线。放寒假了，还可借双冰鞋回家，在村子周围的野冰上奔嬉，与北风为伴，与自由为舞，实现了灵与肉的双修。而今，研院二、三号楼间，种满了花草和树木，春夏芬芳，秋冬观赏。中间有条小路，是通往贵友酒家的必经之途，法大人由此去招待外宾，师生小聚。

我是1995年从昌平校区搬到学院路的，住在六号楼151号。六号楼是筒子楼，水房和卫生间都是公共的，夫人在楼道里炒菜做饭。隔壁住着体育教研室的曾文春老师，他是教武术的，憨厚老实，武功不错，后来开出租车了。现在的研究生宿舍楼，原来是体育场，西半部是篮球区，东半部是足球区。我喜欢打篮球，每天下午4点后，换上运动服装鞋袜，痛痛快快地去出一身大汗。篮球场地有限，4个球筐，都是打半场，按顺序接拨。我尽量找身体壮、速度快、球技好的研究生组团，打着顺手，玩着过瘾，结束后约着去周边小饭馆喝啤酒，吃花毛，惬意无比。大伙场上是对手，场下是朋友，挥汗如雨中建立了情谊。毕业后同学们成立了法大校友篮球协会，推我为名誉会长。每年举办活动，有时在北京，有时在京外，将"凡我在处，便是法大"的精神传遍五湖四海。当年在校园打球，也有一些别样的记忆。一些社会上的球痞，来校园霸场逞威，欺负弱小者。我若赶上了，弟子们气不过，问我怎么办？我说人家都打到家里来了，你们看着办。结果三下五除二，弟子们就把球痞给收拾了，我什么也没看见。顾拜旦在体育颂里说，啊，体育，天神的欢娱，生命的动力。你是美丽与乐趣，更是勇气和荣誉！对此，我深有体会。

江平老师是超级球迷，钟情于世界杯、欧洲杯和意大利足球甲级联赛，是米兰队的粉丝，他不怕熬夜，逢赛必看。体育法研究中心成立时，马宏俊老师郑重提出，特聘江老师做中心名誉主任，老人家愉快地答应了。在成立大会上，江老师还做了体育法研究中几个问题的精彩演讲，由党委宣传部李秀云部长主持。每年春节，中心成员去看江老师时，他总会问到法大体育教学的发展、中国足球的改革、体育法的研究状况等,他是一个真正关心体育的法律人。

江平老师90华诞,还念念不忘全民健身与大众体育,念念不忘为国争光与依法治体,遂泼墨挥毫,写下了"体育大众化 竞技法治化"十个大字,交给王老师,法意阑珊,暖流四溢,掷地有声,力透纸背。

卑微的稗子也是春天的孩子呀   （忆旧）

小学三年级的时候，老家村东头的一块旱地，突然改为稻田，我这个北方的"旱鸭子"，才有机会辨识水稻和稗草的差异。那是一个春天，田里的秧苗眼见地由鹅黄变成浅青，又从浅青变成墨绿，在阳光的呵护下茁壮成长。每天上学、放学，我都要亲自检阅它们，一睹芳容，一嗅禾香。

雨后的下午，大人们在田里辛勤劳作，猫腰撅臀，拼命除草。一簇簇水稻一样的稗子，被扔到田埂。它们秆粗叶肥，满面油光。大人们说，稗草是水稻的天敌，不用任何打理，就生命力顽强，把阳光、水分和营养全都吸到自己身上。"田里稗子多，莫想有好禾"就是两者关系的写照。

有一幅摄影作品，叫《稻子与稗子》，作者是李英杰。李先生的创作灵感来自田间散步，据说1979年深秋的一个傍晚，他看到农民在稻田里捋稗草穗儿，就虚心请教，如何区分稻子和稗子。农民说：非常容易，稗子总比稻子要高一头。他听后受到启发，仿佛悟到了什么，就用国画"一笔长，两笔短，三笔破凤眼"的招法，拍了稗子挺直与稻子弯腰的形象，并题词：骄傲地昂着头，是轻浮的稗子；谦虚地低着头，是饱满的稻子。

千百年来，稻子和稗子，演绎了两种不同的命运。稻子是粮食，驯化后被播种、被改良，养育着人类，丰富着生活，像英雄一样被颂扬。稗子则不同，在高山与丘陵，山坳与坪塘，它是随风飘荡的野种，自生自灭，无人问津。甚或，还经常被人们贴上，琐碎、卑微、无能的标签。即使能给帝王演说街谈巷议，也只是个稗官野史。

其实，物种是平等的，大自然为每个生命赋予了追求生存与幸福的能力。诗人余秀华说：如果给你寄一本书，我不会寄给你诗歌。我要给你寄一本关于植物、关于庄稼的，告诉你稻子和稗子的区别，告诉你一棵稗子提心吊胆的春天。

微风拂过，满目青芽。几棵稗子偷偷抹上一点绿，小心翼翼、紧紧巴巴地抓着春天荡漾的衣角，好像自己也加入了这个童话。细嗅十里飘香的桃花，轻抚邻家女孩的长发，偷听两小无猜的过往。然而美梦终究是要醒的，叽喳的麻雀不小心走漏了口风，农人循声而来，将稗子拔下。

可是，卑微的稗子，也是春天的孩子呀！

人生就是一串葡萄

（往事）

葡萄南方能种，北方也能种。春风拂面，万物复苏。父亲不知从哪儿弄来两段葡萄藤，插在深翻的土里，绑架、浇水、施肥，像过生日许下的愿，期盼葡萄能酸甜生津。

1976年唐山大地震，恐慌也笼罩了我念书的学校。上完数学、语文课，老师就让大伙回家了。路边有一块葡萄地，盛产玫瑰香。有人提议，闲着也是闲着，吃葡萄去吧。胆大的同学往地里跑，边摘边吃，畅快无比。我胆子小，发现地头葡萄藤有一串红了，就急不可耐地想去摘。忽然从柳树上跳下一个人，高喊：哪里跑？我吓坏了，没听他指挥，拼命往地里跑。

追赶的人和我隔着两个葡萄垄，他边跑边命令我站住，我只有一个念头，千万别让他逮住。跑着跑着，有点跑不动了。我急中生智，赶紧趴下。那人没注意，使劲往前追，我则调转头往回跑，一场生死时速在相反方向展开了。我穿过玉米地，趟过小西河，踩着稻田埂，像阿甘一样，一直跑回家，装作若无其事的样子，干农活，吃晚饭，一夜无话。

第二天，事情传到了学校，作为班干部，老师委托我去追查此事。我没得选择，只好如实承认自己的错误。老师把结果上报学校，校长在大会上点名批评了我，决定给予纪律处分，并通报给家长。回到家，父亲横眉冷对，先是一顿胖揍，然后让我在葡萄架前罚站。

那两棵久违的葡萄藤，已经抽枝长叶了，口吐青丝，蕊含芬芳，餐风饮露，气宇轩昂，在夜的掩映下，偷偷地疯长。米粒大小的精灵，仿佛有了眼球般的模样；酸涩的青果，散发出玫瑰的清香。我不知不觉中，口水顺着嘴角，流到了腮帮。

　　夜深了，母亲把我领回屋，悄悄地说，给你爸认个错吧，说下次不敢了。月光下，我发现母亲的脸很痛苦，眼睛里混合着责怪和怜楚的光。我照母亲说的做了，终于躺在了夏夜的炕席上。身上被蚊子叮了几个包，非常痒。

　　我常想，人生就是一串葡萄，有时很难把握它的方向。

青春是绿色的河 　　　　　　　　　　（相逢）

　　1979年夏末的一天，我割草回家，大队喇叭喊我取信件。打开一看，是北京政法学院法律系的录取通知书。之前我叔伯嫂子说，抓住大学的门可千万别撒手。这回我确信，真的要离开农村了！

　　学校定于10月19日开学，我17号就把行李装上自行车，从顺义县沙坨村骑到了海淀区学院路41号。1979级共403个同学，分12个班，我在5班，住一号楼2层最西头的宿舍。

　　我们班有34个同学，24个男生，10个女生，共同教室在教学楼403，我坐第一排，与薛宏伟同桌。

　　教学楼西侧栽着两排梧桐和绒花树。仲夏时节，从窗子望去，梧桐像撑开的伞，把骄阳婉拒在树冠外。绽放了的绒花，在镰刀般树叶的映衬下，有暗香浮动，使人想起李东阳的《夜合花》：夜合枝头别有春，坐含风露入清晨。任他明月能相照，敛尽芳心不向人。

　　再往西能望见小滇池。池子不大，中心是个岛，岛上有座亭，叫风波亭。光阴荏苒，池子早就干涸了，杂花生树，群莺乱舞。课余时间，我常到小滇池访古问今，与垂柳和木槿对话。

　　教学楼东面有个小广场，正中矗立着毛主席像。他老人家挥着手，欢迎每一位走进校门的人。而今雕像被移走了，没有人知道它的下落。

共和国 70 周年大庆阅兵后，1979 级同学将迎来相见 40 周年纪念日。在吴文彦同学的张罗下，大伙从四面八方赶来，期待这次相聚。

在这难忘的时刻，兄弟姐妹们，一定想再见见曾经的老师，看看曾经的校舍，吃吃曾经的饭菜，坐坐曾经的课桌，问问学校的发展，听听晚生们的诉说。

有这么一个旋律：你曾对我说，相逢是首歌，眼睛是春天的海，青春是绿色的河。

这世上　没有一件东西我想占有　　　　（生日）

耳顺之年梦见母亲，比照片上更清晰。在老家四合院的炕上，带罩煤油灯放出不稳定的光。母亲一边把小块冰糖塞到我嘴里，一边哼着北京民谣：小白菜，地里黄，三岁两岁没了娘，娘死跟爹过，河里有棵大绿植，河里开花河里落。吃什么饭，小鱼汤，端起碗来真叫香，搁下碗，想亲娘。白天看见山水笑，夜里听着山水流，有心要跟山水去，又怕山水不回头。哼着哼着，母亲不见了，我一急，就醒了。儿的生日，母亲的难日，时空穿梭，她托梦与我，是最温柔的慰藉。

早晨起床，夫人正吃早餐，她高声说，寿星老，生日快乐！我意识到，有个油腻大叔，真的走过了一个人生甲子。想当年，我俩刚认识时，近一米八的身高，六十四公斤的体重，穿着她初学织就的绿色毛衣，多挺拔呀，转瞬间已老眼昏花，眼袋下垂，"白头搔更短，浑欲不胜簪"。日子真不禁过。

疫情影响，已有两年没跟在读弟子过生日了，他们纷纷发来短信祝我快乐，还精心策划了一个视频短片，说了很多让我感动的话。师生情谊简单、朴实、真切，是人间最宝贵的财富。我坐在书桌旁，沉浸在幸福的回味中，无意间眼神落在书架的篮球上，斯伯丁牌的，深褐色。我拿在手里拍了拍，发出吧嗒吧嗒的响声，内气明显不足了。球上有弟子们的签名，是2003年弟子们送给我的生日礼物，记录了二十年前我们在球场上叱咤风云的场景。这些弟子，而今每个人都有了美好的前程。有时他们打比赛还叫我，除了当啦啦队，中场休息时也秀几个球，然后照相、喝酒。生活经常需要仪式感，它稀释了事物的真相。

午后，参加体育法所组织的会议。所谓开会，就是回归大自然，让憋得快要发霉的心绪得到抚慰。天下起了小雨，把通往鹫峰的石板路冲洗得干干净净。春雨贵如油，润物细无声，它染绿了柳枝，催开了迎春，滢润了空气，唤醒了小草。大家打着伞，往秀峰亭攀爬。马宏俊说，雨水滴在脸上，凉凉的，非常舒服。薛小建感叹，整座山都安静了，只有我们一个团，像在自家花园里散步，不过，我这辈子也住不上带花园的房子。许身健喜欢诗词歌赋，随口念了两句："沾衣欲湿杏花雨，吹面不寒杨柳风。"

大家边聊边爬，山越来越陡峭，脚下的石头也愈发湿滑。有的人原路返回了，我则随着年轻人继续攀登。与往年相比，体力有所下降，汗水和着雨水，湿透了衣裳。这时，山上起雾了，一波一波的，从四面八方涌来，弥漫了整个山间。用手一抓，穿云破雾，张手一瞧，无影无踪，有点掬水月在手，弄花香满衣的感觉。大家互相鼓励着，奋力爬上山顶。最让我敬佩的是王老师，他长我两岁，却身轻如燕，几乎一路小跑，第一个登上盘景轩。

天黑了，雨停了，安全地回到家。躺在女儿孝敬的按摩椅上，放松一下疲惫的身躯。回忆六十年的风雨历程，我发现，自己就像一颗停在草尖上的露珠，时刻感恩凝聚着它的力量。

夜深了，我拿起波兰伟大诗人米沃什的《礼物》，并以此自况：雾一早就散了，我在花园里干活。蜂鸟停在忍冬花上，这世上，没有一件东西我想占有。

我想爬山了 　　　　　　　　　　　　　　（生日）

　　有人问我，3月12日是你生日，4月12日是什么日子？我搜肠刮肚，满脸通红，半天也答不出来。友人哈哈一笑：是你满月。噫，脑筋急转弯呀。先说说孙中山吧，他很喜欢树，1883年从檀香山回国，专门带了一棵酸豆树苗，种在老家翠亨村的私宅旁，而今已成百年树王。1912年，中山先生任临时大总统，决定设个植树节，就选在清明这一天。1925年3月12日，中山先生辞世，为纪念他，国民政府决定将植树节改在3月12日。1979年，邓小平先生提议，将3月12日也作为新政权的植树节。谁料想，这一倡议，竟成了接续历史与法律强制的美丽义务。

　　忘了从哪年，植树节这一天，我们开始爬山。同着弟子们，带好吃的喝的就开跋了。早春时节，花草还在地下猫着，天是蓝的，风是硬的，空气是冷的，树枝是青的，背阴处还有雪痕。我们边爬边聊，走走停停，不问前程。有时路边会有鸟儿，趁你不注意，扑棱着翅膀，吓你一跳。它们唱着山歌儿，从山下盘旋到山顶，自由自在地飞翔。我想，肯定是我们的勤快，惊醒了鸟儿们的梦。

　　其实，我们也有梦想，利用每3月12日这一天，爬遍帝都的每一座山峰。我们曾领略红螺寺的紫竹、凤凰岭的龙泉、阳台山的甜杏、樱桃沟的溪涧、妙峰山的古刹、八大处的香烟、百旺山的石刻、金山岭的城砖，我们曾在山顶留影，在山下野餐，在陡峭中攀援，在坚持中挥汗。队伍从小到大，面庞从青涩到坦然，每个人都实现了华丽的转变。

有弟子问我，今年生日怎么过？我说，全国人大的会都推迟了，咱们今年也歇了吧。自从武汉封城，大伙就宅在家中，每天关注疫情，每天担惊受怕，先是中国，再是世界。把地砖走出了道道，把床单睡出了毛毛，把空酒瓶码了一面墙，把每顿饭吃成了光盘。最辛苦的是夫人，新菜旧菜反复做，吃了上顿想下顿。没有应酬，没有交通，在网上开会，网上办公，网上授课，在网上互动。

夜深人静的时候，也会想到自己，忙碌中已经度过大半生。感恩帮助过我的好人，忏悔伤害过的他人。特别是教育过的学生，温厚的长辈，姐妹弟兄，你们的关爱，是我的精神支撑。戴上耳机，飘来一首大提琴曲，叫《沧海男人心》。当沧桑不以泪洒时，当阅历不以笔写时，有谁拾起那把落在地上的大提琴，婉转低回，共振同频。

一根弦若绷得太紧，总有一天会断裂；一颗心若禁锢太久，总有一天会失衡。我对天空喊，我想爬山了！

别对骗子太挑剔

(鸟人)

在花落絮飞、黎明将至的夜里,有一种鸟儿,总是不停地倾诉。南方人管它叫杜鹃、子规,北方人称它为布谷、喀咕。小时候,我爱起夜,田野上空,繁星尽处,布谷像一支陶笛,不停地呜咽。有人说这是在劝子回家,有人说是在催人播种,其实那一声声"布谷",是在为下一个春天忧伤。

老家西边有一片池塘,里面长满芦苇,有种鸟叫芦苇莺,专门在芦苇上筑巢。它们选几棵粗壮的苇秆,用草连接起来,做成窝状,在上面下蛋。我和小伙伴们,偶尔去苇塘掏鸟蛋,回家煮着吃。鸟蛋比鸡蛋小,比拇指大,皮薄易碎。有时候,一个鸟窝能掏到两种不同的鸟蛋,父亲说,是布谷鸟干的。布谷很懒,它不做窝,专等芦苇莺外出时,快速把蛋下在人家窝里。芦苇莺判断力差,识别不了布谷的阴谋,等到小鸟孵出来,一切就都晚了。布谷幼鸟很刁蛮,它会把芦苇莺的孩子从窝里扔出去,自己独享美食和母爱。那何以至此呢?我看到一种解释,在俄罗斯,布谷鸟被认为是失信鸟,上帝禁止筑巢,布谷却谎话连篇,偷偷筑起了自己的安乐窝,等上帝发现后,被罚永远做无窝的孤儿,所以只能借其他宿主繁衍后代。

友人在某小区买了四合院,住着挺得劲。一天,政府派人送来公文,说小区属违章建筑,要整体拆除。业主们心急如焚,想尽办法保卫家园。有位仁兄说，他认识邓小平三公子，可以帮忙反映情况。大伙凑了几个菜，请"三哥"来喝小酒。"三哥"红脸膛，大背头，鼻直口方，眼大有神，有少帅的气象。几杯酒下肚，他开口了，说早年在北大读书，常坐302路和16路公共汽车，经过北京政法学院；后来去美国西点军校深造，遍访哈佛、耶鲁、斯坦福；再后来在部队当兵，任劳任怨，事业有成；最后复员转业，入职司法部，决策国家重大事务。面对业主们的期盼，"三哥"说，虽然他不敢保证"药到病除"，但运筹帷幄之后，定会有重大改变。几位仁兄听后，激动万分，纷纷敬酒称赞。"三哥"越说越兴奋，酒后吐真言，说事情成功与否，关键看大伙的投入，然后将拇指和食指轻轻地摩擦了几下，露出神秘的笑容。

  我常想，鸟和人的智商有天壤之别，行为却非常相像，本质上是利益的对价。布谷鸟借窝下蛋、鸠占鹊巢，却每天劝人向善；人类花言巧语、布局下套，却把真理捧上天，最后共同成就了"鸟人"。洛克说，当人们乐意受骗上当时，就别对骗子太挑剔了。

一直爱着你 　　　　　　　　　　　　　　　（黑子）

陈庆云在张家口做律师,来法大读书时,我给他们上过宪法课,因此走得比较近。千禧年,他不知从哪儿淘换来一只半岁大的幼犬,说是给我女儿和夫人当宠物。那时没有合适的交通工具,只能坐火车往回运。为掩人耳目,狗狗被藏在篮子里,蹲了6个小时禁闭,不能走动,不许叫唤,从张家口回到家,已是掌灯时分。

我家住法大老校区明光北里13号楼308室,狗狗被安置在客厅的一角。这是一只京巴,有点串种。黑鼻头、短嘴巴、宽额头,耷拉耳、黄茸毛、大眼睛,尾巴竖立,像根旗杆。我建议,给新的家庭成员取个名字。女儿说,它的眼睛、嘴巴、鼻子、胡须都是黑的,我看就叫黑子吧。夫人说,黑子听起来亲切、自然、好叫,有股家乡的味道。我则和往常一样,悉听领导决策。黑子也很高兴,用湿润的鼻子嗅嗅这儿、嗅嗅那儿,找到了家的感觉。

养动物和养孩子一样,既要严管,又要厚爱。夫人给黑子立了几条规矩:未经允许不得进卧室,如厕要在指定位置,按时吃喝不喂零食。每天一早一晚,夫人都带它去放风,还定期进行清洗,使它从混沌中变得有序。特别是早晨,黑子一直在卧室外等着,听到屋里有动静,就用爪子挠门,期待着去遛弯。有时夫人醒了,故意屏住呼吸,生怕弄出响动,被门外听见。

女儿爱运动,打球、滑雪、健身,样样都沾点,不过小时候，是个胆小鬼，把她放在树杈上，会吓得魂不附体。我发现，黑子和她关系很微妙，高兴时，会爬到她身上，用腰蹭她肚子，毛茸茸的尾巴摇得花里胡哨。生气时，会呲牙咧嘴，乱叫一通，使她不知所措。不过每天放学，黑子都会在门口迎接她，哼哼唧唧，亲热无比。我和黑子的关系比较简单，主要是嬉戏和训练：空中接食，地下追球，床上找袜，嘴里夺书，等等。

黄胄先生是国画大师，画狗天下一绝。他夫人说，1954年青藏公路通车，黄胄随团去拉萨写生，一只癞皮流浪狗来到跟前，奄奄一息的样子。悲悯中，他找藏医开了药，配齐后抹在狗的身上，日复一日，癞皮狗居然溜光水滑了。从那以后，他走到哪儿，狗就跟到哪儿，不离不弃，成了好友。回兰州那天，因为飞机不让带狗，黄胄就用绳子把狗拴牢，备了一份美食，无奈地挥手告别。坐了300多公里的汽车，才到日喀则机场。准备登机时，黄胄忽然发现，这只狗正在不远处，泪眼汪汪地望着他。原来，黄胄前脚走，狗就拼命地挣开绳子，跟着汽车一路跑来。黄胄顿时泪如雨下，自言自语地说：仁义，仁义呀！

无独有偶，黑子在我家待了千余日，夫人和女儿暑期要陪我岳父母去新加坡，这期间我也经常在外出差，遂决定把它送回张家口老陈家。去的时候，夫人和女儿还有说有笑，回来的火车上，夫人哭得泪人一样，女儿坐在旁边，伤心流泪。她俩说，无着无落，好像心被掏空了。列车员不知发生了什么事，专门倒两杯温水，前来安慰。

再去张家口看黑子，已是一年以后了。北京来的几个哥们，将车开到老陈家楼下。黑子在六楼，已经捕捉到了我们的信息。拼命地抓门，凄厉地哀号。等见面后，猛地扑到我夫人身上，差点一起摔倒。杜嫂说，你们走了以后，黑子好长时间不吃不喝，好像世界末日到了。有时又东蹿西跳，感觉要从地缝里把你们挖出来。过了一会儿，黑子心情渐渐平复了，就来舔我的手，蹭蹭狗毛，嘟嘟囔囔地，仿佛在说，老兄，这么长时间，你去哪儿了？

然后，黑子带我们爬大哥家后面的山，它熟门熟路，自由从容，一会儿跑在前边，一会儿跟在后面，像个尽职尽责的导游。嫂子说，这里山青草多，地域宽阔，有野鸡野兔子，黑子还能找女朋友。我听了深受感动，觉得这才是真正的生活。

黑子有一次离家出走，杜嫂说，等了一夜也没回来。第二天，我心里乱糟糟的，到处找也没线索，老陈还宽慰我，黑子有大智慧，也许跑女朋友家啦。又过了一天，老陈也坐不住了，黑子难道被狗贩子顺走了？狐疑之间，接到友人来电，说离家三站地有个宠物医院，发现黑子在那里治病呢。老陈赶紧驱车前往，管理人员说，前天下午有只京巴跑进来，身上长个瘤子，怪可怜的，也没跟着主人，我们就给它做了手术。老陈千恩万谢，付了费，把黑子接回家。杜嫂说，黑子智商高，有福气，会生活，能坐公共汽车出行。2016年，黑子无病无灾，走完了生命历程，寿终正寝了，相当于人类的耄耋之年。黑子是我们最忠实的朋友，给我们带来许多快乐。

《养狗十诫》里说：当我离开这个世界的时候，请你目送我离去，因为有你在我身边，我才能幸福地去天堂旅行。所以请你永远不要忘记，我一直爱着你。

听到了泉水叮咚的消息　　　　　（麻雀）

今年正月十五前这场雪,是近年最大的。早起就开始下,午后都没停,使原本单调的北方,多了不少变化。两只落伍的燕子,在树梢上窃窃私语,忘了南飞的初心和使命。没有锣鼓,没有鞭炮,年却悄悄过完了,余下的怅惘,要留待来年。

麻雀是可亲的鸟类,它们虽无鸿鹄之志,却守望着田野与庭院,关心着粮食和昆虫;它们胆大机警,能飞善跳,崇尚自由,又酷爱集体行动;说到对人类的情感,它们总是闪烁其词,闲言碎语中,透着些许埋怨。不过于我来说,一只麻雀,虽不足以唤醒童年,但一树麻雀,一定会让我产生热泪滚滚的慨叹。

小时候住的农舍,有屋脊和椽子,麻雀将巢筑在屋檐下。与燕窝的华美不同,麻雀的巢修得比较简明,草茎、树枝、落叶、纤维等都是其素材,结构严谨,条理清晰,彰显了建筑美学。小鸟破壳而出,叫声稚嫩细腻,有时被它吵醒,我会凝神静气,边听边看。鸟妈妈喂饭时,先从嗉子(嗉囊)里吐出食物,然后放到孩子们嘴里。小鸟的嘴像个布口袋,一口能将食物吞下。幼鸟食量惊人,鸟妈妈需要多次觅食,才能喂饱它们。

"劝君莫打枝头鸟,子在巢中盼母归。"是白乐天老人的诗性箴言,感悟于众生平等、生命不易和母亲的责任。不过那时的吾辈,哪有这样的认知呢?甚至还用弹弓打鸟呢!物资匮乏时期,做个弹弓也不容易。找一截 8 号粗铁丝，用老虎钳弯成"丫"字形，顶端再向外弯出两个小鼻子，拴皮条用。从废弃的自行车内胎上，剪两根 30 厘米长的皮条，作为弹弓的牵引。再找块旧皮子，做成装子弹的包。有位走街串巷的老皮匠，心眼儿特别好，答应给我整套装备，不过有个条件，得给他 4 个鸡蛋。我背着母亲，真诚地完成了这桩善举。

有了弹弓，鸟儿就遭殃了。河边柳树，路边杨树，都成了练习的靶子。开始时用碎石头做子弹，但受力不匀，效果一般。后改用泥球，威力大增。制作泥球很简单，往黑胶泥里掺点白灰，和成面饼状，再揉成一个个小球球，放在窗台上晒干，随取随用。老家树上最多的鸟是麻雀和小树叶，它们个子小，移动快，预警强。其次是喜鹊和黄雀，它们个子大，移动慢，颜色鲜，更易成为瞄准的对象。不过，以我当时的本事，真要打下一只鸟，并非易事儿，往往平添了些许紧张。

冬天里逮麻雀，最好找放置粮草的屋子。傍晚十分，关好门窗，拿木棍一捅房梁，它们就会满屋乱撞。麻雀夜视能力差，白天活跃，夜里静卧，是典型的"雀盲眼"，如果再用手电筒一照，它们就什么都看不见啦。赶上下大雪，有时白天也能捉到麻雀。等雪停了，万物皆被覆盖。在院子里扫出一块空地，撒点玉米碴或小米黄。找个竹筛子，用木棍支起来，把细绳拴在木棍上，拉到门后躲起来，等着鸟儿来掠食。麻雀非常狡猾，只在外围啄米，还一边啄一边抬头，查验周围的险情。这时一定要耐住性子，静静等待，否则一冲动，鸟没逮着，还损失两把米。外围的谷物吃完后，鸟儿们的警惕性会逐渐丧失，呼朋引伴，向筛子底进军。这时手起筛落，总有些倒霉蛋儿，成为囊中之物。

听老辈人说，麻雀这种鸟，虽然很普通，却较难驯化。你若逮到一只，放在笼子中，即使精心喂养，也活不了几天。究其原因，麻雀天性自由，被关后极度恐惧，导致肾上腺素飙升，心跳、血流加快，最后因器官衰竭而亡。所以《肖申克的救赎》里说：有一种鸟儿是关不住的,它的每一片羽毛上,都闪耀着自由的光辉。

  元宵节的中午,有两只麻雀,在我窗外的围栏上,边闲庭信步,边鸟言鸟语,天使般的眼神中,没有任何卑微的感觉。寒风袭来,吹落了树上的积雪,在太阳的坚定目光中,我听到了泉水叮咚的消息。

亲吻它压过的每一寸土地　　　　　（自行车）

小时候，我家有辆自行车，是二八加重的，除了铃不响哪儿都响。大人不用时，可以骑出去玩儿。人小够不着车座子，只能掏大梁，俗称掏裆式。

上高中了，有了属于自己的车，红旗牌。骑着它，越过村西的小中河，路过十里堡的杨树林，穿过南法信的葡萄地，最后把车放在教室旁，安心学习，惬意又威风。

上大学了，自行车把我驮进了新世界。难忘1982年暑期，和一班田如海同学游十渡。骑到五渡时，电闪雷鸣，天降暴雨，眼看水势涨起来了。有位好心的村民说，五渡是拒马河最低的地方，易发洪水。听其教导，我俩赶快到附近一所小学借宿避雨。睡在拼起的课桌上，又硬又饿又冷，幸得一位吴先生给了几块绿豆糕充饥。岁月如梭，这位无名恩人，您一切都好吧！

工作了，自行车又无怨无悔地运送着我的生活。1988年夫人早产，我骑车把她送到医院，危难中救了母女性命，也给了我做父亲的资格。为孩子上学，1992年我搬到学院路校区，住六号楼151室。车后安个小椅子，我带着女儿跑遍了八大学院，也饱览了北大、清华、颐和园等名胜。生活艰苦，岁月静好，父女情深。

2001年我买了一辆小轿车叫"赛欧"，解放了身心，放飞了梦想，从此过上了四个轮子的生活，再也没摸过自行车。

2019年5月8日,我去德国拜访施托贝尔教授,老人家70多岁了,畅叙友情后,又热心地领着我和他外孙,以及陈睿、来汉瑞,骑车游览风景如画的明斯特,尽情享受古老城市的文明和浓荫下的清凉。

有一次同学聚会,李海彦兄说,40年前,我从学校回家,有几次借用洪昌的自行车,他都爽快答应。那车特别足实,收拾得挺干净,就是车把有点沉,拐弯时胳膊得使劲拧。

自行车,我的初恋,大千世界,茫茫人海,整整27年,差点把你丢了!我毫不犹豫,直奔车行,挑了一辆"关二爷的赤兔马",骑行在回龙观自行车高速路上,奔跑在东小口森林公园里,人感觉简单了,也年轻了。

我常想,自行车的后轮追逐着前轮,虽然永远撵不上,却亲吻了它压过的每一寸土地。

一枚古老的杏核 　　　　　　　　　（老杏树）

有个故事说，小孩吃完杏，把杏核随意丢在了墙角。第二年春天，杏仁冲开杏核，破土而出。小孩很好奇，想看看没有顶部的树会是什么样子，就用手掐掉了树尖。小树忍着痛，从顶部长出了新枝。第三年春天，小孩的爸爸看到墙角多了棵树，很是别扭，就用斧子削掉了树冠。第四年春天，杏树又开始抽枝长叶了，小孩的爷爷觉得很碍眼，用锯锯掉了所有的树杈。然而，这一切都没有熄灭杏树对生命的渴念，第五年春天，它又从冰雪中苏醒，开始开花结杏了。蜜蜂采花时，听到了这个动人的故事，惊奇地问，你靠什么活到今天？杏树沉思片刻说，希望之外，还有信念。你可能没意识到，我们随意丢弃的杏核，人家时刻都想长成大树呢。

昌平十三陵永陵西墙外，有一片杏树林。远处是起伏的天寿山，近处是斑驳的陵红墙。早春时节，惠风和煦，阳光普照，白云结队。杏林中有棵孤傲的老树，特别抢眼，看样子有一百多岁了。

夫人说，她们几个闺蜜，每年都来这里看花，从含苞待放的花骨朵，到满头飞雪的花娘子。老杏树有自己的灵性和花语，靠近它时，花蕊会向你吐露芬芳，花瓣会向你诉说衷肠。你有时会被震惊，有时又会泪流满面。庚子年春天，人类正遭受新冠疫情的苦难。一个暖阳的午后，我专程来拜谒这棵老树。荒草中，它高昂着头，一身红晕，羞涩得没有遮拦。道白非真白，言红不若红，请君红白外,别眼看天工。我双手合十,心中默念着杨万里的诗,但愿老杏树能够显灵,让疫情早点结束,使世界和谐,让人民安宁。

"桃三杏四梨五年,枣树当年就换钱",是打小就知道的农事。这三种水果中,枣对我最亲和,桃和杏要敏感得多。少时不知桃毛的厉害,去邻居王大爷家偷桃,竟把战利品装进了背心里。现在我一看见桃,就心里发紧,浑身发痒。杏就更别提了,面对一枝出墙的红杏,会情不自禁地想摘两个。青杏酸酸,嘴里生津,牙齿打颤,神经被摧残。

20世纪90年代,我和朱奇武教授去承德避暑山庄讲函授。朱先生白发苍苍,满目红光。他是国际法大家,法大著名的25位教授之一。他对英、日、德语非常精通,特别是英语,一口地道的牛津音。不过老人家身体偏弱,说话气喘。我问他,为什么愿意来承德上课?他天真地说,这里能喝杏仁露,滋阴养颜,止咳平喘。

杏是一种食物,被人们请上饭桌,制成了饮品;也是一种文化,历史上有杏坛师礼和杏林春天的传说;更是一种情感,《甄嬛传》上演了"杏花疏影里,吹笛到天明"的桥段。不过,对我一个宪法学人来说,杏则是一种隐喻:一枚古老的杏核,坚硬的外表,禁锢着打不开的苦涩。

枫树的叶子又该红了 (秋雨过后)

　　没有工人节，没有农民节，却有个教师节，知识分子何德何能，受到这般礼遇。温暖的短信之外，还有鲜花和掌声。教书是个好职业。

　　一场秋雨，带走暑热。湿滑的路上，一个人也没有。芦苇丛里，麻雀被脚步声惊起，轰地飞走了，让人心中一紧。齐腰的野草被割倒了，经过阳光的拷问，已没了灵魂，只剩下秋的味道。

　　柳树被修剪过了，曾经拂面的枝条爬高了许多，须跳一下才能够着。一辆小黄车，座子没了，孤独地躺在路边，与野花为伴。它静静地听秋虫诉说，和风流道别。

　　一个大爷，手持铁锹，给公园的花草排水。雨水裹着泥沙漫过马路，从左边流到右边。充满科技光辉的路面，也得接受些许泥泞。当然雨过天晴，总会有人把它们清洗。

　　想到明天该上课了，心情有些紧张，也有些期许。教书人永远惦记着那点事儿。

　　电话响了，又是一条短信：让我怎样感谢你，当我走向你的时候，我原想收获一缕春风，你却给了我整个春天。

　　我知道，秋雨过后，枫树的叶子又该红了。

野韭菜

五月的山上，薄雾笼罩，乍暖还寒。花已经开了，红的、白的、粉的，宛若繁星。沿着山路前行，在针叶松和白桦树的簇拥下，古道已春意盎然。嫩绿从车道沟的枯草中蔓出，焕发着勃勃生机。白居易说，"远芳侵古道，晴翠接荒城"。这是诗人对大自然的状物，也是对人世间的诉说。

无意中，一群野韭菜映入我的眼帘。它们或群居，或独处，呼朋引伴，在春光中摇曳。草丛中，乱石旁，土壤越松软的地方，长得越茂盛。与草不同，野韭菜根白叶绿，神清气爽。采摘时会有浓郁的蒜香粘在手上，久久挥之不去。

野韭菜生命力顽强，一闻到春的气息，就从旧秩序中钻出来，漫山遍野地飞跑。谁有它跑得快呢？变软的风不行，时间里的记忆也不行。唯有追逐它的人，才能快速地传播它的消息。

风把雾吹散了，战利品也堆成了小山。用草把野韭菜打成捆抱在怀里，就像怀揣着希望，真有杜甫"夜雨剪春韭，新炊间黄粱"的喜悦。

请夫人和点面，把洗好的野韭菜切成细段儿，把摊好的鸡蛋切成碎片儿，把发好的虾仁切成碎末儿，制成馅饼。当气鼓鼓的韭菜盒子端上桌时，肚子里的馋虫简直要跳出来了。

游

记

一群活跃的有心人 　　　　　　　　（海拉尔法院）

　　丰子恺说，这个世界不是有钱人的世界，也不是无钱人的世界，是有心人的世界。海拉尔铁路运输法院，就活跃着一群有心的法律人。

　　2019年7月10日下午，飞机在东山国际机场落地，混合着青草味的凉风就扑面而来。接机的是呼和浩特铁路运输中院的王旭军院长，平静的问候中是一双双期待的眼睛，仿佛在说，呼伦贝尔大草原真诚欢迎你们！

　　驱车20分钟就来到了法院大楼，金子般的阳光洒在庄严肃穆的建筑物上。稍事休息，郎松庆院长就兴致勃勃地带领大家参观。来到大厅，首先映入眼帘的是两行红色大字：努力让人民群众在每一个司法案件中都感受到公平正义。表明了院领导的政治站位，也宣示了法官们的使命。

　　审判庭是参观的重点，除了按功能设置的法庭外，关键是每个地方都配备了语音识别、网络直播和智能辅助系统，科技真正成了人们获取司法公正和效率的力量。

　　立案与接访大厅、信息与指挥中心、律师工作与休息室、未成年人心理小屋、女法官解压服务处，甚至室内排球馆，一处处精心的设计，无不渗透着司法为民和以人为本的理念。

　　参观接近尾声，墙上的院徽吸引了我的目光。汉、蒙、俄文三种文字围成的圆环里,是由天平、法槌、祥云、高铁组成的图案。如果说,天平和法槌象征着司法公正与权威,那祥云和高铁则彰显了呼铁法官们对美好生活的祝愿。整体上看,院徽似一张饱经沧桑的脸,被公平正义熨烫后,眼睛里掉下了两颗感恩的泪珠。

高潮出现在晚宴上,厨师把法院自产的蔬菜精心烹饪后端上餐桌,既绿色又实惠。当然,好客的呼铁人在4位北京朋友面前,绝不会失去他们的热情和豪迈。

李伟义院长富于哲理的开场白、马军庭长诗情画意的祝酒辞,使晚宴的气氛顿时浓烈起来。金杯银杯斟满酒,双手举过头;炒米奶茶手把肉,今天喝个够。昔日在歌里见到的场面,转眼有了现场版。平时庄严神圣的法官们,转眼成了歌唱家:孙专委唱《我的根在草原》,宋院长唱《二人转小帽》,郎院长唱《呼伦贝尔大草原》,杨法官唱《美丽的草原我的家》,一首首声情并茂的演唱,一句句真情的告白,把晚宴变成了欢乐的海洋。

夜深了,热情不减的旭军院长、松庆院长又领着大伙去散步。月光如水,繁星满天,海拉尔的大街是清凉的地方。来到天骄大桥前,雄伟和壮阔让我们这些夜行人惊叹不已。桥下是奔流不息的伊敏河水,它用生命滋养着两岸朴实善良的人民。

海拉尔是个让人魂牵梦绕的地方,它不仅有蓝天、白云、绿草、小河,更有野韭菜花和一群有心的法律人。老实说,呼铁的亲朋好友们,在我并不年轻的心里,已经拥有了不可替代的位置。呼铁人,我永远爱你们!

留在人们温暖的脚印里　　　　　　　　（讲真话）

去淮海中路，参访宋庆龄故居，意外发现，巴金故居就在不远处的武康路113号，如获至宝。

遗憾的是，故居内禁止拍照、摄影，只好用眼看、用心记。巴金说，我是一个小老头，名字叫巴金。就像他回忆鲁迅先生一样，那是一个和蔼的、小小的老头子。

故居文物挺多，我最关心《随想录》，一共150篇文章。文物展示了原创稿件和创作情景，感觉巴老是在把自己的灵魂，放在玻璃瓶子里，供世人观瞻。记得体现"长官意志"的一句话特别醒目，他说："小孩子相信大人，大人相信长官，长官当然正确。"这是奴性教育的本质。

故居墙上有一个画框叫敌人，裱的是巴老的一段话：我的敌人是什么呢？一切旧的传统观念，一切阻止社会进步和人性发展的不合理的制度，一切摧残爱的势力。我要用作品控诉、揭露、攻击这些敌人。

《随想录》共42万字，概括一下就三个字——讲真话。巴金说，我唯一的心愿是，化作泥土，留在人们温暖的脚印里。

就像牧马人一样　　　　　　　　（乌云）

初识乌拉盖,在姜戎的小说《狼图腾》里。他写道,当年在这里插队时,钻过狼洞,掏过狼崽,养过小狼,与狼缠绵过,也与狼战斗过。一次骑马时遇到了狼,就将两个马镫放在胸前,不停地猛敲,结果把狼吓跑了。后来,看了让·阿诺导演的同名电影,更激发了我对乌拉盖的好奇,决定来此探访。

接待我们的是乌云妹妹,她热情、执着、憨厚,刚从交警队退休,对草原的一山一水、一草一木都非常熟悉。我们一行十余人,团长是不久前从《中国法学》编辑部退下来的李总小明兄,团员有王青、陈金钊、陈景辉、马长山、蒋传光、刘风景等诸位领导和教授,陈庆云律师负责保驾护航。李团长体察民情,关注民生,详细了解乌拉盖的文化意涵,耐心询问当地的风景名胜。乌云妹妹认真地做了介绍,她说乌拉盖在蒙古语中是弯弯曲曲的意思,也有摇篮的含义,象征着这里的人民亲水逐草而居的传统。乌拉盖草原,是世界上保存最完好的草原之一,有"天边草原"的美誉,也有锡林郭勒大草原上"蓝色眼睛"的标识。她告诉大伙,来这里要重点考察三个地方:布林泉、野狼谷和九曲弯。

8月的草原,经过春的孕育,夏的升华,一切都变得成熟自然。布林泉椭圆形的湖面上倒映着蓝天白云,鱼儿在水中嬉戏,鸟儿在水上觅食,不小心碰碎了云彩。乌云妹妹说,相传1170年,成吉思汗的父亲也速该，带着9岁的儿子铁木真，前往弘吉剌部相亲。途经哈拉哈河至乌拉盖河时，饥渴难耐。铁木真忽听草地上有泉水流淌，便循声而去，发现了这个泉眼。其父也速该说，此泉圣洁清澈，甘爽怡人，预示着儿子能找到一位善良、美丽的好姑娘。果然，铁木真在路上遇见了美女孛儿帖，在父辈的见证下，两人互定终身。布林泉冬暖夏凉，抗衰老，解疲乏，增免疫，还能成就好姻缘。李总听到这些美谈，禁不住用泉水洗脸，用嘴接圣泉，最后还灌了一大瓶随身携带。

在草原，狼是游牧民族心中的恨，也是他们敬畏的神，不似汉人，只膜拜管农业的龙。来到野狼谷，有条木栈道，高高地嵌入狼园之中。狼在园子里自由自在地生活，有的卧、有的站、有的来回蹿。乌云妹妹说，为了保持狼的野性，看守经常不给狼喂食。当你的目光和它们的相遇时，它们会直勾勾地看着你。狼是有等级和秩序的动物，狼王往往躲在远方，用威严主宰着一切。为一睹狼性，我把一只活鸡，从空中抛向狼群。现场像炸锅了一样，怒吼声、尖叫声、哄抢声四起。但见狼王飞身一跃，用嘴叼住鸡脖子，转眼间只剩下一地鸡毛。景辉兄是法学分析大家，手疾眼快，用镜头捕捉到了这一血腥场面。

草原人说，要看九曲弯，须趁早和晚。清晨，水雾升腾，乌拉盖河被朝霞浸染；傍晚，霞光万道，九曲弯默默地隐入地平线。我们来时，已然中午了，车子直接开到山顶。居高临下，登高望远，九曲弯像一条洁白的哈达，飘在神秘的草原上。团友们像孩子一样，尽情拍照，尽情呼喊，全心全意地投入大自然。据说，当年成吉思汗也曾慨叹：此处造化神功，碧水青山，必成繁盛之地。

下得山来，乌云妹妹把我们带到一处花海。8月的草原有些累了，在哒哒的马蹄下不停地呻吟，她说，虽然几千亩的野芍药花开败了，但这个季节，正是狼毒花、干枝梅、格桑花开放的时刻，我带你们来的这个地方，盛产野韭菜，成群成片的野韭菜花，雪白一片，香气扑鼻。我建议，男士们去采韭菜花，女士们跟我换上民族服装去臭美。

没想到，教授们平时握笔著文的手，采起花来也是驾轻就熟，不一会儿，就把书包和纸袋装满了，然后就在草地上漫步、撒欢儿。日本诗人金子美玲说，在盈盈的草地上，如果光着脚走过，脚一定会染得绿绿的吧，一定会沾上青草的味道吧。

无边翠绿凭羊牧，一马飞歌醉碧霄，一顿纯正的蒙古族宴开始了。乌云妹妹用蒙汉双语发表祝酒辞，简洁、有力、情真、意切。陈金钊教授则用华东政法大学的一句豪言壮语来回敬：来自本团的兄弟姐妹们，大家准备好了吗？马长山、蒋传光、刘风景等齐声喊：喝！声音洪亮，气氛热烈。然后每个人发表祝酒辞，谈感受、说感激、话友谊，欢乐、祥和。

转天，我们要和乌拉盖告别了，乌云妹妹没让我们喝上马酒，只用飘香的奶茶送行。她送每人一瓶韭菜花酱，是用我们采摘的野韭菜花加工的。她说吃完了，我再给你们寄。此情此景，让我想起张承志小说《黑骏马》里的两句话：当我的长调和全部音乐那久久不散的余音终于悄然逝尽的一霎间，我滚鞍下马。我悄悄地哭了，就像古歌中骑着黑骏马的牧马人一样。

我把远方的远归还草原 　　　　　（诺恩吉亚）

城市像把锁，不断地把人禁锢，只有到了辽阔的草原，才感觉身心慢慢地从枷锁中解脱。

32年前，初次踏上锡林郭勒大草原，是陈庆云律师安排的。作为法大的弟子，他让老师感受了炒米、奶茶、手把肉的醇香，更让师者领略了"闷倒驴"的倔强。

欢迎仪式是在锡林浩特东南15公里处举行的，那里有北京知青立的石碑——"永远的回忆"。蒙古族姑娘那仁花双手捧着洁白的哈达，蒙古族小伙海云峰端着盛满草原白的银碗，在敬天、敬地、敬祖先的真诚中，让人感受到了草原的热烈与神秘。

之后是5天的畅饮，5天的豪情，就像梦游一样。说句实在话，除了蓝天、白云、锡林河、骏马、羊群、蒙古包，能记住的实在是不多了。

再次来到大草原（第5次），已是32年后的夏天了，法学院研工办主任陈维厚教授促成，由呼和浩特铁路运输中院王旭军院长安排，还请来了北京四中院的两位大仙。

从东山国际机场出来，迎面吹来了呼伦贝尔大草原的凉风，有股雨后割过青草的味道，把我们从"帝都"带来的暑热吹得无影无踪。接着是马不停蹄地开班、授课、参观、交流和探访。

最难忘的是蒙古族大餐，酒过三巡，菜过五味，很快就是歌舞时光。歌者一曲原汁原味的《父亲的草原母亲的河》，唱得我热泪盈眶。席慕蓉说，虽然不能用母语来诉说，请接纳我的悲伤我的欢乐，我也是草原的孩子呀，心中有一首歌：父亲的草原母亲的河！

我点了一首《诺恩吉亚》。当操琴手坐着拉响马头琴的时候，我的心一下子紧张起来，它的旋律，远比画家的色彩和诗人的语言更加传神。接着是歌者苍凉哀婉的声线：老哈河水长又长，岸边的骏马拖着缰，美丽的姑娘诺恩吉亚，出嫁到遥远的地方……

话说美丽的姑娘诺恩吉亚，远嫁到他乡乌珠穆沁，思念家乡奈曼草原，更想念父母双亲。结果思乡成疾，一病不起。陪嫁的枣红马，心有灵犀，沿着老哈河岸，日夜兼程，回去给双亲报信，最终累死在路上。诺恩吉亚，成了蒙古族凄美的传说。

谁的思念在石碑上发芽　　　　　　（奢香夫人）

作为产业扶贫专家，耿献会兄将小龙虾养殖引入大方县，既为中国农工民主党增了光，也为当地添了彩，更为人生续了缘，可谓一举三得。受他邀请，来大方考察，受益匪浅。

一个雨后的中午，空气清新，草木发亮，我们参访了奢香博物馆。早前看过宁静主演的电视剧《奢香夫人》，对这位彝族女政治家非常钦佩，只是有个疑问，奢香夫人的丈夫叫霭翠，按理该叫霭翠夫人，就像居里夫人、撒切尔夫人一样，咨询了讲解员，也没给出答案，终于成了历史悬案。

据说奢香夫人有两大丰功伟绩——民族团结与道路建设。相传奢香夫人17岁从四川古蔺嫁到贵州大方，丈夫霭翠是水西彝族首领，任贵州宣慰使。婚后6年，丈夫不幸去世，儿子还年幼，奢香夫人就担负了宣慰使这个重任。在与朝廷使臣激烈冲突中，她沉着冷静，忍辱负重，终于感动了明太祖朱元璋，惩治庸官，维护民族团结，保护黎民百姓。作为回报，奢香夫人答应修五百里道路，畅通当地经济，强化中央治理。朱元璋高兴地说：奢香夫人归附，胜得十万雄兵。

奢香夫人是有大智慧的人，在地方治理上时有创新。参访中，我发现博物馆里有张圆桌，周边放着木椅，桌上放着彩壶，壶上有4个壶嘴，弯曲着伸向四方。讲解员说，这是司法调解台，壶中装满贵州土酒，双方当事人，在官家的主持下，各自先喝二两，等面红耳赤、情感热络后，再倾听双方意见，以事实为根据，以法律为准绳，在自愿的基础上达成和解。据说采用这种方法处理案件，成本低，效率高，彰显了中国法文化的多样性。

奢香博物馆的正面是一尊雕像，双层大理石底座，刻着奢香夫人的生卒年月。青铜铸就的全身像，神采奕奕。她左手仗剑，右手后摆，身披斗篷，随风飘荡。头顶是一只飞翔的鸟，有九尾，不知是孔雀还是凤凰，英姿飒爽。她的脸部饱满，表情温和，眼神里透出刚毅、蓬勃的力量。这位伟大的女性，去世时年仅35岁，正值人生芳华。博物馆的左面是奢香夫人墓，坐北朝南，呈圆柱形，有九层，四米高。墓前有座石碑，上刻：明顺德夫人摄贵州。据说为明太祖朱元璋所赐，用汉彝双语书写，正所谓"奢香陵墓九层台，人龙文虎彝象开"。

参访完毕，献会兄请我们吃大方土菜，喝贵州土酒。皱椒和豆腐是大方特产，特别是臭豆腐，颜色微黄，外焦里嫩，再撒上皱椒面，椒香扑鼻，满口生津。当然少不了小龙虾，蒜蓉的、麻辣的、椒盐的、原味的，是一桌火红的小龙虾宴。然后是彝族姑娘唱敬酒歌：喜欢喝，你要喝；不喜欢，也要喝；管你喜欢不喜欢，都要喝。

大方县因何得名，我没考证过，能想到的，是《道德经》里的一句话：大方无隅。方本是有棱角的，但大到一定程度，反而没有了。就像地球，本来沟壑纵横，但从整体看，却是个圆球。真正的大家，外圆内方，相互融通，心胸敞亮。有道是，取义大方，旨在无隅。

大方最让人留恋的是百里杜鹃，三四月间，人就像进了花的世界，白的似雪，粉的像霞，红的像火炬，苍远辽阔，沁人心脾。一个逝去600多年的奇女子，时常被人想起，从古蔺到大方，从奢香公主到顺德夫人，脚步能如此轻盈和跳跃。一片天握在一双柔嫩的手里，谁的思念会在石碑上发芽？

生命　甘甜　希望

（圣母大学）

美国印第安纳州的南湾有一所教会学校，叫圣母大学。李松峰副教授在此做访问学者，因着他的名义，在博士弟子席志文的帮助下，踏上了这片净土。

相聚安排在一位教授家，客人除了我，还有10个中国留学生。大家自助餐后，就信任与信仰的关系进行了漫谈。

主人先讲了一个故事：两山间架了钢索，有人表演走钢丝。报幕员对观众说，如果让表演者放下平衡木走钢丝，你们愿意看吗？观众兴奋了，高声喊愿意。报幕员又说，如果让他再推个车子你们愿意看吗？观众沸腾了，齐声呐喊愿意。报幕员更加煽情，如果车子上再坐个人你们愿意看吗？现场欢声雷动。报幕员话锋一转，请问诸位，谁愿意坐上去呢？现场安静了，死一般的安静。突然有个小男孩站起来说，我愿坐上去！众目睽睽下，演员把车子和小男孩推到了钢丝的那头，然后又是一阵暴风雨般的掌声。报幕员采访了小男孩，你为什么敢坐上去呢？小男孩自信地说：那个演员是我爸爸！

故事很精彩，也挺震撼，就像被打开潘多拉的盒子，引发了热烈的讨论。松峰是个好人，不仅让我享受畅谈的快乐，还带我参观了美丽的校园。

来到图书馆大楼，前面有两个真人大小的雕像，他们是前任校长海森伯格和副校长乔伊斯,非常有趣的是,两个雕像底座上写着相同的数字：1952—1987。据说这两位校长一块儿任职,一块儿退休,精诚合作了35年。

我们又来到了校园主楼,纯金镀就的圣母玛利亚尖顶,庄严、神圣,俯瞰大地,伸向天空。在默默仰望之际,金色的光芒仿佛照进心中,使人顿悟了信任与信仰的区隔。

校园有两个湖,几乎连在一起。湖水清澈,源于山泉。湖面有成群的天鹅,游来游去,自在闲适。松峰趁我不注意,抓拍了几张湖边散步的小照。我看见不远处有块石碑,上面刻着圣母大学校训：生命 甘甜 希望。

谁家新燕啄春泥　　　　　　　　　（不成文宪法）

　　初来贝尔法斯特，就感受了北爱尔兰秋风带雨的凉意。司机大爷把我们放到女王大学法学院楼前，就开溜了。拖着行李，幸得一位女士相助，我们才找到预订的酒店。这位陌生的好人陪我们走了一路，准确的手势和爽朗的笑音，温润了我们的英伦之行。

　　戈登教授是英国宪法学界领军人物之一，身材魁梧，相貌英俊，颇似电影007中的詹姆斯·邦德。他像说书一样，结合人物、事件、特色、风格、气象，把维多利亚女王时代创办这所大学的过往，进行了耐心讲解，亲切、生动、幽默。

　　几场学术报告都是围绕英国脱欧和苏格兰脱英展开的，教授们演讲时平和自然，分析时客观理性，感觉不到英国即将告别欧盟的无奈与联合王国可能分裂的忧伤，倒有些"宠辱不惊，闲看庭前花开花落；去留无意，漫随天外云卷云舒"的味道。

　　问答环节，我关心的问题是，不成文宪法有什么优长？女王大学有三位教授轮流作答，互相补充。朱铮博士进行了清晰、准确、流畅的翻译，我反应迟钝，只记了大概。

　　戈登教授回应，宪法保证国家稳定，自己首先要稳定，不能瞎折腾。不成文宪法是长期积累下来的成果，植根于民族文化与精神中，遵循先例，尊重传统，是其规律；人民认同、官员认同是其要义。保守不是贬义词，骨子里蕴含着渐进与改良的合意，所以阳寿就比较长。

一位年长的教授补充道，不成文宪法就像燕子筑巢，要寻找到坚固牢靠的房屋、遮风避雨的空间、和谐善良的人家，然后确定结构，衔泥做窝，不断加工。宪法成长的过程就是国民参与的过程，人们在长期的生活实践中逐渐感悟到了宪法的妙味。

"几处早莺争暖树，谁家新燕啄春泥。"估计，这位宪法学教授也是白居易的拥趸。

雪的碗里　盛的是月光呀　　　　（北海道）

　　日本只有一个道，叫北海道，道会在札幌，1972年举办过第11届冬奥会。札幌最有名的是拉面，与喜多方拉面和博多拉面齐名。汤浓、面劲、肉烂，配上腌冬笋、切葱丝和紫菜苔，勾魂摄魄，唇齿留香。

　　每碗800日元，我狠狠心，决定来一碗。服务员满脸堆笑，把热气腾腾的面条端上来，谁知不小心，面汤洒了，溅到了我的雪裤上。她很紧张，先是90度鞠躬，然后道歉，擦拭干净，并表示重新给做一碗。我没跟她计较，只说快一点。然后又是热气腾腾的拉面，还加了个溏心鸡蛋，算是精神补偿。

　　去往雪场的大巴，开车前，有位督导员，像飞机上的空姐一样，手里举个牌子，认真检查安全带是否扣好，然后从容下车。司机开车后，我无意中瞥了一眼站台，发现督导员和领位员正向我们不停地鞠躬。说什么我不清楚，估计如马季和唐杰忠相声里表演的——撒由那拉……

　　日本雪场挺多，我滑过长野和二世谷，对留寿都印象深刻。与中国崇礼的雪场不同，它们的设备明显老化。漫山遍野的雪，埋没了苇草和竹径，只留下芦花和"个"字形的竹叶在雪地上摇曳，像上演的科幻大片，精灵们开始总攻了。树上的雪，或压在松枝上，或聚在树干处，花团锦簇，晶莹剔透，宛若走进了童话。

山上清冷，空气湿润。雪板像耕地的犁一样，打破沉寂，豁开蛮荒，顺坡飞下，腾云驾雾一般，身后留下了特有的 S 形。有时不小心摔一跤，粉雪灌一脖子，嘴里凉丝丝的。日本雪道上看不见造雪机，全凭大自然恩赐。不管地上留下多少印痕，一场大雪过后，全世界都是新的。

　　滑一天下来，泡汤是必须的。头上顶块毛巾，身子泡在汤里，眼望群山，雪花飞舞，一片一片融入泉中，实现了本我。冷风吹来，头是清凉的，身是温热的，心是安静的。

　　日本是个奇怪的国度，国家虽小，却喜欢叫大日本、大和族；内心自大，却不停地给人鞠躬、微笑。何以如此，我一直找不到答案。一次去日本最高裁判所，在法庭内看到两幅刺绣。面对当事人的是冉冉升起的太阳，面对法官的是孤傲高悬的月亮。我想，在太阳和月亮身上，也许寄托着日本人的信仰。

　　小林一茶说，樱花树下，人还会陌生吗？雪的碗里，盛的是月光呀。

不知天地有清霜   （故乡）

北京顺义有个南法信，我家祖居地就在附近。听父辈说，南法信原名叫南草地，有条河自北向南流过，地肥水美，绿草如茵。清乾隆年间，刑部尚书杨庭章去世，家族搜寻墓地，找到了这块草场。因"羊吃草"的风水，杨家愈发兴旺，周边百姓却遭了殃。大伙一合计，得治一下杨家，就悄悄把南草地改成了南法信。法者，方法也；信者，信石也。想用"砒霜毒羊"的方法，使杨家衰落，后来果然应验了。

小时候，我最喜欢玩的地方就是小西河。河底不宽，河岸平缓，河堤曲折，岸上是两排年长的柳树。"草长莺飞二月天，拂堤杨柳醉春烟"，是小伙伴们玩柳笛的时节。将未长芽的柳条截下来，用拇指和食指夹住，双手分别向内、外拧，至皮和条松开，抽出里边的白棍，再用牙把笛管咬齐，稍做处理，柳笛就做成了，用嘴一吹，呜呜响。管粗的浑厚，细的悠扬，越使劲吹，声音越嘹亮。

早春二月，青黄不接，柳芽是最好的菜肴，小伙伴们纷纷来到河边，寻春问柳。光脚爬树是农村娃的特长，虽然树皮坚硬、扎脚，可大伙都习以为常。我爬到树顶，站稳脚跟，舒展手臂，将一串串柳芽撸到书包里。春光明媚，柳叶清香，不一会儿，书包就成了"内蒙古"。封好口，轻轻从树上扔下。回到家，妈妈将柳芽用开水焯，凉水浸，温水洗，去掉苦涩味，再切上一块卤水豆腐，淋上酱油、香油、陈醋，加上葱、蒜、盐一拌，就开吃了。这道拌柳芽豆腐，鲜嫩、爽口、去火，清苦中带着点酸，豆香中带着点咸，令人回味无穷。

小河水不深，冬天结冰，行到湍急处，能听见冰下哗哗的水流声。夏天水清浅，能看见河底的流沙。穿着裤头、光着脊梁摸鱼，是件惬意的事儿。双手张开，聚拢着往水深处，或有水草的地方一推，就能摸到鱼。鲫鱼、鲤鱼居多，黑鱼、鲶鱼偏少，就怕碰到黄鸭叫（黄辣丁），容易扎手。折一根带杈的柳枝，把鱼穿到柳条上，提上战利品往家走，心里既兴奋又忐忑，可能是一顿美食，也可能是一顿家法。

柳树是一种普通的树，千百年来，盛载了人们无限的感念。从"晚风拂柳笛声残，夕阳山外山"的以柳惜别，到"绿杨烟外晓寒轻，红杏枝头春意闹"的借柳摩春；从"今宵酒醒何处？杨柳岸，晓风残月"的以柳抒愁，到"碧玉妆成一树高，万条垂下绿丝绦"的借柳写柔，都是真情流露和真意表达。

鼠年春节，新型冠状病毒肆虐，政府号召人们宅在家里，不折腾、少添乱。窗外的柳树还没发芽，柳条像鞭子一样抽向空中，我想起了曾巩的咏柳："乱条犹未变初黄，倚得东风势便狂。解把飞花蒙日月，不知天地有清霜。"

总有回家的人　总有离岸的船 　　　　　　(小月河)

　　从城里开完会，请司机师傅送我到健德门桥。太阳偏西了，光线很柔和，天空很晴朗。秋风吹来，树叶儿像雨点一样，噼里啪啦地落在地上。我寻着小月河畔的金柳，悠闲地往学校走去。河里的水清澈见底，缓缓地从上游流下。那些不知名的小鱼儿，成群结队，随波逐流。也有一些反潮流的鱼，和着我的脚步，逆势而上。

　　前面是一片杨树林，高大挺直，横竖成行，仿佛一个阅兵方队。宽大的叶子，从高空坠落，打在身上。叶面是鹅黄色的，纹理清晰，散发着苦涩的清香。叶子尾部，拖着一个长长的梗。小时候，我们经常拿它玩"拔河"，其乐无穷。我发现，真正结实的叶梗，不是刚从树上掉下来的，而是在地上趴了一阵的。有时，为了增加韧性，还得把它放在球鞋里捂一捂，虽然有点味道，却无往而不胜。

　　再往前走，是一片金色的芦苇滩。在菖蒲草的簇拥下，苇子秆擎着芦苇花，在风中摇曳。用手一摸，丝滑柔软，像小孩子吃的棉花糖。我掏出手机，忍不住拍了一张，取名为"小月河的秋相"。中学时读过一首诗，叫《团泊洼的秋天》，诗人郭小川这样描述：秋风像一把柔韧的梳子，梳理着静静的团泊洼；秋光如同发亮的汗珠，飘飘扬扬地在平滩上挥洒……秋凉刚刚在这里落脚，暑热还藏在好客的人家……

转过一道弯，有几株挺拔的银杏树，映入眼帘。银杏是珍贵的树种，别名公孙树。因为叶子呈扇形，看起来像鸭子脚，所以也称"鸭脚"。银杏是雌雄异株的植物，单株不能结果。为了验证这个说法，我特意朝树上看了看，但见左边一棵，在浓密的叶片下，缀满了青黄色的果实；而右边一棵，却空长了一身华美的树叶，没有结果。实践证明，这里既有雌树，也有雄树，是一片和谐的树林。

我弯腰拾起一粒银杏果，剥开皮一闻，有种烂香蕉的味道。用纸巾擦掉上面的汁和肉，才露出洁白的果核。记得有一道鲁菜，叫"诗礼银杏"，就是用白果做的，吃起来苦中带鲜，粉糯软烂，味道不凡。汪曾祺先生说，盐焗白果，或者炭烤白果，久嚼回甘，以其佐茶下酒，滋味胜过一众干果。

我一路走一路欣赏，心绪祥和，浑身通透，不知不觉间，到了蓟门桥。抬望眼，法大出版社的红楼，就坐落在蓟门桥南。它以僧人站桩的姿势，注视着过往的行人；又餐风饮露，比肩着前面的蓟门烟树。远一些呢，就是法大校园了，这个袖珍所在，装满了法大故事，放飞了学子的梦想。又是一阵秋风起，它撩起行人的衣角，展示着自己的风情，然后消失在古老的小月河中。

小月河，名字有些阴柔，不知谁给取的，就像"掬水月在手，弄花香满衣"，挺有意境。从地图上看，它是清河的一条支流，发源于西直门外的长河，一直走地下，到学院南路的明光桥，才转为明河。河岸用水泥筑就，河水穿过蓟门桥向北延伸，到知春桥后转向东，在祁家豁子开始分岔，一支向北流入清河，一支向东，汇入了坝河。

有位写手说过，小月河，这里有八百年的寂寞和灰尘，我经常徜徉在它的身边，阅读它的平静与微澜，也注目它的真实与虚幻。它像一个参透时光秘密的智者，带我走出犹豫与无解，也带给我灵魂的默契和坚韧。

小月河与法大之间，只一路之隔，可进出校园，其实挺麻烦，需要走地下通道。从河岸归来，天已傍晚了。我看见地下通道的东头，有一位大爷正在吹萨克斯，是肯尼·基创作的《回家》。我不懂乐器，但感觉他吹得不错。通道本来就拢音，再加上萨克斯低回婉转的叹息，让人不由自主地放慢了脚步，沉浸在回家的感觉中。

诗人简媜说，秋天把旧叶子揉掉了，你要听新故事吗？静静的河水睁着眼睛，笑着说：总有回家的人，总有离岸的船。

用手摸了一下镜子　　　　　　　　　　（十三陵水库）

我生父 91 岁了,每天吃饭、喝酒、遛弯儿、听京剧、哄重孙、逗闷子。老话说,现在的事儿记不住,过去的事儿忘不了,真挺准的。提起过往,我问他,最难忘的是什么?他说是修建水库。官厅水库、十三陵水库、密云水库,都修过。特别是十三陵水库,当时正值二十四五岁,身强力壮。每天装车、挑土、砸夯,一干就是五个多月。工地吃,工地睡,三班倒,昼夜不停。1958 年 5 月的一天下午,听说毛主席也来参加义务劳动,工地上人山人海,红旗飘扬,不过我生父连毛主席的影子都没瞧见。那时干活能管饱,每月还发几块零用钱,如果不买烟,把钱攒起来,是一笔不小的收入,比在生产队干活强。

查昌平档案,我发现毛主席来过十三陵水库 3 趟。有张照片是 1954 年 4 月拍的,毛主席拄着木棍,站在山边,侧脸微笑,他说,"昌平是个好地方,有山,景色不错,就是缺点水",结果修建十三陵水库被提上日程。水库大坝建在蟒山和汉包山之间,长 627 米,高 29 米,底宽 179 米,顶宽 7.5 米。大坝外坡有"十三陵水库"五个大字,用汉白玉大理石镶砌,是毛主席的字,十分壮观。水库中心有个岛,人称观音岛,供奉着多臂观世音菩萨,1995 年由青海活佛夏日冬开光,香火很旺。水库东蟒山顶上,有座人工天池,是战备用的,可以循环发电。站在山顶,凭栏远眺，五百年古都风景和世界级皇家陵园，尽收眼底；低头观池，蓝天白云倒映着。

1964年6月中旬，毛主席来十三陵水库游泳，除了解放军战士，还有北体大学生陪游。毛主席边游边语重心长地说，你们不要老在屋里游泳，应该到长江、白洋淀、水库里游泳。30年后的暑期，我和夫人约了李忠实、赵文彤，响应毛主席的号召，到十三陵水库游泳。我们从水库东岸往观音岛游，约400米长度。水库像一面镜子，热风吹拂，清澈透明。他们三位游蛙泳，我喜欢自由泳。与泳池不同，水库有几十米深，表面温暖，下面冰凉，好奇心和恐惧感笼罩着每个人。我夫人学游泳时间不长，游了一会儿就觉得累了，我使劲鼓励她，马上就上岛了。鼓励了几次，终于摸到了观音岛的石头。

水库北边是来洪水的地方，由于常年干旱，水量锐减，遂形成了一片河滩湿地，春夏秋季，这里是郊游的好去处。20世纪90年代，在法大新校区居住的我们，经常骑自行车到这里赏花、拍照、垂钓。这里花很多，有格桑、野菊、薰衣草、旋覆、柳兰、千屈菜，层层叠叠，一望无边。往北看时，是昌赤路上漂亮的七孔桥，像一辆行进的装甲车，骄傲地驶向远山，驶向云端。往南瞧，是一泓碧水，波光粼粼。夕阳西下，夜幕降临时，又是另外一番景象。有诗为证：曾向湖堤夜扣舷，爱看波影弄婵娟，一尘不动天连水，万籁无声客在船。

立春日，秀云写了篇回忆文字，提到20世纪90年代的一张照片，以水库观音岛为背景，是小青、商磊、小马和秀云的合影。文章说，拍这张照片的淑荣，离开我们快10年了，青春的样子，青春的日子，在这立春的时节，再次被记起。我看了照片和文字，深有感触：这张旧照让我想起两个人，一位是法国的达盖尔，一位是法大的李淑荣。前者发明了照相机，后者用相机定格了青春。冬去春来，寒来暑往，日子每天都在过。生活的常态是横无际涯的庸常，其腐蚀性之大，把曾经的幸与不幸，稀释得只剩下矫情。唯有影像，才清晰了过往。世界只是表象，故事才是生活的灵魂。

有个男人，以前眉清目秀，无忧无虑，现在浑身"二大爷味儿"，眼皮下垂，一脸憔悴，我很心疼他，于是用手摸了一下镜子。

太子河畔太子城

（考古）

早前来崇礼，喜欢游翠云山和亚龙湾，绕一圈下来，60公里，非常惬意。翠云山景色好，树高林密，曲径通幽，鸟语花香，不过进山要门票，每人50元，有点小贵。亚龙湾免费停车，免费观景，免费游湖，令人赏心悦目，气定神闲。可不知哪个败家子，斥巨资买下这块宝地，毁了原来的格局，修建了所谓的别墅区，结果不伦不类，成了烂尾。崇礼地处张家口北部山区，沟壑纵横，山峦叠嶂，很少有成片的平地。为配合举办2022年冬奥会，拆迁了四台嘴乡的营岔、枯杨树、棋盘梁和太子城村，腾出十几平方公里的土地，用于冰雪小镇和国奥村建设。

观察崇礼，有很多角度，我关注地名儿。研究发现，崇礼的村庄不是叫沟、梁、窝、营，就是叫湾子、丈子、岔子、嘴子，有浓郁的乡土气息。唯有一个地方，超凡脱俗，鹤立鸡群，居然叫太子城，显现出皇家气象。好奇心和想象力，牵着我的手和嘴，在书上找，网上搜，现场问，试图解开背后的谜团。查到一部书叫《宋会要辑稿》，其中记载，1209年，南宋官员向宁宗皇帝报告，在崇礼金莲川附近，有座泰和宫，被蒙古兵放火烧掉了，据说指的就是今天的太子城。读了这条消息我意识到，800多年前，地球上不但有太子城这个地界，而且是被人焚毁的。这一悲剧色彩，更平添了太子城身世的故事性。

老话说，建筑工程，考古先行。当河北著名考古学者黄信带领他的团队，对太子城进行考古发掘时，一个惊天秘密被揭开了，原来太子城村南，是一个长400米，宽350米，总面积达14万平方米（合210亩）的皇城遗址。出土文物和史书记载互证，这座城为金代皇帝完颜璟所建，历时9年，于1168年8月31日建成，供帝王春水、夏驻、秋山捺钵所用。皇城最著名的建筑是泰和宫，四面环山，三面临水，被城墙所围，风景奇绝，可谓春有百花秋有月，夏有凉风冬有雪。客观地说，金章宗不是有雄才大略的人，但他崇尚儒雅，发展经济，重视法制，休养生息。在历史上留下了"政治昌明，文治灿然，万邦来朝，宇内小康"的声誉。

金章宗偏文艺，是个好玩的人，他善书法，撰写的瘦金体能与宋徽宗（赵佶）媲美。喜诗文，有"洛阳谷雨红千叶，岭外朱明玉一枝，地力发生虽有异，天公造物本无私"等律诗传世。专于情，将他钟爱的李师儿，封为元妃，以后不再设皇后一职。特别是和李师儿接续的"二人土上坐""孤月日边明"的对联，堪称珠联璧合，心心相印。

我总以为，过去和现在，空间和时间，它们有着内在的感应，本质上是无界的，就像地理之于高铁，山水之于人心，奥林匹克之于人类一样。这么多年来，从我们身边经过的人群，不都是风一般聚拢，又水一样流远了吗？所以，太子河畔太子城，没有什么神仙太子，里面住的都是普通人。

鸟鸣时的那一种宁静　　　　　　　　（太舞小镇）

　　暑期了，从帝都的闷热中逃逸，来到太舞小镇。推开窗子，把头探出去，清凉扑面。空气中夹杂着青草味儿，是从刚割下的野草里发出的。远山含黛，行云如梭，终极于长天之巅，令人遐思。被子干爽，自然贴肤。没了空调的喘息，也没了蚊子的纠缠，心绪平静，夜凉如洗。

　　窗外的画眉鸟像定时闹钟，天一亮就开叫了。特别是那些公鸟，为了赢得爱情，便使出浑身解数，翻来覆去地说唱那些鸟音鸟语。懒觉看来是睡不成了，我干脆打开手机，放一首《爱尔兰画眉》。哨笛是一种有个性的乐器，像极了画眉鸟的嗓音。优美的旋律里，隐约着一缕沙哑和沧桑。钢琴和木吉他，伴着哨笛，仿佛天涯歌女，倾诉着离情别绪。

　　日夜温差大，是山地生活的特点。我穿好长衣长裤，轻轻地走下楼来。院子里的格桑花，五颜六色，开得正兴奋。这种花，是高原上最普通的一种，杆细瓣小，晶莹剔透，看着瘦弱，可风愈狂它身愈挺，雨愈大它叶愈翠，光愈强它愈灿烂，真是高原的精灵。我赶紧掏出手机，就着柔媚的晨光，存留下美好的记忆。

　　路上一个人都没有，我沿着盘山路，大踏步前进。夜里可能下雨了，路面略显湿滑，山泉顺着沟渠，哗啦啦地流下。路边是油菜花，由近及远，逐渐展开，连成一片。那黄色的花，像巨幅油画，铺陈在大地上，有的地方疏浅，有的地方浓重，但自始至终鲜活、生动，仿佛阳光飘落，把金黄染遍了每个花瓣。

人是好奇的奴隶，我也不例外，便停下脚步，仔细打量眼前的花株。但见每朵花都长着四个花瓣，整齐地围着花蕊绽放。花瓣很精致，上面布着细纹，任何雕刻大师也造不出这种形象。中间的花蕊，弯曲地挨在一起，形成真正的花心。再看嗡嗡叫的蜜蜂吧，它们禁不住花香的诱惑，纷纷献出自己的初吻，酝酿了生活的甜蜜。

小时候，我搞不清油菜和油菜花有何区别，长大后才明白，原来它们是同一种植物，只是处于生命的不同阶段。年轻时叫蔬菜，可素炒、蛋炒，或百搭水煮肉片，成为餐桌上的最爱。到了中年，"油菜花开满地黄"时，榨出的油，又成为"国油之王"。想到这儿，我意识到盘桓久了，前面还有松林背和白桦树，甚或云雀儿和山鸡们等着我呢，就迈开大步，奔向山冈。

走不多时，有块木牌吸引了我，上有"营苍山泉"四个大字，用中、英、日文书写，并附简单介绍：泉水位于玉石梁西部山脚，太舞小镇将泉水变成泉井。水源从深山峭壁的缝隙流出，长年不断。水呈淡蓝色，味道甘甜，富含矿物质。考古发现，"营苍山泉"疑似皇家水源，专供太子城用。我一瞧，山泉还有考古价值，二话没说，便掬水漱口，捧泉净面。泉水确实很清洌，只是没敢下咽。

翻过一个陡坡，我登上了山梁。没想到，这高山之上，竟然藏着一座湖泊。我沿着湖堤，愉快地走了一圈。湖的东北角，也立着一块牌子，上面还落着一只鸟，走近一看，是只铁艺的布谷。读后才知道，这是一座人工水库，取名镜湖，供太舞小镇冬天造雪、平时生活用。

镜湖呈椭圆形，周长有 600 米，湖岸由水泥筑成。清风徐来，水波不兴，湖水碧透，鱼翔浅底。时而有燕子飞过，在湖面剪起两条水线，时而有山泉汇入，哗啦啦地溅起水花。我一不做二不休，顺着林间小道，一直爬到山顶。山上的风很硬，身上的汗水很

鸟鸣时的那一种宁静

快消失了。放眼望去，能看见"雪如意"的芳容，古长城的残垣断壁，太舞的白色 Logo（标识）。而俯视镜湖时，则仿佛是一副眼镜，泛着绿色的光。梭罗曾在他的《瓦尔登湖》里说过，瓦尔登的风景是卑微的，虽然很美，却并不宏伟，不常去游玩的人，不住在岸边的人，未必能被它吸引住；但是，这个湖，以深邃和清澈著称。

快晌午了，我回到房间。打开水龙头，洗去脸上微咸的汗渍，去掉手上蒿草的味道。忽然，一只小鸟打窗外飞过，自由自在地挥动着翅膀，飞向密林深处。我常想，有一些生命，它们看清了路的险情，才纷纷长出翅膀，跃向了水洗的天空。

梭罗说，我们身体里的生命像活动的水，新奇的事物正在无穷无尽地注入这世界来，而我们却在忍受着不可思议的愚蠢。是呀，这个燥热的夏天，我最怀念什么呢？不是终将消逝的时光，而是鸟鸣时的那一种宁静。

骑行人的况味 　　　　　　　　　　　（自行车道）

　　太子城遗址公园到崇礼县城，有条自行车道，沿山脉走向，长17.8公里，宽2.5米，双向两车道，柏油路面。路边有条小溪，顺流而下，四季不歇。盛夏时节，戴上头盔和手套，骑上自行车，来一趟短途旅行，令人难忘。

　　山区的早晨，空气清凉，万籁俱寂。车子扰起的风，打在脸颊和胳膊上，直起鸡皮疙瘩。沿路穿过冰雪会堂和太子城高铁站，就到了位于遗址公园西端的车道入口。路两边有白桦树和马尾松，树干挺直，树枝密布，在白绿交织中，散发着树的味道。这些树是崇礼人为筹办冬奥会，从其他地方移植来的，漫山遍野，工程浩大。

　　跨上自行车，就不用蹬了，一直的下坡路，有的地方陡，有的地方缓，考验着自行车的刹车系统。早年间，自行车制动，全凭四块小闸皮，车速一快，刹车一急，闸皮容易崩坏。而今用通风盘刹车，既稳定又安全，解除了骑行人的后顾之忧。

　　小溪傍着车道，蜿蜒前行。它一边奔腾，一边玩耍，时而拍拍鹅卵石，时而摸摸野草花，眼睛似水晶一样明亮，嗓音如牧歌一般悠扬。歌声里有雨落森林的清脆，有风吹白桦的爽朗，有松鼠爬树的细碎，也有万物呼唤太阳的热忱。一只鸟儿，擦着路面飞行，不慌不忙，像个熟悉的向导，指引美妙的远方。人在车上，会产生幻觉，手握车把，仿佛长了翅膀，牵引着肉身，在空中翱翔：飞过麦田，风吹麦浪；飞过丛林，鸟语花香；飞过湖泊，渔舟唱晚；飞过窗前，留恋张望。

突然有一只野鸡，伸长了绚烂的脖颈，"咕"地一声长啼，划破了无边的寂寥。那只鸟儿也被吓着了，振翅一飞，冲上山冈，然后消失在蔚蓝之中。转过山脚，又是一番景象，山坡似一块绿色的挂毯，横亘在眼前。微风中，几缕晨雾，在林中环绕。朝霞从东方射出，打在浅绿和鹅黄上，泛着金光。

右侧的山峰也硬朗起来了，刀劈斧砍一般，展现出童话般的形象。早些年，山下还有块平地，修建了度假村，叫亚龙湾。放眼望去，雅致时尚，令人向往。度假村前有座小水库，把各处的山泉聚拢。水库边是一排小屋，可以撸串，喝鱼汤，真能"天子呼来不上船"。现而今被一片烂尾别墅替代了。

峰回路转，视野开阔，大片的油菜花、土豆花、格桑花奔入眼底。油菜花金黄金黄的，花瓣随风摇曳，清凉中传来春的消息；土豆花洁白如雪，质而不娇，多而不杂，纯朴中沁人心脾；格桑花鲜艳夺目，姹紫嫣红，淡淡的菊香送来诚挚的祝愿。下得车来，漫步花海，且行且走，有羽化而登仙的感觉。

嘎，嘎，嘎，野鸭的叫声，再次打破旷野的沉寂，镜波湖面，划出一道道水痕。干涸的山区，能有这样的圣水，定是上天的礼物。掬一捧清凉，抹在脸上，气定神闲，宠辱皆忘。但见天上的白云，岸边的细柳，水中的野鸭，湖畔的人儿，倒映成一幅纯美的画卷，天衣无缝。

不知不觉，骑到了终点。腹中空落，想起了县城的平泉羊汤。来个刚出锅的芝麻火烧，来碗纯粹的羊肚汤，再配一碟小凉菜。胡椒粉和着香菜末，就着热汤喝下去，满口生津，汗流浃背。当年康熙爷打猎饥渴，闻到此物时，竟连喝了两大碗，遂御笔题诗《平泉羊汤》：喜峰口外远，塞北古道长，野鹿入柳林，八沟羊杂汤。

返回的路上，风轻云淡，艳阳高照，大地脱去了神秘，城堡隐藏着故事。骑行的路都是上坡了,心里早有准备。"臀高肩耸目无暇,大似鞠躬敬有加,噶叭一声人急避,后边来了自行车"。这是清末人的打油诗,道出了骑行人的况味。

剩下的才真实　　　　　　　　　（爬山）

疫情降为三级，太舞小镇还没什么人，红色缆车在钢缆上默默地爬行，轿厢也在等人乘坐。夜幕降临，小镇灯亮了，哥特式建筑群，沉浸在童话世界里。雪道上射灯也开了，一会儿白，一会儿紫，一会儿红，宛若天边彩虹，不停地舞动。一夜无话，万籁俱静。

是山脚下的几只小鸟，啄醒了沉睡的黎明。我推开房门，阳台上的风清凉透彻，混合着花草的味道，直抵心扉。阳光初照，山坡上的白桦树和针叶松，英姿飒爽。吃饱喝足后，准备爬窗前的野山。仲春时节，树丛上开满了五颜六色的花，非常惹眼，不过草长得一般，也许今年是闰四月吧。脚踩乱石，手挽藤蔓，沿着一条若隐若现的小路，开始攀爬。眼睛向上，重心向前，脸贴近坡面，蜜蜂、蚂蚁和不知名的昆虫，看得一清二楚。它们按着自己的意愿，各自地忙碌着，没谁理会我这个不速之客。

岁月不饶人，是老辈的则例，再加上有点小高反，没过多久，就气喘吁吁了。汗水打湿了头发，顺着脸颊流到眼里，咸咸的什么也看不见。碰巧，前面有块巨石，高昂着头，挡住了去路。法律人岂能被石头吓倒，使出浑身解数，终于爬了上去。风吹日晒，雨雪冲刷，石头表面很光滑，我什么都没想，扑通就坐下了。发现石头旁有两棵松树，根扎在地下，干挺在空中，坚定而任性。不知是风把种子吹到这里，还是鸟把松籽衔到这里，这哥俩相依相伴，茁壮成长，弯曲的树干上留下了风的形状。

再往上爬，山形变缓了，一座冈连着一座冈，一面坡连着一面坡，层峦叠嶂，无穷无尽。再回首时，小镇的轮廓也清晰了，可用美轮美奂来形容，旁边还有个心形的水库，波光潋滟，吸引眼球。紧接着，山顶的风，脱了缰绳似的，溜到身旁，耳语着彼此的孤独。

山的右侧，是一片茂密的松林，好奇心勾着我，一探究竟。阳光被树冠遮住了，林子里透着幽凉。一脚下去，是经年累月堆积的松针树叶，软绵绵的，还伴着缕缕松香。静默中为了壮胆，我故意不停地自说自话：近水知鱼性，近山知鸟音！叨念中，真的有一只鸟，扑棱着翅膀飞到眼前，吓我一跳。定睛一看，原来前边树丫上有个鸟巢，是鸟妈妈给孩子喂食来了。鸟巢搭得很艺术，外面是树枝，里面是干草，结构合理，坚固牢靠。

从林子钻出来，已是中午了，遇到一位大爷正在采山野菜，就跟他聊起来。他姓赵，本地村民，家里有5个孩子。2个是亲生的，3个是后老伴带过来的。他说，现在是采野菜和蘑菇的季节，如果下过雨，一次能采一蛇皮袋子，卖200多块钱。我看他特喜欢网聊，不停地用张家口方言，和本村的王大嘴，可能是寡妇，打情骂俏。

回到房间，人渴得不行，赶紧补充水分。随手打开电视机，正播放电影《杀死一只知更鸟》，这是一部很老的电影，让人忆起往日的真实与虚伪，良心与原罪。我挺喜欢那句台词：人啊，去掉多余的形容词，剩下的才真实。

下山路上泪流满面　　　　　　　　　　（古杨树村民）

　　玉石梁顶，有座"2160石碑"，隐喻着崇礼的珠穆朗玛。往南走不远，就下山了。先是缓坡，石子伴着沙砾，杂草伴着野花，波澜不惊。然后坡度变陡，沟壑纵横，起伏不定，考验着双脚。与躬身上山不同，下山得挺胸抬头，重心靠后。跑步鞋虽然舒坦，对下山者来说，却是灾难，不是崴脚，就是满脚水泡。中帮或高帮蹬山鞋，才是正确选择，固踝护膝，动静等观，真个是"长啸下山去，脚底响松风"。

　　塞北山岭，阴坡长树木，阳坡长草花。宋人郭熙说，春山淡冶而如笑，夏山苍翠而如滴，秋山明净而如妆，冬山惨淡而如睡。盛夏午后，凉风习习，山花烂漫。蓝刺头的绒球球在茎顶玩耍，野罂粟的喇叭口在风中传话。飞燕草娇艳欲滴，流淌着英雄的鲜血；野菊花的金黄，读懂了山蘑菇的心潮。一米多高地独活，在山中昂首，不愧是胡王使者。最惹眼的是山坳里的柳兰，柳叶眉，兰蕙心，喜凉怕热，四瓣紫色，原本生在柳兰沟，而今也在崇礼安家了。

　　下行一段，出现一片草甸，芳草萋萋，如踏海绵。放眼西望，山连山，岭连岭，气象万千。总走急坡路，脚趾顶得慌，干脆歇一会儿。"莫言下岭便无难，赚得行人错喜欢，正入万山圈子里，一山放过一山拦"是杨万里的诗，有感于途经皖南漆公店，一放一拦，凸显了大山的顽皮，也道出了行者的心绪。

高山速降是年轻人的专利，他们戴着头盔，穿着防护服，骑着越野车，从高山之巅呼啸而下。所过之处，树影婆娑，泥土飞扬，尖叫不断。一位老者，头发都掉光了，也从山顶冲下来，让人敬佩。我冬天敢玩高山滑雪，夏天却不敢玩山地车冲坡，实在是摔怕了。还是学学李太白吧，脚着谢公屐，身登青云梯，半壁见海日，空中闻天鸡。

　　山区多雨，刚刚还响晴薄日，转眼却炸雷滚滚，飘下铜钱大的雨点。路边有座空房子，可以进去躲一躲。雨的气息浓重，和着花草的味道。一会儿雨停了，浓雾漫过，淹没了"THAIWOO"的大型标识，也罩住了远处的古长城遗址。伸手抓一把，柔柔的，软软的，仿佛拥有了世界。

　　山是有性格的，上也好，下也罢，都不能轻慢。8年前盛夏的一个午后，我自驾来到古杨树（今日的冬奥会赛场）。顺着车辙，把车子开到了山顶。爬山包、捡石头、追山鸡、找野果，还大声喊山，哼唱小调，好不快活。不知不觉间，太阳要落山了，我赶紧拣了条近路，打道回府。开始道路平坦，过一会却坑洼起来。驻车察看，是雨水冲毁了路面，就加倍小心。再往前走，车身突然侧倾，并快速往下冲，我立即刹车，再次察看。原来有个干涸的深沟，陷住了车的左前轮。

　　山区昼夜温差大，寒气渐渐袭来，前不着村，后不着店，心里开始发慌。在进退维谷之际，山上走来两个村民，一问是水泉村的，高个的叫张大民，矮个的叫张二民，是兄弟俩。我像见了救星一般，向他们求助。张大民挺热心，也有经验，吩咐二民回村，多叫一些人，拿上木板、绳子、铁锹和手电筒来救援。大约过了半小时，二民带了4个村民和一应物什，来到现场。大民组织村民填沟、拴绳、铺板、推车，让我把握方向盘。那架势，好似当年赵本山演的小品——《三鞭子》。大伙齐心协力，花了一个多钟头，终于将车子送到了安全的地方。

　　大恩不言而谢，我把身上的盘缠，留给了大民。谁想他的一句话，把我惊住了：天主说，能帮到你是我们的荣幸，今天我帮你，明天你帮我，人都有落难的时候。然后象征性地留下点念想，集体回村了。

下山路上，我泪流满面。

只有耳畔呼啸的风声　　　　　　　　　（滑雪）

大雪节气过后，带着湿味的雪花，积满路边的群树。有些脆弱的枯枝，禁不住雪类的顽皮，羞涩地折断了，发出咯吱咯吱的响声。窗外，雪片如蝴蝶般扑向玻璃，又被重重地弹了回去。雪花是个孤独的舞者，没有欢呼，没有伴奏，随着冬锁的打开，静静地从天宫飘下。红色的玫瑰和黄色的菊蕊，与它们相依相偎，孕育了无限的生机。

军都山，是个离京城较近的雪场，我的初滑，全都献给了它。那时的中级道，感觉太高了，每次都得鼓足勇气，像莱特兄弟，身上沾满羽毛，从高处飞下。别小看那不起眼的拖牵，两腿夹住，就能把人运到山上。不过上牵要特别小心，一不留神会把你带个马趴。初学滑雪，最重要的是克服恐惧。开始时居高临下，重心一直后倾，反而控制不住速度，各种摔就难免了。一旦重心前移，双腿跪在鞋帮上，再张开双臂，挺胸抬头，就驾驭自如了。

不满足是人类的天性，刚学会走，又想跑了。望着军都山最高的雪道，我产生了征服"七爷"的冲动。兴奋地坐上缆车，一路欣赏，一路好奇，一路忐忑。山顶有个咖啡屋，叫白羊座，一个很温润的名字。木结构，木桌椅，静如处子，玉树临风。先来一杯拿铁，多加奶和糖，热乎乎的，壮壮声色。然后戴好头盔，握紧雪杖，开始玩真的。天蓝蓝的，雪皑皑的，脚下却是桀骜不驯的黑道。

四周没有熟人，我就双板并拢，像锯木头一样，横滑降往下挪。山下脚往实里蹬，山上脚向虚里踏，身子几乎贴到雪坡上。不时有小雪球，从山上滚落，动如脱兔，发出沙沙的响声，我的心快提到嗓子眼儿了。汗水也不争气地流下来，打湿了额头，更浸透了衣裤。不小心踩到一块冰面，身体打个趔趄，差点摔倒。情急之下，就势躺在雪道上，摘掉手套，插好雪杖，再松松紧绷的双脚，任热气在身上蒸腾，山鹰从空中掠过。抓一把雪，轻轻地贴在脸上，晶莹剔透，冰凉冰凉的。

到了山脚下，坡度明显变缓，就沿着雪道往下冲，尽情地享受自由和速度，释放早前的束缚与压抑。太阳偏西时，开始起风了，气温下降很快，我决定收板。来到坐骑前，伸手掏钥匙，发现口袋空空的，再翻手包，也不见踪影。心里有点慌，站在原地，回忆锁车后的每一个细节。钥匙肯定放进兜了，可能没拉拉链，不小心掉了。可这么长的雪道，又陡又高，上哪去找呢？没办法，只好求助雪场了。救援人员很镇静，问清了我滑的雪道，又问了我的电话，就分头去找了。

来到雪场餐厅，我点了份土豆牛腩饭和西红柿鸡蛋汤，边吃边等消息。大约过了二十分钟，电话铃响了。有个男子说，找到一个黑色的钥匙，让我到招领处去取。我很激动，近前一看，果然是我的车钥匙。千恩万谢后，我急切地问，您是在哪里找到的？小伙子说，他接到通知后，马上从"七爷"顶部出发，往下边滑边找。走到半山腰，在雪道最陡的地方，突然发现了它。小伙子接着说，您的运气真好，如果有人从上面滑过，或者光线暗下来，就什么也找不到了。我又敬礼，又作揖，询问小伙子的尊姓大名。他说姓郝，是东北人。我相信三尺之上有神明，愿"郝人"一生平安。

随着滑雪公里数的增加，北京雪场的吸引力降低了，我就随着雪族达人，转战张家口崇礼区。在所有开放的雪场中，万龙雪场是最好的，雪道多且长，都在山坡的阴面，每年能滑到四五月份。万龙还有两片森林，积雪厚，坡形多，离开雪道，可以滑野雪。隆冬时节，漫山遍野的白桦树和着一排排的针叶松，树冠挂满冰霜，雄姿不减翠色。北风吹来，它们摇曳着身姿，满树的梨花争先恐后地落下。如果一个人滑进林子，在齐腰的积雪里，看松鼠跳跃，听麻雀叽喳，一定会更有况味。

人是"意义"的动物，这句话特别适合罗力。罗总原是做蛋糕生意的，业余爱好滑雪。后来成了"发烧友"，竟然"弃糕从雪"，自己建了一个雪场，取名万龙。有人笑话他：你喜欢喝奶，养头牛就行了，何必要建个牧场呢？罗总却另有想法：播雪花，种幸福，得欢乐，这是人生的大自在。罗力个子不高，四川口音，满脸络腮胡，看着挺慈祥。有人问他留胡子有什么好处，他说夏天能防紫外线，冬天能当护脸用。他喜欢白色，白衣、白裤、白头盔、白手套，在树林穿行时，仿佛一朵白云，飘来飘去。我琢磨，这是在招雪呢。

认识罗总，是魏总介绍的。那是2018年冬天，我承担了一个课题，叫《冬奥会法律风险防控研究》，课题组成员去万龙调研，罗总亲自接待，亲自讲解。从他嘴里我们知道了中国的滑雪人群、滑雪产业、滑雪规则、滑雪故事，诙谐幽默，鲜活给力。然后他带我们参观了雪场，共享了晚餐。欧洲的山、日本的雪、万龙的餐，被称为雪界的三大"牛"，试过之后，方知此言不谬。

第二天早起，松雪飘寒，岭云吹动，红破数椒春浅。我第一个冲上红花梁，沿着大奔头，像落叶一样飘下来。没有了坡度，没有了恐惧，只有耳畔呼啸的风声。

序与跋

宪法学的三个面向 （《宪法学》第一版序言）

宪法的学习与研究，可以从规范、现实、理念三个层面上展开，一国的宪法规范，主要体现在宪法典或宪法性法律之中。研读宪法规范，可以直观地阅览该国的政权架构、权利体系，洞悉该国的历史状况、民族精神。通过不同地域、不同时空的宪法文本的比较，我们还可以发现人类在宪法语言、宪法观念、宪法表述上的异同，最终为宪法文本的完善和宪制理想的实现提供科学依据。荷兰宪法学家范·马尔赛文曾对世界上150多个国家的宪法文本，运用计算机等高科技手段进行量化分析，出版了《成文宪法的比较研究》一书，其研究成果被广泛引用，堪称规范研究的典范。

有人说，宪法文本是宪法学习的最好教科书，此言不谬。首先，宪法文本乃是公民的基本权利、国家的基本构成及基本国策的载体，透过载体才能沟通心灵。其次，论文写作、论辩演说、法律实践无不以宪法文本为依据，只有条文烂熟于胸，才能运用自如于手，可谓熟能生巧。最后，宪法文本乃是民族语言和智慧的结晶，其文字之简洁、逻辑之严谨、结构之妥帖、韵律之优美、底蕴之深厚，非普通法律可比。反复阅读赏析，可满足审美趣味。

规范的学习在于运用。将纸上的宪法变成现实的宪法，是宪制建设的重要环节。当我们认为宪法是法的时候，强调宪法具有法的强制性和约束性，宪法的司法适用就提到了议事日程。既然立法机关通过立法实施宪法，行政机关通过执法实施宪法，那么，司法机关适用宪法保障人权，就属题中之义。法学专业的学生应当对宪法由谁适用、如何适用，宪法由谁解释、如何解释，特别是违宪审查权由谁行使、如何行使等宪法实施中的重大问题有所研究。

应用宪法学属于宪法社会学的研究范畴，它为宪法的学习拓宽了视野和领域，对宪法判例和宪法惯例的关注，对宪法实践和解释的评析，对宪法实施状况的调查研究，既是学习方法问题，更是学习目的问题。君不见，1803 年美国联邦最高法院马歇尔大法官裁判的"马伯里诉麦迪逊案"，开创了由司法机关行使违宪审查的先河，2001 年我国最高人民法院关于"齐玉苓诉陈晓琪案"的司法解释，打破了法院适用宪法保障人权的枷锁；2003 年三个博士生请求全国人民表大会常务委员会对国务院行政法规的合宪性进行审查，《收容遣送条例》从而被废止。所以，宪法应用永远是宪法学研究的源头活水，更是宪法学人推动宪制发展的力量源泉。

我们可将宪法理念归类于宪制哲学，它的养成源于人类宪制文化的陶冶、宪制精神的牵引和宪制价值的型塑。宪法制度史和思想史的研究成果，昭示了人类政治文明的演进历程。我们清楚地看到，从苏格拉底、柏拉图、亚里士多德到孟德斯鸠、洛克、卢梭，再到托克维尔、汉密尔顿、戴雪等思想家，把宪制真理的颗粒汇成了真理的粮仓。正是在人类政治文明的宝库中，我们找到了诸如主权、人权、分权、法治等宪法原则，找到了自由、平等、正义、共和等宪制价值，找到了成文宪法、权力制约、违宪审查、交错选举等宪制技术。正是这些原则、价值和技术，支撑着我们的宪法理念，刻画着我们的宪法文本，指导着我们的宪制实践。

2004 年 8 月

宪法是一个流动的语言 　　　　（《宪法学》第二版序言）

"宪法是一个无穷无尽的、一个国家的世代人都参与对话的流动的语言。"美国哈佛大学法学院劳伦斯·却伯（Laurence H. Tribe）教授的名言显示：宪法是一种语言，由看得见和看不见的文字所记录，它是前代人留给后代人的遗产，包括宪法典、宪法性法律、宪法惯例、宪法判例等形式。

"它是对充满苦难的生活经验的批判和总结，其历史充满了人类在各个历史阶段中为摆脱生活上的痛苦而显示出来的聪明才智。我们学习宪法就是为了学到这些聪明才智，为了避免失败而未雨绸缪。"（杉原泰雄语）宪法语言是经验性的、高度凝练的、被注定的，是整个民族精神的流淌。考文教授在《美国宪法的高级法背景》中说"宪法是由一群半人半神的人物制定的"。

宪法是一种流动的语言，随着读者的切换、时代的发展、社会的变迁而含义不同。帕斯卡尔说，我们总想抓住某一点把自己固定下来，可是它却荡漾着离开了我们。梅因在《古代法》一书中也谈到"社会的需要和社会的意见常常是或多或少在'法律'的前面的。我们可能非常接近地达到它们之间的接口处，但永远存在的趋向是把缺口重新打开。因为法律是稳定的，而我们所谈的社会是进步的"。因此，人类所能找到最好的应对宪法话语变迁的方法是不断进行解释宪法和修改宪法。其功用在于清除模糊、弥合缝隙、化解纷争、完善规范，最终达致打开规范的天窗、迎接宪法的阳光之目的。

宪法是一种国人共同参与对话的语言。法国启蒙思想家让·雅克·卢梭指出，"真正的宪法不是被雕刻在大理石或铜板上，而是在公民的心中"。不过，每个民族心中的宪法是什么，却是见仁见智的问题。美国人说，"我们美国人民，为了建立一个更完善的联邦，维护正义，确保国内安宁，提供共同防御，增进公共福利，并保证我们自身和子孙后代永享自由的幸福，特制定美利坚合众国宪法"。中国人强调，"本宪法以法律的形式确认了中国各族人民奋斗的成果，规定了国家的根本制度和根本任务，是国家的根本法，具有最高的法律效力"。每个国家的历史文化不同，价值观念互异，其创制的宪法作品就各有特点。然而，通过协商、沟通、对话凝聚共识，通过研读、研习、研究创设理论，通过司法适用、宪法解释、违宪审查形成共同的话语实践，这才是通向宪制的必由之路。

宪法是一种永无止境的语言，它以探讨真理为己任。古希腊文"真理"一词的本来含义就是"去蔽"，去掉遮蔽，露出真理。人类可以发现真理但不能穷尽。宪法的真理性在于，"我们已有的宪法性法律，不是个人权利的来源而是其结果"。（戴雪语）个人权利、自然权利对国家、政府、法律来说具有先在的约束力。宪法正是对这种先在约束力的宣示和肯定，并赋予其高级法的价值。另外，在现实社会中，如何将这种高级法的价值转化为公民的生活规范与生活方式，也是一个恒常的问题。美国思想家托马斯·潘恩描述过这样一个事实。在美国，"宪法是人民的政治圣经，几乎每个家庭都有一本宪法，而政府人员则人手一册；每当对一项法案的原则或对任何一种权力的应用范围有争论时，政府人员便从口袋里取出这本印就的宪法，把有关争议中的章节念一遍，这是司空见惯的"。作为共和国的公民，作为研修法律的学人，我们是宪法和法律的奴仆，对它要常怀尊重和敬畏之心。宪法文本摆在那儿，我们不能假装没看见。

宪法是一个流动的语言

科学家提出,宇宙是由物质、精神和意义三个世界构成的。宪法应属精神世界,是政治文明的产物,以语言文字为存在方式。然而对宪法文本的理解应属意义世界的范畴,有理解就有前理解,它们循环往复。理解是有方法的,它通过法律推理、法律论证、法律逻辑来实现。方法在拉丁文的原意中是指通向正确的道路。艾柯在《诠释与过度诠释》一书中写道,作者带去语词,读者带去意义。的确,"条文本身并没有固定的意思,它的意思要看运用它的人怎样理解"。(梅林曼语)《宪法学》一书就是中国政法大学法学院宪法研究所全体同仁对宪法特别是对中国宪法的一种理解。当然,有理解就会有不同的理解。本书在两年多的使用过程中,读者提出了一些建设性意见,作者有了一些新的感悟,北京大学出版社的编辑们也美意促成,三者结合就有了本书的第二版,同时也就有了第二版的序言。

2006 年 8 月 8 日

没等到你 我们怎敢老去

(《宪法学》第三版序言)

最近读到一篇杂文,是旅美学者林达发表在《南方周末》上的,题目叫《宪法的自信来自哪里?》文章开头说:读到一条消息,西北政法大学有一个宪法和地球仪造型的雕塑,于1个月前被拆除。据说这是受国外法学院校园雕塑启发而设计的,从照片上看也不错,但是雕塑照片上传网络后被戏称为"宪法顶个球"。不知拆除的决定是来自政法学院的法律教授们,还是宣传部门的领导们。如果真是因民众对宪法失去信心而生出嘲笑,就拆了雕塑,十足是鸵鸟策略。

林达的评论引出一个问题:宪法有什么用?

记得220年前,法国人就在他们的《人和公民的权利宣言》里自豪地说:凡权利无保障和分权未确立的社会就没有宪法。这样的认识不能说不深刻。

63年前,张君劢先生在上海青年会的宪法演讲中提出,国家为什么要宪法。他的答案是:国家必须保障人民的安全,必须保障人民的自由,必须造成人民的法律秩序。而要实现这三个目的,就少不了宪法。他强调:宪法本身之所以能存在,并不是一张纸片的文字就够的,而是要靠国民的不断注意,然后,宪法的习惯方能养成,宪法的基础方能确立。假使人民对自己的权利及政府的不法横行,一切淡然处之,不以为意,宪法是不会有保障的。人权是宪制的基本。这样的思想不能说不先进。

去年 12 月 18 日，最高人民法院废止了〔2001〕25 号批复关于齐玉苓案的司法解释，我校蔡定剑教授在《南方周末》上撰文呼吁："宪法就是拿来用的。"他认为宪法有三个作用：一是为立法和行政提供依据，从而控制立法和行政。宪法是解决"权力"冲突的最高法，违宪审查是在这个层面适用宪法。二是宪法凝聚了一个社会的最高价值，当公民在具体法律中的权利发生冲突时，需用宪法价值来解决，宪法又是解决"权利"冲突的根本准则。三是弥补法律和法制之不足。一个法治社会即使有再完备的法律，也不可能做到密而不漏，何况现代社会新情况不断产生，像堕胎、同性恋、安乐死等就会成为宪法面对的问题，宪法能对公民基本权利的保护起拾遗补缺作用。这样的见解不能说不精当。

陆放翁有言："古人学问无遗力，少壮工夫老始成。纸上得来终觉浅，绝知此事要躬行。"

这虽是一首教子诗，子聿当时也未必理解乃父的思想。不过，本书的作者同仁却深切地体会到，伟大诗人陆游的认知，真正道出了我们对中国宪法的感悟。秉持实践理性的信念，作者在本版中加重了对宪法事例、宪法实践的关照，加大了对民主、人权的关心，加强了对宪制、法治的关怀。

有人担心，5 年前的作者，5 年前的教材，而今是否老了？在此我们可以自信地说：没等到你，我们怎敢老去。

是为序。

2009 年 5 月 12 日

尊严是人权的核心要义

(《宪法学》第四版序言)

曾几何时,人的尊严就像空谷幽兰静静地开在山野。一夜之间她却昂着头赫然绽放在今年温家宝总理的工作报告中。

"我们所做的一切都是要让人民生活得更加幸福、更有尊严。"这句话喊出了政府的责任,更昭示了它清晰的法律内涵:就是每个公民在宪法和法律规定的范围内,都享有自由和权利,国家要保护每个人的自由和人权;国家发展的最终目的是满足人民群众日益增长的物质文化需求;整个社会的发展必须以每个人的全面发展为前提。因此,国家要给人的自由和全面发展创造有利的条件,让他们的聪明才智竞相迸发。

有人说,在中文语境下,尊严大致与体面相近,是一种人与人之间产生的社会评价或心理感受。这种理解符合中国传统文化。不过我以为,宪法的核心价值更在于尊重和保障人权,而人权的核心在于人的尊严。因此,德国人吸取两次世界大战的教训,在基本法中宣布人的尊严是高端价值,直接约束立法权、行政权、司法权。我国1982年《宪法》也总结历史经验,把人格尊严作为公民的绝对权规定在第38条,禁止任何组织和个人进行侵犯。

人的尊严首先是消极权利还是积极权利涉及价值判断问题。古希腊的哲人讲过一个故事。据说,古希腊最著名的犬儒主义者狄奥根尼住在一个木桶里,终年以乞讨和骂街为生。当征服了世界的亚历山大大帝屈尊趴在木桶边上,好奇而关切地询问他需要什么的时候,狄奥根尼回答:"我需要你闪到一边去,不要遮住我的阳光。"其用意是:虽然我在木桶里,你在殿堂上,但在阳光(自然法)之下,你我平等;作为统治者,不来打扰和侵犯我的自由,是你当然和唯一的责任。匈牙利伟大诗人裴多菲也认为:生命诚可贵,爱情价更高,若为自由故,二者皆可抛。由此可见,人的尊严首先是每个人的自主、自决、自治,即人的意志自由问题,它有抵抗和防御国家权力侵犯的功能。前辈们的这些思想就是人的尊严含义的真实流露。

据中国社会科学院最近调查显示,民众最关心的排在前三位的社会问题是:官员腐败、贫富差距、基层干群冲突。这些问题表现在侵吞国有资产、野蛮征地拆迁、信访上访等方面,这些问题的解决既有赖于政治体制改革,也有赖于公民社会建设。而保障公民基本政治自由和权利的实现则是必由之路。因此,2010年3月全国人民代表大会对《选举法》的修改可以理解成国家对公民选举权利诉求的回应,它涉及十个方面的内容,最核心的问题是解决城乡居民选举权的平等保护问题。

大梦谁先觉,平生我自知。选举权利涉及公民基本的政治尊严,根据新《选举法》的精神,对本书进行修订,是作者对人的尊严的知与觉。

是为序。

2010年5月11日

虽不能至心向往之

（《宪法学》第五版序言）

我从教 30 年了，编教材是经常性工作。

编来编去，中国宪法学不过四部分内容：基本理论，解决宪法学研究的工具和前见；基本制度，说明国家和社会建构的原规则；基本权利，宣示立宪主义的核心价值；基本架构，观览公共权力运行的体制和机制。简言之，这门学科重点研究国家和公民的关系及国家公权力之间的关系，前者是目的，后者是手段。再抽象，以人的尊严为旨归的人权保障安放着宪法的灵魂。

君子和而不同，编教材也一样。本书作者有的主攻思想史或政治哲学，有的秉持宪法教义学或宪法社会学的立场，有的涂抹着留学德国或美国的底色，可谓异彩纷呈。那怎样使不同风格的部分达致内在统一呢？除遵守编写规范外，各位同仁对中国立宪主义价值的认同是最重要的：宪制不专属资本主义，也不专属社会主义，它是人类希冀过安定有序政治生活的保障。

文章千古事，得失寸心知。一本教材，5 次再版，10 次印刷，十几万受众，作者们没事偷着乐是可以原谅的。不过，教材最新科研成果转化的滞后、个别宪法知识的不确定、全书文字的冗长甚至错漏，这些来自读者的声音，时时警醒和鞭策着我们，促使大家在集体讨论、相互辩驳、个人负责的基础上，对本书进行了较全面的修订。

　　作品如同舞台,永远是遗憾的艺术。追求完美是我们最大的愿望,虽不能至,心向往之。

2013 年 7 月 12 日

新时代的宪法自信

(《宪法学》第六版序言)

2012年12月3日,为纪念现行《宪法》公布施行30周年,全国人大机关举行宪法墙揭幕仪式,吴邦国委员长出席并剪彩。宪法墙长23米,高2.2米,采用白色大理石墙面,镌刻着《中华人民共和国宪法》全文,镶嵌在全国人大机关办公楼内。

2018年3月11日,十三届全国人大一次会议以2958票赞成、2票反对、3票弃权,通过了《中华人民共和国宪法修正案》。修正案共21条,由主席团公告公布施行。这次修改是现行《宪法》的第5次修改。

修改《宪法》是国家政治生活中的大事,应遵守科学修宪、民主修宪、依法修宪的原则。科学修宪要求在宪法稳定和与时俱进中把握好一个度,非改不可、条件成熟的就改,可改可不改的不改,力求小改。民主修宪要求人民能广泛参与讨论,发挥人民在修宪中的主体地位,使修宪内容得到人民普遍拥护。依法修宪要求修宪行为严格遵守法定程序,掌握宪法保留与宪法委托的边界,通过程序正义达致实体正义。

是次修宪影响大、使命强,执政党欲把吾国吾民从站起来、富起来带向强起来的新时代。与此相应,宪法在指导思想、国家目标、国家战略、国家价值、国际关系、国家体制机制、国家权力结构等方面都做出了较大幅度的调整与完善,可谓新时代中国特色社会主义的顶层设计。

以本国宪法为主要研究对象的宪法学既要关注宪法理论的发展，又要回应现实需求；既要吸纳人类宪法文明的最新成果，又要凸显本土化的鲜明特征。尤其是大学本科生使用的宪法教材，国家希望学者能写出具有中国风格、中国气派、中国特色的原创性作品，让学生愿意学、老师愿意教、同行愿意看，全面展现中国宪法的自信与自强。

本书的作者们自知修订宪法教材与修改国家宪法一样，使命光荣、任务艰巨。大伙冒着酷暑，紧着期限，排除干扰，潜心创作，力争让读者诸君早日用上新书，让法治中国的百花园多开出一朵宪法小花。

沈从文先生在其文集《新与旧》的序中说，时事推移，新旧交替，古典式的单纯与雄强，不免引出堂吉诃德式的慨叹。然而，清醒而趋时的单纯与雄强，又极易受到旧势力的摧毁。人生可悯。由此我也想起了全国人大机关的宪法墙，旧版的宪法镌刻已成过往，新版的宪法雕刻何时能欣赏到呢？

是为序。

2018 年 6 月 15 日

行进在中国民主宪制的道路上　　（《选举权的法律保障》序言）

1998年10月5日，我国签署了《公民权利和政治权利国际公约》(International Covenant on Civil and Political Rights)。公约中Civil Rights，被翻译成"公民权利"，近来受到学者的质疑。有的学者提出，若把Political Rights译为政治权利，则Civil Rights应译成人身权利与之对应。因为政治权利往往是一国公民所享有的参政权，它需要附加国籍、年龄等资格的限制。而人身权利则不然，它是人与生俱来的、固有的、不由国家赋予的。还有的学者，在赞成上述质疑的基础上，对Civil Rights的中文表达又进行了修正，建议翻译成"私人权利"。其理据是，人身权利不能涵括作为抵抗权意义上的第一代人权的内容，很明显，财产权和追求幸福的权利就不在此列。我觉得，上述疑问和追问是非常有意义的，它与其说是翻译技术上的妥切问题，毋宁说是对人权观念的认识问题，也许，它会成为我们开启宪法大门的钥匙。

无独有偶，2004年，我国修宪把"国家尊重和保护人权"纳入宪法，自然引发了国人对宪法文本中"人、公民和人民"等基本概念的思考。如果说，公民是具有一个国家国籍的人，人民是主权国家的构成要素，那人是什么呢？很明显，他/她已脱离了国籍、国家和国法的束缚，成为一个有生命的自然体。历史地讲，权利产生于人的进化与觉醒，来自于对自我尊严和价值的体悟，对你的和我的界限的认识。"认识你自己"是对人类思考的概括和总结。当人、公民、人民与权利概念相连接时,它们之间的差别顿显。若依此思路对现行《宪法》进行解读,就会有新的、别样的意思溢出,洞见其中的奥妙。

其实,这个奥秘并不神秘,早在迄今216年前就被法国人揭开了。被誉为世界三大人权宣言之一的《法国人权宣言》,其标题就区分了人权和公民权。在这里,人权是什么?相对于政治国家的权力而言,是先在的、固有的、普适的权利,是人类的自然私权;公民权是什么?是国家赋予的、由主权国家控制的权利,是参与国家管理的政治公权。在自然私权和政治公权的关系上,《美国独立宣言》说得更清楚。先有被统治者的自然私权,后有统治者的政治公权。统治者的公权来自被统治者私权的同意。任何没有经过明确同意和授权的权力,就构成僭越,从而失去正当性和合法性。

反观我国所签署的国际人权法相关条约(human rights law),它在人权项下,区分了 Civil Rights 和 Political Rights,正预设了私民权利和公民权利的不同、市民社会与政治国家的差别。作为私民,其享有抵抗和防御政府侵犯的基本人权,包括生命权、财产权自由权等宪法权利;作为公民,其享有选举政府官员、参与公共决策、竞争公共职务的权利。但实质而言,上述两种权利所凭据的事实和价值基础是不一样的,明确上述区分,无论对处理公民在国家中的地位还是调整公民与国家的关系,都有着现实又迫切的需要。

在一国宪法所开列的权利清单中,选举权利占有十分重要的位置。这首先表现在作为选举权的享有者——公民与政治国家的关系,如果我们肯认主权与人权是一国宪法的基石范畴,那主权的归属与表达就和公民的整体——一个被称为人民的概念相联系,主权是人民意志的总和,是国家权力的本源。作为政治权利的保有者,个体的公民往往通过普遍的、公平的、自由的、真实的政治意思表示,来完成主权在民的实证化,产生代议制政府,实现公共权力的和平转移,为统治者披上合法的外衣。

当然，诚如西谚所云，法律永远是实践而非逻辑，公民权利也是如此，通过法律宣示公民有参政权容易，真正实现这些权利则很难。政治的、经济的、文化的保障自不待言。在一个"实行依法治国、建设社会主义法治国家"的社会里，如何通过法律程序和法律救济的制度保障，实现参政权从法定权利向现实权利的转化，也许更加具有理论和现实意义。正是带着对民主宪制的理想，对自由人权的渴望，对法治精神的信仰，针对公民参政权中"选举权的法律保障"这一命题，笔者经过思考和研究，终于梳理出几个重要问题，并力求正确判断问题的性质、探寻问题的成因，给出合理的、可行的答案。

法治应当是具体的。如果说我国当代宪法学，早期更注重体系建构、制度言说和文本注释等宏大叙事式的研究与宣传启蒙，则晚近更加关心实证、程序和细节的打磨。选举权的法律保障这一选题就是契合现代宪法学研究方向的例证。本书对选举权的性质、地位、价值、特征、结构和历史演变的深入分析论证，解决了我国长期以来对选举权基本理论研究不足的问题，选举程序的设计，特别是流动人口选举权的保护、选民与候选人的了解程序、预选问题，竞争性选举问题，以及选务机构的独立性问题，一直是困扰我国选举权实现的"瓶颈"，本书在实证调研的基础上，结合我国的国情，给出了解决方案。"没有救济就没有权利"这句古老的西方谚语，在我国选举权的保障中也具有极强的针对性和现实性。本书在梳理西方制度资源和发掘中国本土资源的基础上，大胆提出了构建我国选举权救济制度的设想，以期为国家立法提供参考。我国有80万村民委员会和几亿农民，依照《宪法》和《中华人民共和国村民委员会组织法》，我国在村民选举中实行了世界上规模最大、影响最深远的直接选举，成为中国政治体制改革的伟大实践。虽然村民选举与国家选举性质不同，但关注中国最广大人群的民主权利，为他们在选举中出现的纠纷和违法行为提供法律救济的渠道，不仅是选举权法律保障研究的题中应有之义，也是本书的亮点和创新之处。

有人说，学习宪法学和行政法学，入门易，学好难，此言不谬。概因宪法与行政法，终极关怀人类生存的相关性问题。人类文明史，是物质文明、精神文明和政治文明协调发展的历史。其间，交织着幸福与不幸、欢乐与悲哀、文明与野蛮的更替与博弈，公平、正义、自由、民主、和谐秩序等价值就是人类斗争与思考的结晶，是政治文明的体现。而通过选举实现政治权力的和平转移，赋予管理集团以统治的正当性，完成对公民的教育和对共和国的忠诚，最终实现由人民监督控制公共权力，使权力真正为人民服务，则是人类智慧结晶中最闪光的部分。所以，对"选举权的法律保障"的研究并没有结束，我们正走在中国民主宪制的大路上。

2005 年 5 月 1 日

那就是你自己

（《选举权的法律保障》后记）

爱因斯坦说，想象力比知识更重要。作为宪法学人，我一直梦想，若能把公民的宪法权利从头到尾研究一遍，系列出版，该有多好：于公，它有利于法治国家、法治政府和市民社会的建设；于私，它能满足自己的学术追求，使"以教书为业，也以教书为生"的志向有所依凭。不过我一直相信那句话，"世界上最远的距离不是天与地相隔，也不是山与水相隔，而是心到手的距离"。美梦成真往往需要很多条件。自身的努力是一方面，有贵人相助也不可小视。回想本书的撰写过程，我的导师朱维究教授功不可没。她老人家不但在学问上指点晚辈，更在人生道路上牵引后生。俗话说，大恩不言谢，唯有加倍学习和工作，才能回报恩师的培育。我的学生王亦白、邓毅、姚国建等同样难忘，他们不但在精神上支持我，更为我分担了许多杂务，使我缩短了"心到手的距离"。学界前辈廉希圣教授、应松年教授，学界同仁马怀德、薛刚凌、王人博、张树义、韩大元、胡锦光、童之伟、郑贤君、李树忠、莫于川、余凌云等诸位教授给予的惠助，一直牢记在心。北京大学出版社，秉持"囊括大典，网罗众家，思想自由，兼容并包"的校训，襄助本书的出版，更令人感佩。最后，我想用英国作家赫胥黎的话作为对自己的期许，"在宇宙中唯有一个角落，是你一定可以加以改进的——那就是你自己"。

人世间每一个苦难都关连着你　　（《宪法学案例研究指导》序）

年前小聚，阚明旗副社长说：焦老师，《宪法学案例研究指导》已审、校完毕，就等您的"序"了。

除夕夜，虎去兔来，吃完饺子，万籁俱寂。写点什么呢？还是从一次宪法案例研习说起吧。

话说 2021 年 4 月 7 日下午，中国政法大学请来北大张翔、首师大杜强强、北航王锴、华中科大秦小建 4 位教授，共同讨论宪法上通信权诸案。法大宪法学师生线下参与，浙大宪法学师生线上观看。

作为主持人，王蔚教授引出了本次研讨的话题：法院调取通话记录和交警检查手机行为的合宪性。掌握分析工具，是法科学生必备的基本手艺。其中德国宪法学上基本权利限制的三阶理论，即保护范围、限制手段和是否合宪，是一种比较成熟的分析框架，得到了 4 位学者的肯认，张翔教授将之概括为"目光流连于规范之间，笔触行止于教义之内"。

通话记录应否纳入我国《宪法》第 40 条的保护范围，是争议的焦点。虽然有大致相同的专业背景，但 4 位学者对何为通信秘密涵摄的对象，理解上却千差万别，分殊集中在解释方法和宪法原理上。文意、逻辑、历史等解释方法，互联网、大数据、人工智能等科技手段，民主、人权、法治等基本原则，幻化出无限的想象空间。但如何将不确定意涵转化为确定性共识，则端赖思想的碰撞。

公权力对基本权利限制的合宪性判断，是研讨会的华彩。大家与其说关心结论，毋宁说更关心推理和论证。形式合宪性与实质合宪性之争、法律保留与比例原则的类型化、公共利益与人性尊严的平衡，彰显了学术立场和认知的对峙。"条条大路通罗马"，但都得在"宪理"的指引下，其背后闪耀着宪法逻辑与精神的光芒。

秦奥蕾教授是位敏锐的学者，她在与谈时说，今天的会议是宪法案例"教与研"的完美结合，4位教授的归纳或演绎，像德国精密仪器一样严谨有序。不过几位学者用德国或美国的分析框架，直接论说中国宪法问题，其嫁接点的适切性何在，值得疑问。中国有古老的文明，有丰富的宪法实践，却缺少用自主的知识体系，解释本土的宪法现象。现行《宪法》颁行以来，产生的宪法案件层出不穷，它们植根于中国大地，反映着人民的苦难与诉求，引发了广泛的社会关注。实践宪法学，应对频发的宪法案件作出专业性的回应。

黄茂荣先生说，真正的法律解释，与其说源自法律条文本身，毋宁说是从应去或拟去处理的案件所引发。回望过往，全国人大常委会根据《宪法》规定、原则和精神，废止收容审查、收容遣送、劳动教养、收容教育和收容教养五大制度，哪一项决定背后没有个案的印痕呢。通过个案推动制度创新，成了中国社会结构变迁的定式。

案例教学是一种方法，也是一种实践，它从个案中提炼原理，又从原理中审视个案，在事实与规范之间，实现自洽与融合。韩大元教授指出，我们通过阅读个案、把握论据、寻求文本、确定焦点、综合判断五步曲，把宪法原则和精神，内化成宪法思维，激活了沉寂的宪法学。

注重宪法案例教学，是中国政法大学的传统。法学院不仅为学生开设了相关课程，还组织教师撰写教材。大家以宪法规范为依据，立足法教义学方法，通过个案分析，形成了学术脉络，繁荣了中国宪法学。

制定和实施宪法，是人类文明和进步的标志，是人类社会走向现代化的支撑。面对百年未有之大变局的中国，宪法解释、合宪性审查、备案审查等制度的创设与完善，"寄寓了某种温和的、可以被接受的实践动机"。（林来梵语）

历史中的宪法，是人权觉醒的记录，人民苦难的记忆，人性尊严的宪章，尊重和保障人权，依然是国家的永恒责任。不要以为别人的苦难与你无关，人世间每一个苦难都关连着你。

是为序。

2023年2月1日

结一份善缘

(《立法权的科学配置》后记)

2015年冬天的一个傍晚,前辈大哥姜明安来电,说北大有个教育部基地课题,叫《立法权的科学配置》,希望我能申请。近几年参加他主导的博士答辩,参与他主持的公法项目,听他在各种会议上的发言,感觉明安兄是个率真的人,热情的人,合作愉快的人,就集中精力收集资料、讨论大纲、撰写标书、接受评判,最终获得了课题立项。2016年6月7日,明安兄邀请罗豪才先生、郭道辉先生、孙琬钟先生、张春生先生、朱维究先生、王磊教授和蒋劲松教授等,在北大东门小四合院,举行开题论证会。

初夏的北京,微风习习,天蒙蒙亮,我就来到北大校园。法学院小广场上,汪建成、张守文老师等正在打太极拳;未明湖畔,鸳鸯、野鸭等正在划着水线;博雅塔尖,风铃正发出叮叮当当的响声;图书馆前,一对石狮子正迎候一张张青春的笑脸。我兴奋地来到会场,看到基地叶元生老师正指挥课题组成员,做会前准备。

专家组的各位前辈都是老熟人,他们相互握手,互致问候,说说头上的白发,聊聊身体的发福,亲切、自然、随性。主持人是明安兄,他面色红润,精神饱满,操着浓重的湖南口音,介绍每一位长者。王磊则代表北大社科部,祝贺开题,并真诚感谢前辈们莅临教诲。我简要汇报了课题的结构和思路,提出了需要解决的问题和研究的重点难点。

结一份善缘

朱维究老师是我的授业恩师，第一个发言。她指出，立法权科学配置研究，要把握法的中国性和国家治理现代化这两大背景，统筹一国、两制、三法系、四法域这四个维度，认真梳理新中国成立后立法权配置中存在的经验和教训，努力契合建设中国特色社会主义法治体系，形成论理性和前瞻性成果。她强调，法律的本质在于用正义的逻辑代替武力的征服，所以制度建设一定要跟上人类思想的脚步。

郭道辉老师来得很不容易，因为他正全心全意照顾老伴张静娴，为了参加今天的会议，他特意请女儿来替班。郭老坦言，立法权科学配置研究，应当强调立法权的核心功能，在党与政府建设社会主义法治国家的道路上，必须强调依宪执政与依宪治国，在立法权的重心上，应该考虑将重点从经济立法、行政立法转移到公民基本权利保障的立法上来。同时，立法权的配置应当注重由人大主导，而非过多地授权给政府。建设中国特色社会主义法治体系不应当只重数量，更要注重质量，要凸显立法保障公民自由与权利的功能。郭老强调，立法是理论的力量，行政是实践的力量，只有思想相互碰撞才能有理论的闪光，这些都需要课题组拿出智慧和勇气。

张春生先生长期在全国人大从事立法工作，有着深厚的专业修养和丰富的实践经验，他说立法权的科学配置研究应聚焦国内法与制定法，重点回答不同立法主体的权力界限问题。事实上，宪法规定国务院的"根据原则"，地方性法规的"不抵触原则"，民族自治地方的"变通原则"，并没有科学地回答立法权的配置问题。因此要深入研究立法权科学配置的具体标准，必要时可以向有关部门提出修宪建议。尤其对不抵触原则，要结合国家机关的性质、地位、职权和相互关系，集中研究几个核心问题，形成对策性建议，向有权机关反映。

孙琬钟先生曾长期在国务院法制局工作，对立法深有感触，他提出立法权的科学配置应立足于事权划分，权限不清则立法不可能科学，这个问题要放在中国特定的历史条件下来考虑。实践中，存在国家权力部门化、部门权力利益化、部门利益法治化的倾向，课题组应该进行深入研究。同时要充分阐释立法权科学配置的理由与根据，并与改革发展的实践紧密结合。

蒋劲松教授是横跨立法与教学的"两栖"学者，他出版的三卷本《德国议会》，在学术界有很大影响。他建议立法权科学配置研究，要注意汲取西方经典思想家的理论资源，同时把握好科学立法与民主立法的界限，注意哪些措施是在增强科学立法，哪些措施是在强化民主立法，这关涉到课题的研究重心和方向。他说，法律是人类为了共同利益用经验和智慧做出的成果。

王磊教授是中生代宪法学者，他提醒课题组，研究立法权的科学配置，要准确把握"人大主导立法、立法引领改革、改革于法有据"这三者的关系，要从中国特色社会主义法律体系建构和全面落实中国宪法监督制度两方面入手，深刻把握研究对象，形成中国特色的立法话语体系。

姜明安教授最后发言，希望课题组围绕什么是法、何为立法权、怎样进行科学配置这三个核心问题展开研究，要突出重点难点，找出真问题，探寻解决之道。要关注改革发展中的新问题，如协同立法、军事立法、党法与国法关系、地方立法权扩容等，进行深入研究，争取按时完成创新性成果。

罗豪才老师先去参加一个人权方面的会议，会后马上赶过来。他说，我对立法问题感兴趣，想听听大家的高见，也想会会老朋友，心里总惦记着。我上次病了以后，现在虽然好了，但腿脚有些发软。记得初识罗老师是在20世纪80年代中期，我本科毕业留校任教，经常骑自行车到北大转悠，听听肖蔚云老师讲"八二年宪法的诞生"，听听罗老师讲"资本主义国家宪法与政治制度"，转眼已经30年了。罗老师身材魁梧，满头银发，讲话声音不高，但和蔼可亲。他的到来让我心存感激，今天简直是"群英会"。6位先生坐前边，其他人站后面，我们拍了一张珍贵的合影。

接着，大家移步到直隶会馆午餐。罗老师说，家里人不让喝酒了，不过今天特别高兴，想一块喝几杯。老先生们举杯小酌，气氛热烈，仿佛回到了青年。小辈们纷纷敬酒，情感真挚，仿佛回到了家庭。酒真是一件妙物，关键时给人助兴。艾青形象地说：她是可爱的，具有火的性格，水的外形，她是欢乐的精灵。

2018年2月18日，罗豪才先生不幸逝世，我无比悲痛，跟随罗智敏和成协中到先生寓所进行了吊唁。2019年，去台湾政治大学开会，翁岳生教授致辞提到罗豪才教授逝世，泪流满面，痛哭失声，他说这是海峡两岸公法学界的重大损失。在《立法权科学配置》课题成果即将付梓之际，我真心感谢课题组的同学们，真诚感恩参加开题论证的前辈们，真切感念出席结项答辩的专家们，还有北大出版社的各位同仁，是你们的无私帮助和倾情付出，才使我们有了这本文字，结了这一份善缘。

2020年8月20日

宪法那些事儿   （《青少年宪法读本》前言）

托尔斯泰说，历史是国家和人类的记忆。曹辛之也说，我们从平静的小河里，从反射的玻璃上，看到忧患和欢乐的交替。婴孩长大了，年轻的变老了，记忆给我们带来慰藉。把这一束光、一团朦胧，静静地凝固在这纸片上。我想，一国的宪法史又何尝不是呢？它把国人立宪、行宪的光辉历程，把宪法发生、发展的神奇故事，真实地记录下来，生动地昭告给每一位共和国的公民。

一、定都北平：毛泽东与王稼祥的对话

毛泽东与王稼祥，一生关系密切，毛泽东说，遵义会议上，王稼祥投了关键性的一票，使中国革命回到正确轨道。

关于定都问题，毛泽东和王稼祥有个严肃的对话。在1949年2月下旬的西柏坡，王稼祥借参加中共七届二中全会之机，偕夫人朱仲丽见毛泽东。交谈中，毛泽东说，我们快要取得全国胜利了，但定都之事还没个决断。中国历朝皇帝，不是定都在西安、开封，就是定都在南京、北平，我想听听你的意见。

王稼祥知识渊博，见解独到，略加思考便从容回答：首先，国民党的首都南京，虽自称虎踞龙盘，地理险要，但翻开历史就知

道，凡建都金陵的王朝，都是短命的。这样讲，略带历史宿命论的色彩，我们不信那一套。不过从国际形势来看，南京离东南沿海太近，是个大缺憾。我们定都，当然不能选南京。其次，西安太偏西了，现在中国的疆域，已不是秦汉隋唐时代，那时长城就是边境，现在长城横卧于中国腹地，特别在经济上，东南沿海和江南才是真正的中心，所以选西安为国都也不合适。最后，黄河沿岸的开封、洛阳等古都，因中原经济落后，这种局面短期内难以改观，加之交通不便、黄河水患等，也失去了成为京都的地位。

毛泽东听得津津有味，边抽烟边追问，那在哪里定都更好呢？王稼祥不慌不忙地接着说，最理想的地方是北平。它位于沿海地区，在发达经济圈内，扼守东北与关内的"咽喉"地带，可谓中国命脉之所在。同时它离社会主义苏联和蒙古人民共和国不远，国界长但无战争之忧。当然它离海稍近，但渤海是中国内海，有辽宁、山东两个半岛拱卫，从战略上看也比较安全。更主要的，北平是明、清两代五百年的帝都，人民群众从心理上更乐于接受。综上，我们政府的首都，应选在北平。

毛泽东听完，微笑着说，有道理，你的分析正合我意，我们的首都可定北平了。蒋介石的政权基础是江浙官僚资本，他定都南京。我们的政权基础是广大工农群众，所以要定都北平。

1949年9月21日至30日，新中国的第一次盛会，即中国人民政治协商会议第一届全体会议，在北平隆重举行，代表们以举手表决的方式，一致通过了新中国的国都定在北平，并于当天将北平改为北京。此后，我国历部《宪法》都规定：中华人民共和国首都是北京。

从语义学上说，京有中心、高大的意思，表示山丘的顶端，后引申为京都、国都等。我国历史上，称"京"的地方很多，随着历史的变迁，而今只剩北京和南京了。其实，"京"字背后，有许多历史故事，关涉政治、经济、军事和文化等，值得后人去发掘。

二、起草宪法：北山街 84 号的日日夜夜

1953 年 12 月 28 日凌晨，杭州火车站迎来了一批尊敬的客人，他们是新中国宪法的起草者，住西湖岸边的北山街 84 号。主人公毛泽东被迎进刘庄一号楼，三大秘书陈伯达、胡乔木和田家英则住在 30 号楼。

毛泽东说，"上有天堂，下有苏杭"，杭州是个好地方。他还说，"治国，须有一部大法。我们这次去杭州，就是为了能集中精力做好这件立国安邦的大事"。可见，在南下的列车上，在轰鸣的汽笛中，新宪法的模样已在领导人的脑海里酝酿。不过，一部《宪法》和一个美丽的地方邂逅，这背后一定有某种说不出的力量。有个数据说，毛泽东一生来过杭州 53 次，总共住了 887 天。也许，这就是揭开谜底的线索。

立宪是制定原规则、进行顶层设计的重要时刻，需要鲜明的指导思想和高超的政治艺术。在起草工作会上，毛泽东首先亮明了观点。他说，《宪法》是一个国家的根本大法，从党的主席到普通百姓都要遵守，这个规矩要立好。我们的宪法，一要坚持人民民主原则，二要坚持社会主义原则。在具体条文上，要体现原则性和灵活性的统一，要简单、明了。考察新中国宪法史，把社会主义写入《宪法》，最早始于 1954 年，以后的事情，就是探讨什么是社会主义，怎样建设社会主义了。

为起草一部经典的《宪法》，毛泽东阅读了大量中外宪法文献，还给政治局和中央委员们开列了宪法参考书目，要求他们认真学习。在研读 1918 年《苏俄宪法》时，毛泽东发现，把列宁撰写的《被剥削劳动人民权利宣言》作为这部宪法的序言，是苏俄的一大创造，由此受到启发，遂决定在中国宪法的总纲前，也写一个序言，既能宣示制宪目的和政权合法性，又能与苏联"老大哥"的宪

法风格保持一致，应该是个不错的选择。此后，我国历部《宪法》都采用了序言加正文的结构。

创设国家主席，是 1954 年《宪法》的一大亮点。毛泽东说，为保证国家安全，设个国家主席，能在国务院和全国人大常委会之间有个缓冲，看似"叠床架屋"，其实是个"双保险"。他强调，资本主义国家的总统可以解散国会，我们的国家主席不能解散全国人民代表大会。相反，全国人大倒可以罢免国家主席。综观历史，国家主席制度虽多有变迁，不过在国家生活和对外交往中，却发挥越来越重要的作用。

忆往昔，毛主席率领的《宪法》起草小组，每天下午 3 点，到第二天黎明，都在北山街 84 号不停地忙碌，整整度过了 77 个日日夜夜，最终完成了《宪法》初稿的起草，史称"西湖稿"，为共和国第一部《宪法》的诞生奠定了坚实的基础。而今，北山街 84 号，已由浙江省确定为"五四宪法历史资料陈列馆"，供广大游客参观。2018 年，我有幸来到这个令人神往的地方，观展品，听讲解，细思量，对这部《宪法》有了更深的体悟。临别时，工作人员赠了我一本盖着馆印的小开本《宪法》，我非常珍惜，恭敬地摆在书桌上，经常翻看。

三、修建圣殿：人民行使最高国家权力的场所

建一座大礼堂，让 10000 人一起开会，5000 人同时就餐，是毛泽东在中共七大时的夙愿。不过新中国成立后较长时间，国内环境和综合国力都制约着这一愿景的实现。时间到了 1958 年 8 月，中共中央政治局召开会议，决定在新中国成立十年大庆前，建设十大工程，向国庆献礼。其中，排在首位的就是建造万人大礼堂。

1958 年开始直到 20 世纪 60 年代，是中国历史上的"大跃进"时期，奉行"鼓足干劲、力争上游、多快好省地建设社会主义"的

总路线和"只有想不到,没有做不到"的浪漫主义哲学。对即将建设的万人大礼堂,领导人有非常明确的要求:从设计、搬迁、施工到建成,工期不能超过1年;建筑外观要雄伟、庄严、壮丽,建筑寿命不能短于350年;设计方案均要出自国人之手,建筑材料更要由中国自己生产。随着党中央和毛主席一声令下,共有30万名劳动大军投入大会堂的建设之中,创造了一个又一个人间奇迹。

1959年9月9日晚,毛主席视察大会堂工地。北京市副市长万里向毛主席汇报工作,说这个工程占地15万平方米,建筑面积17万平方米,比故宫加起来还大,广大建设者们只用了10个月的时间,就完成了建设重任。毛主席风趣地说,你叫万里,日行万里,施工进度当然快喽。万里接着说,这个工程还没有名字,您给取个名字吧。毛主席问,你们平时叫什么?万里说,有时叫大会堂,有时叫人民宫。毛主席说,"宫"嘛,有些封建,我看,就叫"人民大会堂"吧!从此,这座雄伟的建筑,有了自己的名字——人民大会堂。

有一首散文诗,是冰心老人1959年创作的,感动过无数国人:走进人民大会堂,使你突然地敬虔肃穆下来,好像一滴水投进了海洋,感到一滴水的细小,感到海洋的无边壮阔。步入万人大礼堂,使你突然地开朗舒畅了起来,好像凝立在夏夜的星空之下,周围的空气里洋溢着田野的芬芳。

人民大会堂建成后,全国人民代表大会的会址就从中南海的怀仁堂,搬到了这座神圣的殿堂,人民代表的人数也从1226人增加到近3000人。至此,代表人民行使最高国家权力的机关,终于有了一个真正属于自己的会场。

四、调整结构:国家是公民权利的守护者

胡乔木是个有才的人,叶永烈有一本书,叫《中共中央一支

笔——胡乔木》。书的封面上介绍：毛泽东喜欢胡乔木的才，胡乔木让毛泽东十分省心，想说的话，想写的事，只要跟胡乔木说个题目，讲个大概，立马就能成为一篇大文章。胡乔木也是个有情有义的人，杨绛先生在《我们仨》中说，乔木到我们家来，谈学术，谈掌故，谈书，什么都谈。他不是什么领导，不带任何官职，只是清华的老同学。得知钱钟书有哮喘病，曾两次寄药方给他。知道我们家住房困难，就向国管局要了一套四居室，还问够不够住。

胡乔木还是个有思想的人。作为1982年《宪法》修改委员会秘书长，他对宪法的完善，做出过重要贡献。比如，设立特别行政区、恢复乡村政权、推行义务教育、建立国家审计机关等。特别对现行《宪法》结构的调整，可以说居功至伟。

1982年2月16日上午，中央书记处讨论《宪法》修改问题。有人坚持"总纲"之后写"国家机构"，然后写"公民的基本权利和义务"。胡乔木则认为，应把"公民的基本权利和义务"放在"国家机构"之前。理由是：权利义务是总纲的补充和继续，国家机构是为总纲和权利义务服务的。经过反复讨论，还是没达成一致意见。

当天下午，胡乔木让秘书告诉中国社科院法学所王叔文所长，尽快把世界各国《宪法》中权利义务和国家机构部分规定的情况查清楚，列成表格，明天上午9点之前交送。王叔文等专家查了111个国家的《宪法》，发现有101个国家把权利义务放在前面，只有10个国家把国家机构放在前面。胡乔木立即把这份材料送给中央政治局和书记处同志阅读。

2月17日下午，邓小平找彭真、胡乔木、邓力群等同志谈《宪法》修改问题，他明确地说：从1954年到现在，原来的《宪法》已有近30年了，新的《宪法》要给人面貌一新的感觉。我同意胡乔木的意见，把"公民的基本权利和义务"一章放到"国家机构"的前面。

宪法结构如何安排，是宪法的形式问题，不过它内含着宪法的原理和价值。公民权利是目的，国家机构是手段，尊重和保障公民权利是国家的责任，这样的宪法观念契合着人类政治文明的发展走向。

五、英明决断：设立监督宪法实施的专门机构

张友渔是共产党培养的红色宪法学家，在学术上特别崇尚科学，而且敢讲真话。他常说，我发表言论，写东西，都是讲自己的话。只有认真思考了，研究了，认为对的东西，我才说。记得有一次听老人家讲座，谈到中国宪法监督的时效性时，激动地说，我活了快八十了，还没看到中国有一个真正的宪法案例。所以在全国人大会上，我找代表联名，建议设个专门机构，监督宪法的实施。1989年，著名宪法学家王叔文教授，联合32名人大代表，向七届人大二次会议提出修宪建议，希望全国人大下设一个宪法委员会。不过，由于种种原因，各种努力都没有成功。

2018年3月8日，十三届人大一次会议期间，有2952名全国人大代表，以提出审议意见的方式，赞成王晨副委员长代表全国人大常委会提出的关于把"法律委员会"修改为"宪法和法律委员会"的建议。3月11日，全国人民代表大会正式通过了这一《宪法修正案》。自此，我国拥有了协助最高国家权力机关监督宪法实施的专门机构。全国人大常委会还作出决定，明确了这个机构的职责：推动宪法实施，开展宪法解释，推进合宪性审查，加强宪法监督，配合宪法宣传工作。

令人欣慰的是，两年多来，我们每年都能读到全国人大有关机关发布的宪法事例，每年都能了解到规范性文件备案审查的情况。现在，这些有目共睹的事实，可以告慰张友渔等前辈们的在天之灵了。

六、结语

  2012年6月21日,在大洋彼岸的G20峰会上,当各国领导人昂首散去,任凭脚下自己国家的国旗被踩来踩去时,胡锦涛主席弯下腰去,将五星红旗认真地拾起来,仔细地收好。有位网友说,国旗是国家的标志和象征,不能将国旗扔在地上任人踩踏。胡主席为我们树立了榜样。

  我想,宪法那些事儿,有远有近,有大有小,可点点滴滴,都会触动国民心向宪制、心系法治的情怀。

2021年3月12日

每个成年人曾经都是孩子　　（《论国家对家庭教育的介入》序言）

叶强是我指导的博士研究生，毕业论文题目是《论国家对家庭教育的介入》。这篇文章获中国政法大学 2017 届研究生优秀博士学位论文奖，经法学院专家委员会评定，入选法学院首批优秀博士论文文库，由北京大学出版社出版。

老叶念硕士时跟我读体育法，身强体壮，单纯善良，爱读书，乐助人，但好像没有什么体育爱好或特长。他有点像《阿甘正传》里的阿甘，勤奋又执着。有空就写，从不偷懒。《论体育在现行宪法中的解释》一文，就是他坚持写作的成果，发表在权威期刊《体育科学》上。对家庭幸福和儿童保护的偏爱源于他的人生经验，也根源于他温良的心。参与我主持的"儿童权利保护机构研究"课题时，他翻译文献、收集资料、实地调研，在儿童家教、儿童家暴、儿童尊严等方面掌握了大量一手材料。他说非常景仰台湾成功大学的许育典教授，希望将来能以家庭责任和儿童保护为题材，进行博士学位论文创作。

湖北电视台编导张以庆拍过一部纪录片叫《幼儿园》，开头就说：他们或许是我们的孩子，或许就是我们自己。作为宪法学人，把儿童权利研究聚焦于家庭教育这一特殊领域，既可从宪法要求国家和家庭担负责任的角度进行观察，也可从儿童对父母或社会懵懂感性的视角进行体悟。老叶的论文，实事求是地说，选题不错。

就我的有限阅读来说，目前还没有学者专门从宪法学角度对国家和家庭在儿童教育中的责任关系进行研究。老叶以深沉的问题意识，丰富的文献资料，法教义学的研究方法，呈现了一个体系化的言说文本，赢得了答辩委员会专家的肯认与好评。

长期浸泡在自由与民主宪法理论中，老叶却说他逐步走上了共和主义道路。本书无论是有关家庭思想与文化的追寻，家庭教育基本权利的论证，还是国家介入家庭合宪性审查的推演，都落脚在了如何培养儿童公民抑或现代公民的核心命题上。立法优先是老叶的学术立场，通过立法解决家庭教育的矛盾与问题，是他的寄托和药方。依此逻辑他草拟了有78个条文的《家庭教育促进法》建议稿，作为本书创造性的结尾，真是煞费苦心。就像《阿甘正传》最后的一个长镜头：在蔚蓝的天空中，有一片羽毛随风飘舞，从空中到地下，最后落在了阿甘的双脚上。

老叶跟我说，在宪法界的学人中，他受王人博老师的影响最大。不过就本文的书写策略而言，我却看不到王老师对他的影响。王老师是不提倡学生写对策性论文的，特别是标志着自己学问品格的博士学位论文。因为对策一旦被采纳，论文的使命就完成了；而对策不被采纳，论文的使命也终结了。我以为对策问题也是可以写的，关键在于问题意识、理论抽象和书写策略。好的策论不但能影响制度建构，更能动人心魄，揭示事物的发展规律。依此衡量，本书还有较大的提升空间，比如，影响中国家庭教育的根源何在、生理与病理的关节点何如、合宪性审查三阶段判断的要害在何方等，并非类似在课题结项时附一个立法文本那么简单了事。

"文章千古事，得失寸心知。"作为导师和读者，我感念老叶的学术勇气和自信，更感动于他对家庭教育的忠诚与执着。就像他在本书题记所言：教育意味着一棵树摇动另一棵树，一朵云推动另一朵云，一个灵魂唤醒另一个灵魂。我想这是他心路历程的写照，更是他撰写论文的动力。其实我更喜欢法国作家圣-埃克苏佩里的一句话，每个成年人曾经都是孩子，只是他们忘了。然而就国家对家庭教育的介入来说，我们怎能忘了呢！

是为序。

2018 年 6 月 1 日

致辞

您是母校的一面镜子

(中国政法大学
1985级毕业30年庆典致辞)

1985级的师弟师妹们,10年没见,用冯巩的话说,想死你们了。

李延武同学说,让我代表老师讲几句话,我非常愉快就答应了。如果说,别的嘉宾是应邀来的,我则是硬要来的。我好想看看你们变胖了还是变瘦了,头发变白还是染黑了;心态是年轻了,年轻了,还是年轻了。不管变成啥样,我永远是你们的大师兄,你们永远是我的师妹和师弟。

今天也是我们1979级返校的日子,教学楼前布置得很热闹,上边是一条横幅"热烈欢迎七九级同学荣归母校",下边是竖排的"回家、回家、回家"。两边是一字排开12个班的报到处。这次组委会真是花心思了,用的口号是,要想感动别人,先得感动自己,每项活动都进行了精心准备。我是1979级5班的,全班34个同学,大家从国内外、海内外一起回到母校,为师生们祝福,为学校助力。我建议将来1979级返校和1985级毕业能否一块庆祝,省得江平老师等老师们两边跑,两边都惦记!

有人说,母校是一个令人魂牵梦绕的地方。特别是你们1985级同学,给法大留下了深刻的印象,那时科研大楼没有,学生宿舍大楼没有,学术报告厅没有,钱端升纪念馆没有,不过你们有法大精神,有法治情怀,有国族梦想,你们是法大历史上最有影响的一届毕业生!

参加你们20年庆典时,我记忆犹新,你们在校时的刻苦学习，毕业后的顽强拼搏，为母校做出的突出贡献，特别是那些凄美的爱情故事，一桩桩，一件件，都让我感动，让我流泪。在此我发自内心地说一声，谢谢同学们，你们让我这个法大的老学生：脸上有光，身上有劲，心里有念。

习近平总书记 2017 年 5 月 3 日来法大视察，提升了法大的地位。教育部领导说，若总书记早来法大几个月，你们不仅能成为世界一流法学学科建设单位，还可以迈入世界一流大学建设行列，成为真正的"双一流"大学。这一届领导班子也是拼了，胡明和马怀德等班子成员，团结广大师生，撸起袖子，正朝着双一流大学的目标奋勇前进，据说目前已争取到了北京市和教育部共建法大，争取到了老校的 1、2、3 号楼和老的教学楼被保留，争取到了新图书馆大楼明年启用。在座的诸位，如果谁能帮法大再找块地，建一个新校区，你就是法大的功臣，胡书记和马校长一定会请你喝真茅台。

亲爱的师弟师妹们，法大的辉煌是全体法大人铸就的。学生实践能力的培养需要你们的支持，老师社会能力的提升需要你们的助力，退休老师的生活需要你们的关爱，学校改革发展的大计需要你们的智慧。作为守望法大的老学生，我特别希望你们能牵线搭桥，介绍优秀的企业家为母校做慈善。

我们念书时"四大才女"之一的孙丙珠老师去年去世了，享年 88 岁。临终前她拉着我的手说，想办法给我们的合建楼安个电梯吧，我好几个月没下楼了。孙老师家住 5 楼，他老伴儿今年 91 岁了，身体特别胖，下楼也很困难。为此我们成立了一个吾爱吾师基金，争取能对有难处的老师施以援手。

俗话说，久久不见久久见，久久见了还想见。亲爱的师弟师妹们，衷心希望你们毕业 40 年、50 年、60 年的时候，我还能来参加庆典。这里我表个态，只要走得动，就一定来！更希望每一位同学管住嘴，迈开腿，睡得香，家庭幸福，身心健康。

最后我想用莎士比亚的两句诗结束我的发言：您，是母校的一面镜子；在您的身上，她找回了芬芳的四月天。

活着的尊严

(中国政法大学 2013届本科生毕业典礼致辞)

尊敬的各位家长、各位嘉宾、亲爱的同学们：

我今天发言的题目是《活着的尊严》。"轻轻地我走了，就像我轻轻地来。"这句话不是我说的。

4年前，你们带着骄傲的眼神和一颗好奇的心，来到昌平——这个被誉为有中国法学最高学府的地方。有人问，法大有多大，我说两校区相加有650亩。有人说，大学非大楼之谓，乃大师之谓也，此言极是。

4年后，法大的秘密你们该探清楚了：除了小美、温馨的校园，你们想听的课，想读的书，想见的大师，想交流的思想，想度过的人生，甚至想牵手的人儿，想必都如愿以偿了。

作为老师和1979级师兄，缘分使我们相遇，并有幸见证了你们4年最美好的时光。在挥手告别之际，我想再跟你们说几句话。

师弟师妹们，你们要感谢法大那些偶像名师。他们使你们占座、拥挤、抓狂，并收获了知识和思想。也要感谢法大那些非著名老师，他们使你们翘课、恋爱、上网，甚至把图书馆当成了战场。同样，作为母校的老师，我要衷心祝贺那些优秀拔尖学子，你们的各种奖项铸就了法大的荣光，也要感谢那些非拔尖同学，未来给母校捐款最多的人，往往就出现在你们之中。

毕业就像旅行，从熟悉的家园到陌生的地方。路怎么走我不知道，但有一点是清楚的——寻找快乐和幸福。我参加过一个弟子的婚礼，3个小时的仪式让我认识到婚姻的庄严和神圣。男人要建立家庭，担负起照顾父母、妻子和子女的责任。女人要帮助建立家庭，奉献爱的精神和力量。同学们，你们已经长大成人，愿有情人终成眷属，早日走进婚姻的殿堂。

有人说，结婚需要房子。面对富人的豪宅，每天涨价的商品房，你稚嫩的肩膀该如何承当。我想，小户型、廉租房，甚至一个遮风避雨的地方，都可以作为人生的起点，它虽然简陋，但夜深人静的时候，会伴着星星和月亮，与你共同追逐人生的理想。

有人说，成功很难。不错，我们生活在一个大变革的时代，三千年未有之大变局考验着我们，焦虑、困惑、无奈伴随着我们，活着挺不容易。不过，汤因比说，文明是在挑战、应战中生存发展的，失去挑战和应战能力的世界文明，很多已经消失了。个人也一样，只要你忍耐、实干、进取、超越，一定会有光明的前程。

亲爱的同学们，作为法大师友，今天我最想和你们分享的，是如何让我们活得有尊严。尊严来自何方，我理解首先是民主和政治。把民主、法治、人权这些人类最美好的想法嵌入一部宪法中，并认真地加以实施，这就是我们尊严实现的力量，它包括自由公平的选举、独立公正的司法、廉洁高效的政府、受制度约束的公权和不受非法剥夺的人权。民主政治不属于资本主义，社会主义也有民主政治。蔡定剑老师生前嘱咐我们："民主和宪制是我们这一代人的生活方式。"以经国纬政为使命的法大人，我们永远、永远、永远也不要放弃这个理想。

其次是感恩和坚守。感恩是一种美德，我们要感激父母给予的生命，感激老师给予的教诲，感激社会给予的舞台，然后我们要用后半生倾心回偿，其实这就是优良社会的秘密。坚守是一种生活态度，我们要仰望星空，又要持守心中的道德律。去年我参加香港中文大学的毕业典礼，他们的校长对同学寄语"不负此生"。他希望同学们未来过简朴的生活、高尚的生活、谦卑的生活，使家庭幸福、友情深厚、身心健康。同样这也是我对你们的殷切期望。

"人行天地间，忽如远行客。"同学们，毕业的铃声已经响起，你们得背起行囊前行了。不过你们不会孤单，因为有法大精神和30万校友相伴。也许有时会想家，我建议，当你心绪不宁时，不妨准备一瓶二锅头，两包花生米，请母校师友们喝上一杯，这是最好的心灵鸡汤。

最后我要说，亲爱的师弟师妹们，我永远爱你们，法大永远爱你们。

送两件珍贵的礼物给你

（中国政法大学法学院 2017 届毕业典礼致辞）

各位老师、各位家长，亲爱的同学们：

人生千万步，关键两三步。今天我们怀着无比激动的心情，三步并作两步，来到法大最豪华的大厅——刘皇发报告厅，亲眼见证法学院2017届莘莘学子结束你们令人难忘的大学生活，投入建设法治中国的新征程。我的心，别提多高兴了！

你们是幸福的，我是快乐的。一个多月以来，最火的一句话是：习近平总书记到法大视察。总书记来法大，最幸福的应该是你们。能亲耳聆听总书记的讲话，分享他的心路历程，畅想中华民族伟大复兴的中国梦，心里有多么温暖啊！让我们为这座有着65年光荣历史的中国法学最高学府点个赞！

2008年我带团去耶鲁大学访问。来到法学院，院门的上方有两幅大理石浮雕。第一幅刻的是一位酷似列宁的讲者，面对一群昏昏欲睡的学生，正慷慨激昂地发表演说；第二幅刻的是讲者在悠闲地看报，学生们手舞足蹈地辩论、演说。没有人确切地知道创作者想说什么。我猜想，作者可能想说，入校时学生们的心灵是蒙尘的，经过先生们的擦拭和启蒙，沉睡者被彻底唤醒了，每个人的身上都闪耀着理性的光辉。这也暗合了耶鲁大学的校训：追求光明与真理。亲爱的同学们，经过法大4年的熏陶和洗礼，你们心中的那盏灯，那盏法安天下、德润人心的明灯应该点亮了。我们诸位曾经慷慨激昂的老师也该沏一杯清茶，慢慢地歇会儿了。

"悄悄地我走了，正如我悄悄地来。我挥一挥衣袖，不带走一片云彩。"那是徐志摩的《再别康桥》。今天当你们作别母校，挥手法学院的时候，我代表全院104名教职工，送两件珍贵的礼物，希望你们永远带在身边。一件是"法治天下"，一件是"学问古今"。是的，这是咱们的院训。

法大学院路校区靠近蓟门桥一侧，有一块著名的石碑，上面刻着苍劲有力的四个大字：法治天下。是我们的老校长、永远的校长江平教授亲笔手书。法治天下是法治中国的升级版。它既是我们人类苦难历程的记忆，更是人类共同体对宪制未来的想往。记得《联邦党人文集》开头就说，我们人类是否可以通过深思熟虑和慎重选择建立一个理想政体，还是我们人类只能靠武力或偶然性建立一种政权组织形式，这个问题是人类的永恒问题。

什么是法治，我理解核心是如何建构理想政体的问题。把权力关进制度的笼子是其本质，宪法法律至上、法律面前人人平等、权由法定、权依法使是其内涵。同学们，让我们重温卢梭的那句名言吧：法治不是印在精美的纸上，也不是刻在大理石上，而是印在广大公民的心上。

中国古人有三个不朽：立德、立功、立言。我认为最重要的是立言，用我们的院训来说，就是学问古今。人的生命是有限的，财富是有尽的，唯有学问能承载思想，传承文明，将当下变成永恒。亲爱的同学们，希望你们敬畏知识，敬畏学问，为我们伟大的时代，留下自己的智慧。

如果说中国政法大学是中国法学上的王冠，那么法学院的同学就是王冠上的明珠。卓越法律人才实验班，是国家法治人才培养改革的试点，它寄托着国人的期望，国家法治的未来。"应国需、促法兴"是国家赋予法大的责任，更是法学院的光荣与使命。十年来法学院实验班在全院师生的共同努力下取得了骄人的成绩，顺利通过了本科生教学评估。此时此刻，我想起了我们的前任院长、美丽执着的薛刚凌教授。今天她身在广州，特别嘱托我向大家问好，祝每位同学都有一个美好的前程，祝法学院成为世界一流的法学殿堂。在此，我代表法学院领导班子和全体师生郑重承诺，我们一定把法学院办成学术型、智慧型、国际型、实践型的卓越法学院！

古人云，"一个好汉三个帮"。办好法学院，我真切感受到，需要在座每一个同学的参与和力量。"常回家看看"绝不是一句客套话。上午法律系1998级同学何侨为法大捐了1000万元，特别动情的话语和有力的行动深深感染了每一位听众。

诗人艾青说，藤，属它最多情，爱上谁就和它缠绕一生。亲爱的同学们，你和我，你们和我们，都是深爱着法大的藤，爱上法大注定要和它缠绕一生。

法学院永远爱着你们！谢谢！

请记住法大密码

（中国政法大学 2018 届研究生毕业典礼致辞）

尊敬的各位老师，亲爱的同学们，终于轮到我了！

为了这个发言，我足足等了 39 年。遥想当年，曾经的北京政法学院，复办后首批入学的我们，拎着小马扎参加开学典礼的情形仿佛就在眼前。

39 年后的今天，当我们聚首体院，借邻居的大礼堂办法大研究生的毕业典礼时，心情既复杂又灿烂。

俗话说人有四喜：久旱逢甘雨，他乡遇故知，洞房花烛夜，金榜题名时。我觉得今天可以改一句——圆满毕业时。

顺利毕业是人生的大喜事。因为只有毕业了，家人的牵挂才能放下，导师的紧张才能疏解，同学们的理想才能放飞，学校"你在之处，便是法大"的期许才能实现。

我常听央视报道，人民大会堂响起了雷鸣般的掌声。此时此刻，为了含辛茹苦养育你们的家人，为了呕心沥血教育你们的老师，更为了顽强拼搏顺利毕业的你们自己，请大家用掌声和欢呼声来尽情地表达感恩之心和喜悦之情吧！

黄进校长送过我一本书叫《何以法大》。这是校长的自问自醒，也是对每一位法大人的追问和警醒。亲爱的同学们，当你们打好行囊，怀揣梦想，即将告别母校，奔赴祖国的四面八方时，能否先放慢脚步，再思考一下何以法大？

法大应该有美丽的校园。我每次去北大清华开会或参加博士答辩，都要在未名湖畔走走，水木清华转转，主要是为了感受他们校园的安静与恬淡。据说1952年法大的前身——北京政法学院建立时，也有小滇池、石假山、花果园。美景绝不输给学院路上的任何一个校园。泰戈尔说，天空没有留下翅膀的痕迹，但我已经飞过。66年的风雨兼程，66年的星移斗转，学校名称改了，隶属关系变了，高楼大厦多了，但校园的气质和灵性呢？有时让我彻夜难眠！其实优美的校园环境就像思想巨擘和艺术大师，能时时熏陶和感染每一个法大人。有位校友曾深情地回忆起当年学院路教学楼后面的几棵樱树：情如叶，风吹散，一叶知秋呀，你绝尘而去的身影，转眼就成了天涯。唯有窗前的那一抹樱红，永远地留在了记忆之中。老师们，同学们，我们期待学校的教学与图书馆大楼早日启用，更希望法大的每个角落都留下历史记忆和人文情怀，让精致和温馨布满每个法大人的心间。

法大应该为国家提供思想。帕斯卡尔说，思想成就了国家的伟大，也成就了人的尊严。曾记否，老校长江平教授提出，律师兴则法治兴，法治兴则国家兴；新闻自由和违宪审查就像围棋的两个眼，有两个眼才能活棋。老校长陈光中教授提出，刑事诉讼法中，公正与效率相比较，公正先于效率；刑事诉讼法首先是宪法的程序法，然后才是刑法的程序法。前任校长徐显明教授提出，人的尊严是人权上的皇冠，尊重与保障人权是宪法赋予国家的重担。同学们，大学校长的思想是大学的标杆，它引领和构筑着所在大学的风范。在现代国家中，思想自由与表达自由自然成双，与无端禁言天然作对。历史已经证明，禁锢思想会堵塞人类发现真理的渠道，消减人们创新的能力，扭曲公民健康的人格。会使假大空盛行，让谄媚者上位。让我们重温《肖申克的救赎》中的一句台词吧：有一种鸟儿是关不住的，因为它的每片羽毛都闪耀着自由的光辉。66年来，法大人闪光的思想，像泉水一样汇流成河，滋润着国家民主与法治的土壤，提供着国家治理体系和能力现代化的创见。只要我们每一代法大人，特别是在座的各位同学，不间断地贡献出你们的智慧和思想，为国家发声，为社会发力，"法安天下，德润人心"的愿景就一定能实现。

法大人应当有创造力。各位同学，我们已进入互联网时代，大数据改变了我们的生活，人工智能颠覆了我们的生存状态。在大数据和人工智能面前，我们每个人就像被放置在玻璃杯中、聚光灯下，暴露和赤裸着肉身。谁拥有大数据，谁能利用大数据，谁就掌握了控制别人和社会的手段。今天，我们法大人有责任助推国家实现现代化，不过从法的核心价值观察，法大人更有义务捍卫公民的隐私和尊严不被资本大鳄和利维坦所侵夺。面对智能机器人毁灭人类的挑战，我们应当用法律人的创造力进行理性应对，在自由和秩序的平衡中走向人类可控的明天。

法大人应当过简朴和健康的生活。香港中文大学前任校长沈祖尧对毕业生说，要过简朴的生活。温馨的家庭、简单的衣着、健康的饮食，就是快乐之所在。而一颗服务国家和社会的心、一个积极向上的爱好，就是快乐之源泉。在新时代，法大人不但要与光明和真理为友，更要与体育和健康为友。体育是对身体的教育，通过育体达到育心，通过育心实现人格完善，通过人格完善实现人的尊严。首体校长钟秉枢教授说，体育与法律最大的相同点就是研究规则。规则是人类习惯的前提，是对人性的训诫，它管束人心中的欲望和冲动。如果你养成好的习惯，一辈子都享不尽它带给你的利息，反之都在偿还无尽的债务。同学们，美丽中国和健康中国是这次《宪法》修改的国家目标。它要求我们每个人都是自己健康的第一责任人。我建议你们走向社会后，要有意识地跟名医和教练交朋友，在自律和他助中呵护好自己与家人的身心健康。

法大人要懂得感恩。法大对我来说真是恩重如山，我妻子、我侄子、我女儿和我都毕业于这所大学。艾青说，"为什么我的眼里常含泪水，因为我对这土地爱得深沉"。1979年我从京郊农村踏入法大这片热土，就和它有了心灵感应，产生了难以割舍的母校情：它给我知识，让我通过教书能养家糊口；它授我荣耀，让我在幸福中自由驰骋；它赐我力量，让我在困境中温暖前行。所以我要敬畏法大，感恩法大，爱法大的每一个人。弗洛姆在《爱的艺术》里说，人们先有爱的能力，然后才有爱的艺术。我经常想，一个大学能够生存的关键是什么，终极上是校友。校友看什么，一看校园文化，二看校友捐赠。各位同学，校友捐赠已成为判断世界一流大学的标志。哈佛、耶鲁、牛津、剑桥这些大学就不用说了，据艾瑞深编写的《2018年中国大学评估报告》显示，校友捐款前三甲的大学是：清华大学26.54亿元，北京大学22.99亿元，人民大学21.57亿元。我们中国政法大学是0.53亿元，排在全国第54位。在上周我们焦门的谢师宴上，我跟弟子们说，不怕你们当大官、挣大钱，关键是当了官、挣了钱干什么。法大为国家培养了20多万优秀毕业生，可获得的校友捐款才0.53亿元，这和中国法学的最高学府与世界一流法学学科的地位很不相称。所以你们要好好发展，将来为母校多献爱心，多捐善款。

亲爱的同学们，美丽校园、自由思想、创造能力、健康生活、感恩报答是我对何以法大的感悟，它就像进入法大的密码，映照了每个法大人的心灵，透视了每个法大人的故事，连接着每个法大人的情感：或慷慨激昂，或低回婉转，或刻骨铭心，或随风飘散。亲爱的同学们，聚是一团火，散是满天星。让我们血脉相连，永远记住法大密码！

你们是夏日里的清风

（中国政法大学法学院2019届本科生毕业典礼致辞）

亲爱的同学们，6月是毕业的季节，也是喜庆的日子。在这辞旧迎新之际，你们有理由合影，有理由欢笑，有理由举杯，更有理由拥抱！

法学院真诚地祝福你们：她会用典礼为你们的成功加冕，用晚会将你们的激情点燃，用掌声鼓舞你们前行的脚步，更要双手合十祝你们健康平安！

同学们，你们要感谢那些教学名师、学术大家们，他们在过去的日子里，用知识开启了你们的智慧，用正义塑造了你们的人格，用思想唤醒了你们的灵魂。更要感谢那些平凡的、默默耕耘的老师，他们在辛勤劳作中，逐渐使你们成为一个高尚的人、一个纯粹的人、一个有道德的人、一个脱离了低级趣味的人、一个有益于人民的人。师恩永不忘，牢记在心头！

作为院长，我要代表全体师生，感谢各位家长，你们把最优秀的儿女送到法学院来，是对本院莫大的信任。也要感谢在座的各位同学，你们无怨无悔的选择，才成就了我们团结奋进、令人难忘的美好时光。在此我给大家鞠上一躬，洪昌这厢有礼了。

在我心中，大学是个神圣的地方。雅斯贝尔斯说，教育在本质上是一棵树摇动另一棵树，一朵云推动另一朵云，一个灵魂唤醒另一个灵魂。作为现代教育的发源地，大学肩负着教书育人的使命。

法大学院路校区有个精致的纪念馆，是纪念钱端升先生的。学校对钱老的评价是：为青年，他胸怀天下，心系人民；为学者，他勤勉治学，著作等身；为教授，他悉心育人，桃李满天；为赤子，他以身许国，绝无二心。所以，端升楼、端升像、端升奖、端升全集、端升纪念馆等，已汇成法大的符号，像空气在校园中弥漫。

我以为钱端升之于法大，就像蔡元培之于北大、梅贻琦之于清华。钱先生的肺腑之言是：我珍惜我的祖国，甚于珍惜我的灵魂。

纪念馆里有一幅字，是于右任先生题给钱先生的：高怀无近趣，清抱多远闻。这可以看作是钱先生精神品格的写照。他说，成为学者，乃我一生唯一之希望也！

同学们，法大算不上漂亮，也够不上综合，但却是一个有底蕴和品性的大学。记得 2008 年 5 月 4 日，温家宝总理来法大考察时，车到校门口就停住了，他步行着进入校园。然后在"法治天下"的石碑前驻足观赏，若有所思。校长徐显明后来感慨，这个细节使我终生难忘，它表明总理是个有修养的人。更重要的，是他以这种方式表达了对法治的尊重，因为这所大学叫"中国政法大学"！

竺可桢是浙江大学的老校长，他曾问同学两个问题：第一，到浙大做什么？第二，将来毕业后做什么样的人？我想这两个平实之问，也同样适用我们法大人。毕业之际，作为师长，我想送你们四个祝愿。

第一，愿你们成为有教养的法大人。作家梁晓声说，教养是植根于内心的修养；是无须提醒的自觉；是以约束为前提的自由；是为别人着想的善良。

看一个人是否有教养，可从五个细节观察：守时守信；耐心倾听别人讲话；不随意武断地评价人；尊重公共场合的约定；富有同情心。再简单点说就是，不向亲人发火，不向陌生人发威，不让别人难受。

所以，好的教养，就像暗夜里的一颗明星，总是在不经意的抬头间，让你感到清新和惬意！

第二，愿你们成为健康的法大人。何为健康，世界卫生组织提出，它是一种在身体上、心理上和社会上的完满状态。其标准是：正常的身高与体重；正常的体温、脉搏与呼吸；明亮的眼睛与淡红色的舌头；健康的牙齿与坚固的指甲；有弹性的皮肤与有光泽的头发；食欲旺盛与正常大小便；性格开朗，充满活力；朝气蓬勃，富有进取心。

我发现，健康与体育有着天然的联系。体育就是对人身体的教育，它通过育体达致育心，通过育心唤醒灵魂，通过灵魂塑造人格尊严，而尊严是健康的最高境界。有人说，体育是把自由、公平、文化和拼搏融入了运动，使人们在娱乐和休闲时获得审美体验。所以我们要尽情享受竞技体育带给我们的快乐，更要积极参与全民健身，每天锻炼1小时，健康工作50年，幸福生活一辈子！

第三，愿你们成为有作为的法大人。习近平总书记说，一代青年有一代青年的历史际遇。我们的国家正在走向繁荣富强，我们的民族正在走向伟大复兴，我们的人民正在奔向更加美好的幸福生活。当代中国青年要有所作为，就必须投身到人民的伟大奋斗中。

最近中央提出，选拔干部要坚持有为才有位、有位更有为的原则，让那些想干事、能干事、干成事的干部有机会上位，有舞台发光。我们法大学子，更要秉持求大道学问、成古今伟业的理念，全身心投入社会主义现代化强国的建设。

第四，愿你们成为清风般的法大人。同学们，今年是不平凡的一年，大事多，喜事多，当然难事和烦心的事也多。在这燥热又略带忧伤的季节，你们就像夏日的清风，为大地送爽，为父母解忧，为母校争光。

亲爱的同学们，法学院永远爱你们！

追求卓越一切皆有可能

（中国政法大学法学院
2019级本科生开学典礼致辞）

尊敬的各位家长、老师，亲爱的同学们。金秋时节，我们相聚在法大，这是荣誉的召唤，更是命运的安排。

秋天是北京最美的季节。老舍先生说，天堂是什么样子我不晓得，但从我生活经验去判断，北平之秋便是天堂，北平是一定要住的地方。郁达夫也说，每当想到秋天，总要想起陶然亭的芦花、钓鱼台的柳影、西山的虫唱、玉泉的月夜、潭柘寺的钟声。

同学们，在这天高云淡的季节，你们的出现，是在正确的时间、正确的地点，我们遇见了正确的人。正所谓"我见青山多妩媚，料青山见我应如是"，从此以后，法学院将和你们，共同行进在法治中国的大道上！

我常想，大中小学，为何都选在秋季开学？这可能源于我们农耕文明的传统。春天播种，秋天收割，家长有了给孩子交学费的盈余。也可能考虑了气候，酷暑过后，转入秋凉，是读书修养的大好时光。更有可能是为了一个节日，9月10日教师节。情人节是情人和情人们一起度过，教师节是老师和同学们一起度过。在共和国第35个教师节来临之际，我们衷心祝愿伟大的祖国繁荣昌盛，更要祝愿敬爱的老师节日快乐、幸福安康！

法学院是法大第一院，去年我们为它庆祝了40岁生日。马怀德校长在致辞里说，法学院在科学研究、人才培养、社会服务和文明传承上，堪称法大的典范学院。张晋藩、朱勇教授等领衔的法律史学构成了法治的底色，舒国滢、刘星教授等领衔的法理学构成了法治的灵魂，王人博教授等领衔的宪法学构成了法治国家的良心，应松年、马怀德教授等领衔的行政法学构成了法治国家的脊梁，至于法与经济学、军事法学、体育法学、教育法学、卫生法学、立法学、党内法规学，特别是法律职业伦理等，则构成了法治中国的特色。

改革开放以来，特别是2002年法大撤系建院以来，法学院为国家和社会培养了数万名优秀法治人才，像十三届全国人大常委会副委员长、民建中央主席郝明金先生是朱维究教授的弟子；四川省纪委书记、监察委员会主任王雁飞先生是廉希圣教授的弟子；全国最大律师事务所——大成所主任、获评新中国成立70年非公有制经济代表人物的彭雪峰先生，是法大1979级院友；今天我们邀请前来致辞的北京通州区人民法院院长陈立如先生，是何兵教授的弟子。我记得在法学院研究生毕业生典礼上，天同律师事务所主任、我们的优秀院友蒋勇说，无论法官、检察官、律师，还是法学教师、公务员等，到处都是我们的人！

同学们，法治国家建设需要法治人才的培养，而法学教育的功能就是"应国需，促法兴"。中国政法大学作为中国法学教育的最高学府，不负党和国家的嘱托，率先推行了法治人才培养模式的改革，力争创造可复制、可推广的经验。所以学校决定，以法学院为依托，举全校之力，创办卓越法治人才实验班。

它们的特点是：本硕连读，六年融贯。学校从报考法学专业的同学中，选取100名文科生、100名理科生，组成法学实验班，统一由法学院管理，制订培养方案，安排任课教师，进行实习实践，成绩合格、答辩通过后，颁发法律硕士文凭。这种"4+2"的培养模式，成了全国法治人才培养的一种经验。

实务型、复合型，有情怀、能担当，了解中国国情，解决中国问题，是设立法学实验班的初衷。在反复论证和实践的基础上，培养方案形成了原理课、研讨课、案例课、诊所课、实务课和半年集中实习的模块结构，凸显了实验班学生上手快、操作强的优势。引导学生选修经济学、社会学、逻辑学、大数据与人工智能等课程，在新文科背景下，加强科际整合，真正实现厚基础、宽口径。在培养方式上，除加强法律职业伦理教育外，还给同学配备人生导师、学术导师和实践导师，明确导师责任，强化师生互动，将德法兼修、立德树人的理想真正落到实处。

同学们，到2035年我们国家要基本实现社会主义现代化，到2050年要全面建成社会主义现代化强国。法治现代化是国家现代化的重要组成部分，而卓越法治人才的培养又是法治现代化的重要一环。那何为卓越呢，下面谈谈我的看法。

爱因斯坦说，人是无知的，越读书越觉得自己无知。知和无知就像一个圆圈，知在圈里，无知在圈外。读书越多，知道得越多，圈就会越大，而无知的边界也随之变大。网络时代和传统社会最大的区别是，不用逛书店了，动动手指就能查到所有知识。不过我还是提倡同学们找找逛书店的感觉。我的体验是，在书海中发现自己心仪的书，就像发现了新大陆，窃喜不已。回到家，去掉包装，先看后记，再读序言，然后沏一杯茶，闻着墨香，拿笔在书上画一画，非常惬意。王人博教授说，人其实很矮小，是书给垫高的。作为卓越的法律人，我们要多读书，勤思考，常写作，让图书伴随好奇心和想象力，成为终身的朋友。

习近平总书记去美国访问时，在西雅图发表演讲，第一句就说，我年轻时特别喜欢读两本书，一本叫《联邦党人文集》，一本叫《常识》。联邦党人文集里有两段话，第一段话是汉密尔顿说的。我们人类是否可以通过深思熟虑和慎重选择建立一个良好的政体，还是我们人类只能靠武力或偶然性建立一种国家形式，这个问题是人类永恒的问题。第二段是麦迪逊讲的。如果人都是天使，就不需要政府，如果是天使统治人，就不需要对政府施加内在和外在的限制了。因为我们建立的是一个人统治人的社会，所以必须使政府有权威，同时又要对有权威的政府施加内在和外在的限制。习近平总书记提出，依法治国首先是依宪治国，依法执政关键是依宪执政。作为卓越的法律人，我们要养成宪法和法律思维，为法治中国建设做出自己的贡献。

我是 1979 年上的北京政法学院，算你们的师兄和院友。当时江平老师给我们讲罗马法，40 年过去了，先生讲的知识很多都淡忘了，不过他引用拿破仑的两句话一直震撼着我。第一句是：世界上有两种力量，刀剑和思想。从长远看，刀剑一定被思想打败。第二句是：我真正的光荣并非打了 40 多场胜仗，滑铁卢之战抹去了关于这一切的记忆。唯有我制定的民法典将永垂不朽。作为卓越的法律人，你们一定要有思想，因为思想决定制度，制度决定行为。换一句话讲，我们的行为受制于制度，而制度受制于思想。思想观念是最具穿透力的，它总能使我们保持清醒，伴我们胜利远航。

我们走进了新时代，健康中国、美丽中国是新时代的主旋律。绿水青山就是金山银山，发展体育运动增加人民体质，是新时代对我们的要求。作为卓越的法律人，你们要少玩手机，把更多的时间投入到环境保护和体育运动中来，做自己健康的第一责任人。2022 年中国将举办冬奥会，国家承诺国际奥委会，有 3 亿人上冰雪。我倡议，在座的各位，一定要学会溜冰、滑雪，不一定成为专业运动员，至少可以成为一名优秀的志愿者。

最后我用一句话概括我今天的致辞，叫一切皆有可能。这是李宁品牌的广告词。它们原来的口号是，"中国新一代的希望"，后来改成"把精彩留给自己"，再后来叫"出色源于本色"，现在叫"一切皆有可能"。亲爱的同学，只要我们牢记"法治天下，学问古今"的院训，刻苦学习，努力拼搏，就一切皆有可能！

什么是你的希望

（中国政法大学法学院
2019届研究生毕业典礼致辞）

尊敬的各位师长，亲爱的同学们，毕业典礼是一场公共仪式，它庄严神圣，又神采飞扬，充盈着欢乐的气氛，也弥漫着淡淡的忧伤，它是我们一生中最深切的记忆。

六年前，或者两三年前，法学院用"法治天下，学问古今"的院训，迎接了你们的到来。那些兴高采烈的导师们，就像分到了责任田的农民，把你们领进自己的师门。他们是麦田里的守望者，也是唤醒灵魂的魔术师。

同学们，你们是一批优秀的读书人，简单、善良、勤奋。以读书为乐，也以读书为趣。你们就像印在白纸上的黑字，相互簇拥又相互帮衬，宛若跳动的灵魂。每当我的眼神和你们相触，就有一种莫名的感动。

回望来时路，每位同学如期毕业都不容易。从开题、创作、预答辩，到抽检、盲评、正式闯关，每个环节都可能使你止步，每个步骤都可能让你搁浅。别责怪大数据与人工智能的无情，也别怨恨老师们祭出了"杀手锏"。其实我们有一个共同的心愿，就是保持这所大学的荣誉，护卫学术共同体的尊严。

今天上午，是你们最幸福的时刻。当校长为你们颁发了学位证书，导师将你们学位帽上的流苏从右边移到了左边，我的眼睛模糊了，手心出汗了。作为院长，我由衷地为你们高兴，也发自内心地呼喊：你们是法学院的荣光！更是国家未来的栋梁！

同学们，毕业季是收获的日子，也是分手的时候。林志炫有一首歌叫《凤凰花开的路口》："时光的河入海流，终于我们分头走，没有哪个港口，是永久的停留。"你们今天是法大的同学，明天将是法大的校友。临别之际，我想问大家一个问题：什么是你的希望？下面是我小小的预期。

我是一个吃货，对美食有特别的喜好。每次到昌平校区，最爱逛的是食堂。不仅品种多，味道好，而且价格公道。特别是国交中心的自助餐，花10块钱就能吃饱吃好。国有"一国两制"，校有一校两址，我希望有一天，学院路的师生员工们，也能享受到和昌平一样的美好和味道！

法大是中国法学的最高学府，在67年的办学历程中，它用不到600亩的土地，培养了20多万国家亟须的法治人才。马怀德校长在毕业致辞里说，凡住过梅兰竹菊的同学，无论走到哪里，都会觉得宽敞无比。我感到校长是自豪的，但其中也包含着些许无奈和自责。我希望马校长以"新手上路，别怕！"的勇气，乘着习近平总书记视察法大的东风，在德法兼修和大美校园建设上开拓进取，打个漂亮的"翻身仗"。至少等明年你们回来时，新的图书馆大楼能够启用！

地大物博，人口众多，曾经让我们引以为豪，但近年来国家人口不断下降。2015年放开"二孩"政策。2016年卫计委曾预测新生儿会"井喷"，达到2023万人，可实际上只出生1786万人；2017年实际出生1723万人，比上一年少生63万人；2018年出生1523万人，比上一年少生200万人。同学们，看到这组数字我非常着急，可是也无能为力了。倒退十年，我怎么也得给国家做点贡献。所以在学院里，我支持老师们生二孩。为了中华民族伟大复兴的中国梦，今天我拜托各位，一定得生孩子，最好生个双胞胎！

我是一个宪法老师，以教书为生，也以教书为业，可从没打过宪法官司。2019年3月7日，华为宣布，针对美国《2019财年国防授权法》第889条的合宪性，向美国联邦法院提起诉讼，请求法院判定这一针对华为的销售限制条款违宪，并永久限制该条款实施。我听了这个消息非常激动，中国人民终于可以拿起宪法武器，捍卫企业的合法权益了！各位同学，宪法是人类对美好生活的向往，是对历史苦难的记忆，是对理想政体的安排，更是对人权保障的期许。宪法的生命在于实施，宪法的权威也在于实施。已故最高人民法院院长肖扬曾说，一千次的宪法宣传也比不上一次对违宪行为的制裁让民众印象深刻。可以预期，随着中国对外"一带一路"战略的推进，国内合宪性审查工作的开展，在构建人类命运共同体的伟大实践中，宪法诉讼一定会有生机和希望，大家要提前做好准备。说不定我也有机会参与打一场宪法官司，以亲身经历丰富我们的宪法课堂！

记忆是一条河，从古流到今；记忆也是一首歌，从当下唱到未来。可是我们拿什么来记忆呢？它需要一个载体。当伟大祖国庆祝70华诞的时候，我希望国家能建一座法律博物馆，把中华民族几千年法安天下、德润人心的历史用各种实物展现出来。我希望这座博物馆就设在中国政法大学老校区，把1952年北京政法学院唯一的教学楼保存下来，让它成为展示国家法律文化自信的舞台。各位同学，亲爱的校友们，让我们各显身手，群策群力，干一件使子孙后代能够记住的好事！

有句老话叫"凡我在处，便是法大"，同学们，人生在世，总得干点既对得起国家也对得起自己的事业。记得我刚入职时领导曾嘱咐我：有为才有位，有位更有为。他说，有为包括三方面，想干事、能干事、干成事。想干事是改变命运、成就未来的动力；能干事是创造条件、实现目标的能力；干成事是审时度势、把握机会的巧力。三者有机结合，才能成就一番事业。那有位是什么呢？是平台，是资源，是权力，是荣誉。你每踏上一个台阶，就有了新位子。新位子能给你带来新人脉、新视野、新领域、新目标。舞台有多大，你的事业可能就有多大。法学院衷心希望你们干大事业，做大学问，有大出息。更希望你们修身养性，德位相配，为母校争光，为国家效劳，为社会出力！

　　同学们，如果说，法大是你的第二故乡，那法学院就是你的乡间别墅。你们就像风筝一样，飞得再高，飘得再远，父老乡亲们总会牵着那根线，不断地守望着你，与你们心心相连。席慕蓉说，故乡的歌是一支清远的笛，总在没有月亮的晚上想起。故乡的面貌却是一种模糊的怅惘，仿佛雾里的挥手别离。离别后，乡愁是一棵没有年轮的树，永远不会老去！

　　亲爱的同学们，你们是法学院的亲人，我们爱你们！愿你们永远幸福安康！

一切都是暖的　因为风的缘故

（中国政法大学法学院2020届毕业典礼致辞）

亲爱的同学们，为迎你们回家，军都山下，小月河畔，两个温馨的校园，挂满横幅，撑起阳伞，准备给你们接风洗尘。然而新发地出事了，降至三级预警的京城，又提高到了二级。放眼校园，教室是空的，礼堂是空的，宿舍是空的，饭堂是空的，曾经欢声笑语的每一个地方，都是空的。空，如一幅没有色彩的风景，失去了往日的尊严；空，也如一片飘飞的雪花，经不住温暖的考验。我的心也是空的，是被你们不经意间掏空的，一个人孤独地走在校园的晨风里，虽有千言万语，却不知从何说起。

先说成绩吧。你们带着求知的眼神，跨入法大既不古老又不现代的大门，养天地之正气，法古今之完人，察民间之疾苦，求大道之学问，你们是优秀的法大人。参加论文大赛、辩论大赛时勇夺冠军，参加社团活动、投入公益事业时净化心灵，参与国际交流、实现文化互鉴时展示风采，尊师爱校、教学相长时彰显美德，你们是卓越的法大人。立德树人、德法兼修的教导你们记着，为了正义、即使天崩地裂的格言你们念着，在民法慈母般的眼神中、每个人就是整个国家的法谚你们想着，宪法至上、人权保障的精神你们守着，你们是忠诚的法大人。特别在疫情肆虐期间，你们网上收集资料，同学相互切磋，老师线上指导、全程录音录像答辩，环环相扣，步步为营，最后胜利地完成了学业，你们是骄傲的法大人。

然后说说困难。疫情改变了世界，也改变了就业。面对此情此景，书记和校长都急了，他们不管线上线下，公、私场合，反复强调就业的重要性，提出就业是考验法大每个学院、每位师生能力和担当的"试金石"。法学院为此提出要发扬"人人为我、我为人人"的精神，拿出大爱无疆、爱心战疫的勇气，全力帮助同学就业。同学们，法学院是法大第一大院，各类毕业生占到学校的1/4。你们就业了，学院就安定了；你们就业了，家长就安心了。李克强总理今年在人代会上答记者问时说，中国有9亿劳动力，没有就业就是9亿张吃饭的口，有了就业就是9亿双创造财富的手。听起来使人泪目，想起来又让人暖心。特殊时期，让我们患难与共，留得青山，赢得未来。

最后说说期望。1874年，晚清名臣李鸿章说，中国正处于三千年未有之大变局，我想这句话今天依然适用。新冠病毒传播半年多，至今仍未结束，全球感染者逾千万，死亡已超53万人，疫情笼罩世界，煎熬人类，这是一场没有硝烟的战争。中美关系日趋紧张，从互利共赢到全面对抗，真的迈进了"修昔底德陷阱"，每个人都不能揪着自己的头发，离开这个深渊。科技改变生活，互联网改变世界，我们每天享受大数据与人工智能带来的福利，也愈发成为科技的奴隶，遭遇现代性的风险。国家治理体系和能力现代化，助推着国家富强、民主、文明、和谐、美丽的伟大理想，也得面对自由、利益、尊严和乡愁等被剥夺的现实，甚至会遇到恶法、滥权、失信和社会的无奈。挥法律之利剑、执正义之天平、除人间之邪恶、守政法之圣洁的誓言，更考验着大家在复杂、多变环境中的践行能力。

亲爱的同学们，你们要毕业了，作为院长，也是你们的大师兄，在挥手告别之际，想再嘱咐你们两句：第一句，如果你成为人民法官，或国家公务员，希望你能写出伟大的判决，信守宪法誓言。2014年10月16日，广东省惠州市惠阳区人民法院万翔法官，在审理一个类似许霆案的案件中，撰写了一份1.2万字的刑事判决书，其中写道：我们不能确认和保证本判决是唯一正确的，我们能保证的是，合议庭3位法官作出的判断，是基于我们的自由意志和良知，是基于我们对案件事实的整体把握和分析，是基于我们对法律精神的忠实理解，是基于我们对实现看得见正义的不懈追求。这份判决被法律界誉为"史上最伟大的判决"。万翔法官接受采访时说，在法律许可的范围内，仁慈是正义的源泉，做法官时间越长，越需要仁慈，而不能麻木。他兴奋地说，在说理部分，写到满意时，不禁猛拍自己的大腿。同学们，公堂一言定胜负，朱笔一落命攸关。一份好的判决是法治和良心融合的体现，也是人权保障的最后防线。至于代表人民分配权利义务，形成良善法律秩序，甚或掌握行政大权，决定公民的人身自由、财产权利和人格尊严，更要忠于宪法和法律，捍卫真理，慎用公权。我相信，人在做，天在看，举头三尺有神明，一切皆有定数。今天你们以母校为荣，明天母校以你们为荣，让我们共同努力，为法大争光，为祖国添彩。

  第二句，如果你成为律师，或法律工作者，希望你用正义之光照亮无助者的心。佟丽华是法大1995届毕业生，在校读书时创办了准律师协会，他生于河北一个农民家庭，从小喜欢看武侠小说，对除暴安良、匡扶正义的侠义之举特别着迷。毕业后创办致诚律师事务所，小有成就后开始转向公益事业，重点为进城务工人员和未成年人提供免费法律援助。报道说，全国60万进城务工人员，从佟丽华律师等推动的免费法律服务中，讨回欠薪、获得赔偿的金额达6亿多元。他救助过的未成年人数不胜数，办公室的墙壁上挂着几百面锦旗，每面旗子背后都有一串沉甸甸的故事。他说，能用法律武器行侠仗义，不让老实人受欺，是我儿时的梦想，也是我幸福的源泉。面对社会的不公不义，与其观望愤怒，不如采取行动。同学们，我是法大1979级校友，老校长江平老师在我们毕业10年相聚时叮嘱，你们毕业20年、30年、40年再相聚时，不要比谁钱多，谁官大，而要比谁做人好，谁推动了国家和社会的进步，你们要用正义之光去照亮无助者的心！现在，我把这句话也送给你们，希望你们把它永远传下去。

最后说说送别。3年前，你们有位学姐叫黄亚熙，创作了一首校园歌曲叫《下一站，蓟门桥南》。演唱者是邓雨寒，歌声像夏夜里的凉风，缓缓地吹在身上，也像雨后房檐上的水滴，轻轻地落在心里，有青春岁月的回首，有毕业心绪的感伤，也有对母校的一次次眷念。今年，实验班的董浩然同学，也写了一首歌叫《玉兰未眠时》，由许八斗作曲，杨文哲演唱，当"玉兰未眠时，天边月色正浓，别说再见了，要不要一起走"的歌词飘进我的耳鼓时，心潮起伏，眼睛模糊，它唱出了毕业季师生们的共同心声，也拨动了每个人柔软的心弦。同学们，法学院是个大家庭，我们骨肉相亲，血脉相连。为了给你们送行，老师们以研究所为单位，以行政和辅导员为团队，以党政领导班子为小组，在热风下，疫情中，书桌旁，给你们录制诗一样的临别赠言。舒国滢老师说，主题就叫"追梦青春天际线"吧。王人博老师说，再配上林海的钢琴曲《告别》，和视频一起播放，会更加意味深长。

亲爱的同学们，愿你是一只勇敢的海燕，搏击在辽阔的天空，不因为前面有风暴雷电，就颤抖着不再前行。划破夜空，迎来的将是曙光一片。

一切都是暖的，因为风的缘故。

就把祝福别在襟上吧

（中国政法大学法学院
2021届本科生毕业典礼致辞）

尊敬的老师，各位家长，亲爱的同学们。在百年未有之大变局中，在庆祝建党百年的大喜日子里，我们迎来了法学院2021届毕业生的神圣大典。研究表明，鼓掌能促进人的血液循环，增强免疫力；能产生多巴胺，让人兴奋不已；能唤醒沉睡的灵魂，在爱与美的宣泄中陶醉。亲爱的同学们，让我们举起双手，热烈地鼓掌吧！感谢父母的养育之恩，感谢老师的无私教诲，感谢疫情受控让我们相聚，更要谢谢你们自己，在一千多个顽强拼搏的日子里，秉持"法治天下，学问古今"的院训，终于修成正果，光荣毕业了。

本来，院里安排2020届毕业的师兄师姐和你们共同举行拨穗礼，结果情况有变，他们来不了啦。回首过去的一年，我们师生在网上见面，网上沟通，网上就业，这是怎样的一年呀，作为全校第一大院，我们有近千人要找工作，占到了学校的1/4。那时校方担心我们完不成任务，大会点名，小会约谈，集体鼓励，个别托付。全院上下真的急眼了，从辅导员到普通老师，从广大校友到领导班子，还有即将毕业的你们，大家横下一条心，拧成一股绳，想尽一切办法，争取每个资源，团结一致抓就业。还别说，法学院的就业率，居然从全校垫底，跃升到了最前列。表彰大会上，刘书记从校领导手里接过奖状时，略显苍白的脸上竟泛起了红晕，我知道，这一切来得太不容易了。

就把祝福别在襟上吧

我清晰记得，去年的这个时候，北京新发地疫情暴发，学校被迫关门了。毕业同学们的行李，只能靠志愿者、辅导员和教授们打包、拖运。到了宿舍我才发现，新生代的你们，行李简直太多了，有的同学，一个人的东西就装了10大纸箱。师生们用手机直播，对每个同学的行李逐一清点，然后打包装箱，手提肩扛，从楼上搬到楼下。有的老师腰扭了，有的同学脚崴了，大家"轻伤不下火线"，7天之内，完成了全部任务，没有一件行李错漏或丢弃。同学们，我们崇拜英雄，其实英雄就在我们身边，他们坚守在平凡的教学、科研和工作岗位上。他们是最可爱的人，是法学院的脊梁。

说到脊梁，让我想起了今年的运动会，同学吃大苦、流大汗，勇得团体甲组亚军，这是近年来咱们取得的最好成绩。当学院代表队雄赳赳、气昂昂走过主席台时，看台上"法学院：英雄！英雄！英雄！"的呐喊声，此起彼伏，如排山倒海一般，这是一首团结的乐章，是一股伟大的力量，让我看到了年轻人的血性和阳刚。有人说，体育是个让人心潮澎湃的字眼，它让我们欢乐，也让我们忧伤，让我们感受速度与力量的美，也让我们体验友谊和规则的紧张，不管怎样，都让我们为青春喝彩吧。

喝彩之后，该说说寄语了。说多了你们也记不住，我就讲三点。

首先，请继续保持阅读的习惯。我以为，读书是拜历史上所有伟人、大师为师的过程，它不受地域、时间、语言、文化的限制，正所谓"思接千载，神交古人"。读书最好的状态，是窗外有一束光打来，安静的文字，安静的画面，安静的心灵，能给狂热和烦躁降降温。如果你们每天能坚持再写点什么，那就更好了，古人讲"三个不朽"，我以为，真正能促进人类知识增量、实现个体生命延续的，不是立功和立德，而恰恰是立言。历史上，哪个伟大思想的传承，不是以著作的方式被留存的？

其次，要守住法律的底线。底线思维是一种技巧思维，它能让我们在风险社会中换算利害，化险为夷。小到生活礼节，中到个人前途，大到国族命运，都一体适用。同学们，进入新时代，规则之网越织越密，执法力度越来越强，你们无论当法官、检察官、律师，或者普通公务员，都要养成"宪法法律至上、法律面前人人平等和权由法定、权依法使"的意识，谨遵"有权必有责、有责要担当、失责必追究"的教诲，踏踏实实做人，认认真真做事，争取成为无愧于法大的好公民。记得有位校友被冤枉了，出狱时他一滴眼泪都没掉。可一回到母校，看见教学楼和图书馆，泪水竟像断了线的珍珠，一倾而下。他说，我没给母校争光，也没给母校丢脸，我是个堂堂正正的法大人。其实，人在受了委屈时，才愈发感到母校的温暖。

最后，要常怀感恩之心。春雨对种子说，我飘落大地，你就会发芽；阳光对麦穗说，我抚摸你，你就会香满天涯；我想对你们说，赠人玫瑰，手有余香，快乐往往是从助人中获得的。我每年资助两个贫困生，助他们完成学业。有个受资助的同学，毕业两年后，非要把资助他的钱加倍还我。我建议他直接寄给学校，去资助其他需要帮助的师弟师妹们。爱心是能够互相传递的，一旦形成风气，会呈几何级数增长。在法大毕业生中，我要特别感谢戴智勇、吴飞、雷志刚等一批同学，他们与母校同呼吸，共命运，践行"凡我在处，便是法大"的格言。在小有成就后，分别向母校捐款助学，并指定由法学院使用。他们说，法大4年，是形塑自己人格的重要时期，从那时起，心里就永远居住了一个法大人的灵魂。同学们，慈善不是出于勉强，它像甘露一样从天而降。它将幸福降于接受者，也降于施予人。

时光游走如风，偶尔不见终点，如果能知道青春，就只剩这些日子，会更加珍惜今天的拥有。席慕蓉说，让我与你握别，再轻轻抽出我的手，知道思念从此生根，华年从此停顿，热泪在心中汇成河流，是那样万般无奈地凝视。渡口旁找不到一朵相送的花，就把祝福别在襟上吧！

有你在灯亮着

（中国政法大学法学院
2021届研究生毕业典礼致辞）

尊敬的导师，各位家人，亲爱的同学们，大家下午好。在我心中，今年有两件大事：一个是庆祝中国共产党诞辰一百周年，另一个是你们毕业。作为你们的院长，更作为你们的大师兄，心里甭提多高兴了。

我今年满60岁了，从教38年，还一直站在讲台上。我认为，天底下最好的职业就是教书，风吹不着，雨打不着，在三尺讲台上，只须默默地耕耘，静静地浇灌。夏天送弟子们出征，秋天迎弟子们入门，寒来暑往，日月星辰，每天都在希望中度过。就像农民，流泪撒种，欢乐收割，天经地义，无怨无悔。

同学们，你们毕业了，真的感谢导师，他们在专业上指导，精神上牵引，生活上关爱，才塑造了你们独立的人格。我的导师朱维究先生，快八十岁了，还经常跟我通电话，转发音频、视频和有趣的文字，关心我的成长；我的同事张锋和王成栋教授，几十年勤勤恳恳，教书育人，今年夏天光荣退休了，60华诞庆典上，成栋教授还做了《变革与重构——21世纪的中国行政法》的演讲，声情并茂，几近忘我；我的同学舒国滢教授，积二十年之功，出版了巨著《法学的知识谱系》，他的野心是写出萨维尼《现代罗马法体系》那样的经典；我的同仁王人博教授，桃李江湖，设坛著书，成为宪法学界最有趣的大爷；我的学长席涛教授，十八年如一日，将全部心思都扑在"法与经济"的学科建设上,他不图名,不图利,是一位纯粹的教书先生。同学们,我们要向这些大先生们致敬,是他们的思想和智识,让我们成为有用的人。

我喜欢收集硕士、博士研究生的论文的后记,从中窥见作者的心路历程。观察发现,作者感谢最多的是导师、家人和朋友,较少感谢到辅导员和一般工作人员。其实,每个同学的顺利毕业,都有他们无微不至的呵护。让我们对他们有价值的劳动表示崇高的敬意吧。

同学们,办好法学院并不容易。学校为了保持法学在全国的领先地位,为每个学院设定了"双一流"目标。客观地说,有的目标跳一跳能够到,有的目标助跑百米都难实现。怎么办?是怨天尤人,还是绝地奋起?我们没有别的选择,只有全院心往一处想,劲往一处使,放手一搏,才能扭转困局。为此我们成立了工作专班,把总任务分解到每个研究所和办公室。有一首歌叫《团结就是力量》。歌中唱道,"这力量是铁,这力量是钢,比铁还硬,比钢还强,向着新中国,发出万丈光芒"。我们伴着它的旋律和节拍,开始了逆水行舟的艰难历程,终于在学校的考核中,从之前的成绩合格,跃上了优秀档。华兹华斯说,荣誉之所以伟大,就因为得来不易。在此,我要为全院师生点赞,给大家鞠躬。

记得黄进教授当校长时,出了一本书叫《何以法大》,是他开学和毕业典礼的演说集。一次跟他聊天,我问:《何以法大》,为何不在法大出版社出,而要在人大出版社出?他真诚地作了解释并表示再版时一定要转回法大出版社。

同学们,何以法大,这深沉的一问,扣打着每个法大人的心灵。它既可以理解为政法大学,也可以理解为法治天下。作为前者,它是外在、有形的,1952年钱端升院长创办这所学校时,就开始描摹它的形象了:有山有水、有花有草的校园;有思想、有风骨、有学问的先生;有灵魂、有本事、有担当的学生;像伦敦政治经济学院那样,在世界上有较大影响。作为后者,它是一种理想,一种文明状态,从古至今，圣哲们一直在探寻它的足迹。亚里士多德说：已成立的法律获得普遍的服从，而大家服从的法律又应该是制定得良好的法律，这就是法治。走进新时代，我们已将"法治"转化为社会主义核心价值观和治国方略，写入我们的宪法中，让全体国民共同遵守。

同学们，明年 5 月 16 日，是法大创办七十年的大喜日子，七十年筚路蓝缕，七十年弦歌不辍，那何以法大呢？我以为，法大不在别处，法大就在自身。我们有了法大附小和附中，有了科研大楼和图书馆大厦，有了 1、2、3 号楼和老教学楼的被保留（当然得重装一下，就看有没有钱了），一切都从旧秩序中走来，一切都是欣欣向荣的样子。

若进一步说，又何以法大呢？我以为，可能不在拥有多大的校园，也不在毕业了多少学生，而在于法大对国家民主法治事业做了哪些贡献，对人类知识增量、价值观形成和审美趣味的提升，形成了哪些影响。

昨天，法大的一位优秀校友蒋勇律师不幸去世，网上网下，圈里圈外，都是对他的沉痛悼念。蒋勇同学是法律系 1994 届毕业生，他所在的天同律师事务所是本院的实习基地，其本人也担任兼职导师和教授。蒋勇同学把个人事业、法治理想和国族命运紧密地联系在一起，做出了无愧于时代的贡献。他是法大人的骄傲，更是法学院师生学习的榜样。2015 年 7 月 3 日，他曾以校友身份，为本院研究生发表毕业致辞。他说，如果这样一个彼此信任、互相尊重的法律职业共同体得以实现，即便从这个法学院走出去的人四散天涯，我们也可以说，看，到处都是我们的人。

同学们，我们经由光阴，经由山水，经由一切他者，与梦想合二为一。那路途中的一切，有些与我们擦肩而过，有些便永久地注入我们的灵魂，雕琢我们，塑造我们，锤炼我们，最后形成了我们自己。

亲爱的同学们，真正的知识是要走出书斋的，要去影响每一个愿意思考的灵魂。有你在，灯亮着。我们不在黑暗中，我们放心了。

谢谢大家。

真正的改变
往往就发生在不经意之间

(中国政法大学法学院 2022 届研究生毕业典礼致辞)

疫情就像夏天的风和雨，说来就来：高端大气的校庆推迟了，欢乐祥和的晚会取消了，相拥而别的举杯改日了。我从教39年，从来没觉得日子这么难过，也从来没觉得心情这么压抑，有时真想大醉一场，让愁绪和烦忧，随着酒精在空中飘散。可面对现实，怨天尤人有什么用呢？只有真抓实干，风险才能一个一个地化解，困难才能一个一个地克服，胜利才能一个一个地到来。在这庄严时刻，我要说，大家辛苦了！是你们线上线下的辛勤劳作，保障了教学的有序进行；是你们轮流入住校园，形成了强大的精神力量；是你们夜以继日地创作，呈现了拿得出手的论文；是你们不懈地推销自己，得到了用人单位的认可。我为拥有如此给力的同仁感到自豪，更为拥有如此优秀的学子感到骄傲。

人的一生，总和各种仪式相关。满月时，父母请来亲朋好友，见证生命延续的奇迹。成人时，举行冠笄礼，见证鸟儿展翅的豪情。结婚时，众目见证情投意合的姻缘。毕业时，仪式更壮阔了：有的放声歌唱，浓烈着相识的情谊；有的把酒言欢，细数着难忘的经历；有的去做公益，彰显着生命的价值；有的按动快门，把母校的模样铭记。学院也行动起来了，师生共同策划视频寄语，共同制作毕业礼品，共同检视过往点滴，虽然没有了演讲和拨穗，但鲜花依然追随掌声，泪水依然陪伴笑音，为生命喝彩，为毕业合十。

真正的改变 往往就发生在不经意之间

中国人送别,有自己的文化——折柳赠君。因为柳与留谐音,有真情挽留、恋恋不舍之意。同时柳树易活,能防风固沙、荫泽后人,又有祝君扎根大地、服务国家社会的期许。记得当年左宗棠收复新疆,率领湘军一路植柳,那几十万株左公柳,就是晕染西北边陲的一抹绿云。他的老部下杨昌浚曾感叹:大将筹边尚未还,湖湘子弟满天山,新栽杨柳三千里,引得春风度玉关。同学们,带上母校的一枚柳枝吧,插在自家的院子里,与春风共舞,与思念共生。待绿柳成荫后,站着是大地的风景,倒下是大厦的栋梁。

小时候妈妈跟我说,人活着不光为自己,也要尽力帮助有困难的人。有个公益广告,时常令我感动。丈夫夜晚回家,发现阳台灯亮着,正要去关时,被妻子拦住了。原来一对环卫老夫妻,正借着灯光吃馒头呢。镜头慢慢摇开,定格在阳台的灯光和相互依偎的老人身上。然后屏幕上弹出一行字:善行无迹,留一盏灯温暖他人。今年冬奥会,学院有几十位同学,被选为志愿者。他们顶风冒雪,不畏严寒,忠于职守,默默奉献,圆满完成了上级交给的任务。见到他们时,我有些激动了:你们用无悔的青春谱写了历史,用限缩的自由迎来了成功,我给你们点赞。同学们,咱们念书人没有多少资源,能让天下穷人都过上好日子,也没有多大权力,能消灭人间所有的不平等。但我们有一双手,能让弱者感受到同胞的关怀,能让爱心去融化冰雪。

"法治天下,学问古今"是我们几代人追寻的院训。法治天下,就是要让宪法在国家和社会生活中有权威,能够约束公权力,保护私权利。判断一个国家文明与否,不光看经济社会发展水平,还要看能否通过法律实现公平正义。学问古今,就是要在不断追问中,拓宽视野,发现规律,找到办法,与时俱进。在40余年读书问学中,我的体悟是:数学公式的严谨之美,程序代码的逻辑之美,诗词歌赋的感性之美,学术典籍的理性之美,都能在我们身上交相辉映,甚或使思想更通透,使情感更充盈,使人性更饱满。各位同学,让我们铭记院训吧,不断地博学之,审问之,慎思之,明辨之，笃行之。

内蒙古呼和浩特市有座墓碑，在和林格尔县境内，葬着18岁的呼格吉勒图。碑的造型似一滴眼泪，也像一个问号。设计师说，建筑因保护人类而存在，因传递思想而流传，因见证历史而永恒。墓志铭是老校长江平先生写的：优良的司法乃国民之福。呼格其生也短，其命也悲，惜无此福。然以生命警示手持司法权柄者，应重证据，不臆断，重人权，不擅权，不为一时政治之权宜而弃法治与公正。同学们，"公堂一言定胜负，朱笔一落命攸关"。当你们走上工作岗位，手握大权的时候，一定要牢记，让人民群众在每一个案件中感受到公平正义，是我们的神圣使命。

有两本书都叫《法治的细节》，谈的都是法治中国的实现路径，分别由两位作者撰写，一位是周大伟先生，2013年由北京大学出版社出版，另一位是罗翔教授，2021年由云南人民出版社出版。前者从貌似繁琐的法治细节出发，去寻求制度建设的原理与途径；后者强调，法律要倾听民众的呼声，拨动正义的琴弦，让人们在暗夜中感受法治的光和热。

同学们，花正妍，莺在飞，风无语。岁月虽然漫长，但是值得等待。真正的改变，往往就发生在不经意之间。

人世间有两种光最耀眼

（中国政法大学法律硕士学院2023届毕业生典礼致辞）

应许身健院长之邀，今天给大家讲几句祝福的话，我不代表谁，只代表我自己。

贵院有个学生，叫徐伟康，当年选我做导师。他个子不高，也不太善表达，但跑步挺快，百米跑过11秒。他组织同门爬山，自己先试爬一次，查地形，探路线，摸情况，认真把控每一个细节。到了正日子，他背着食物和水，总是走在队伍最前面，轻快得像个燕子。他的毕业论文，写的是《个人数据权性质的宪法审视》，受到评委赞誉。不过他真正的学术兴趣是体育法，读研期间，发表了3篇学术论文，有一篇发表在《体育科学》上。毕业后我推荐他报考清华大学，攻读体育法博士，师从田思源教授。而今已完成学业，顺利入职法学院体育法研究所，成为一名光荣的人民教师。

贵院还有一位网红老师叫李建红，打小生活在法大校园，1979年我来北京政法学院读书，还吃过他老爹做的夜宵。她从事教学管理工作，干事麻利，为人热情，踏实可靠，有同事跟我说，只要建红在，领导放心，同事安心，同学省心。她爱好摄影，几十年如一日，用女性的温柔，记录了法大的变迁。每张照片都有故事，每个画面都有情感，她是法大好人。

同学们，我举这两个事例，是想证明我对法硕学院的印象。贵院网站上说，"发现每个学生身上的太阳并使其发光"是学院的理想。

我欣慰地看到，全院师生，在文生书记和身健院长的带领下，把独特的使命和闪光的格言，转化成培养高素质法治人才的举措，取得了骄人的成绩。

今天更是一个喜庆的日子，学院迎来了 2023 届毕业生的庆典，作为来宾，我为能见证这一历史时刻，目送同学们为国效力、为民服务，而感到无比荣光。我没准备什么礼物，只带来了真诚的祝愿：愿每位同学学有所成，愿有情人终成眷属。

亲爱的同学们，走出校门，就是江湖，前路漫漫，各自安好。临行之际，我有两点人生感悟，与大家分享。

首先，怎么待人？中国历史上有两个半圣人，一位是孔子，一位是王阳明，半个是曾国藩。年轻时的毛泽东，不无感慨地说：愚于近人，独服曾文正。曾文正公有本书，叫《冰鉴》，是为人处世的经典。它告诉我们：要看人长处，帮人难处，记人好处。曾文正公有个九弟叫曾国荃，时常被哥哥教诲："人才以陶冶而成，不可眼孔太高，动谓无人可用。凡有一长一技者，断不敢轻视。"人都有长处和短处，当你总能发现别人的长处时，就是富有者。眼里有光，心里有爱，手里有能，是古今中外成大事者的标配。

每个人在生活中，都会碰到沟坎，关键时拉他一把，就过去了。正所谓"帮人一把，情长一寸"。记得 1995 年 5 月，我母亲在昌平去世，她娘家是大家庭，来了很多族人吊唁。当时我只是个讲师，应对能力弱。正在窘迫之际，李树忠施予援手。他请学校出面，安顿众亲友在食堂就餐，在旅馆休息，最后还安排车，把他们送回顺义老家。这件事，看似平常，却一直感动着我。"平时注入一滴水，难时拥有太平洋"道出了慈善与互助的真谛。

我们每个人，从小到大，从出生到去世，都离不开别人的帮助。常思常想周围人的好处，你就是幸福的人。曾文正公说，勿以小怨，忘人大恩。我觉得，记好不记错，记恩不记仇，是人类通向和平与友善的捷径。因为吹灭别人的灯，并不会使自己更加光明。

其次，如何待己？苏格拉底说，我这一辈子，唯一知道的，就是一无所知。无知有三个层次：缺乏某种知识、盲视某种规则和不觉某种规律。

缺乏知识的人是不自由的，他要在黑暗中摸索，在前路上徘徊。破解的手段是普及教育，提高认知，加强修养。

盲视规则的人，有的是疏忽大意或过于自信，有的是故意为之。对于后者，我们永远叫不醒一个装睡的人。在法治社会里，他们要以失去自由和利益为代价。破解的手段是知敬畏、存戒惧、守底线。

不觉规律的人，有的是看不清形势，有的是自以为是。他们抱残守缺，思想僵化。破解的手段是，用宪制去战胜专制，用文明去战胜野蛮。

考察苏格拉底讲的无知，还有另外一层意思，那就是未知，或者叫未来。20世纪80年代初，我大学毕业，正赶上改革开放。那时人们的心绪，就像朱自清的散文诗《春》：盼望着，盼望着，东风来了，春天的脚步近了。

有两本书，一本是托夫勒的《第三次浪潮》，另一本是奈斯比特的《大趋势》，至今都影响着我。还有一套书叫《走向未来》，封面黑白相间，形状巴掌大小，轻松走入了年轻人的心，影响了一代人。书序引了马克思的一句话："思想的闪电一旦彻底击中这块朴素的人民园地，德国人就会解放成为人。"非常震撼。

同学们，人的发展，终极上源于思想，而好奇心和想象力，是思想的两翼。诗人说，天空是人类灵感的缪斯，穹顶之上那片神奇的领域，如同巨大无形的磁场，吸附着每个人的欲望。幻想和诗句被寄往天空，探索的脚步迈向大地。一个真正的思想者，才是最有力量的人。

亲爱的同学们，把自己当成一件艺术品吧，认真打磨，精心雕琢，用心去爱。你们好看了，这世界才好看！

我相信，人世间有两种光最耀眼：一个是阳光，另一个是你们努力的模样。

后记
胭脂用完时　桃花就开了

从学写微博，到发微信朋友圈，转眼八年了。这期间，有被褒奖和肯认的欢欣，也有被嘲讽或揶揄的泪目，在不断调试、习惯中，渐渐找到了自我：不转不评，只发原创。

随笔是散文的一种，由法国大思想家蒙田所创。他说，我在纸上写东西时，就像遇到了一个倾诉者，有知识的冒险，艺术的平衡，精神的自在，生命的镜像。

一篇好的随笔，得具备两个条件：诗的哲理和故事的魂灵，温暖与有趣是核心要义。汪曾祺尝言，如果你来访我，我不在，请和我门外的花坐一会儿，它们很温暖，我注视它们很多很多日子了。

把随笔结集出版，是我的愿望。电子版的文字，虽便于携带、阅读，但总像隔屏相望的情人，有触摸不到的感觉。纸质书就不同了，唯美的封面，翻页的脆响，雅静的书签，乃至方块字的墨香，一起扑面而来，是真实的存在。

出版随笔集，最难安顿的是书中人物。身边的亲朋好友，仰慕的大家，他/她们经历不同，性格各异，写者只能凭自己的记忆、认知来描摹，挂一漏万、有失偏颇是难免的。不过文章千古事，得失寸心知，欲臻完美，唯有审慎、客观、用心了。

按人物、往事、游记、序与跋、致辞来列目，并非科学安排，只是便于检索。果如朱自清先生所言就好了，"乍一看岂不是淡淡的？缓缓地咀嚼一番，便会有浓浓的滋味从口角流出来"。

书名唤作《椿香》，是接受刘星兄的建议，有春意盎然、福寿绵长的意思。灵感源于两年前的一篇小文《把鸡蛋炒进椿香里》，是对养父的纪念。以此涵摄全书，皆因走遍这个城市的所有角落，虽人头攒动，唯独没有老人家的身影。

请人博兄和来梵兄作序，是喜欢他俩的文字。无论《桃李江湖》《业余者说》，还是《文人法学》《宪法学讲义》，对这些作品的每一次神交，都会被深深地带入，而出来时却发现，已融为一体了。

李玺文是我敬重的大哥，书法得益于启功和于右任先生，并有自己的风格。请他题写书名，是想感知纸、墨、笔、砚所映现的中国式表达，即"无色而具图画的灿烂、无声而有音乐的和谐"。见字如面，玺文兄的劳作触动着我的审美。

蒋浩是北京爷们儿，也是法大师友，他说退休前一定要给我出个集子，这个任务就落到了杨玉洁策划编辑身上。玉洁是懂书的女孩，文静贤雅，帮陶景洲大哥面市了《毕竟法律人：从未名到凯旋》，也助我出版过《立法权的科学配置》，彼此信任。

我本是沙坨村一个散淡的人，满襟酒气。偶尔写些文字，浪得了些许虚名，都是众人抬爱的结果。广德、袁方等的首发，各家公众号的推送，亲朋好友的点赞与留言，让我铭记于心，感念于怀。这其中，白中林、王兰萍、尹树东、郭善珊、许身健等师友们的期许，成了我前行的动力，也加快了本书的出版。

人间烟火气，拉开了万千故事的序幕。耳顺之年的我，常穿梭于往日的时光里。苦辣酸甜是食物的味道，喜怒哀乐是生活的味道。风流云散，一别如雨，且听下回分解吧。胭脂用完时，桃花就开了。

2023 年 11 月 30 日

图书在版编目(CIP)数据

椿香：焦洪昌随笔集／焦洪昌著. —北京：北京大学出版社，2023.12
ISBN 978-7-301-34702-7

Ⅰ.①椿… Ⅱ.①焦… Ⅲ.①法律—随笔—中国—文集 Ⅳ.①D92-53

中国国家版本馆 CIP 数据核字(2023)第 230890 号

书　　　名	椿香：焦洪昌随笔集 CHUNXIANG：JIAOHONGCHANG SUIBIJI
著作责任者	焦洪昌　著
责 任 编 辑	孙　辉　方尔埼
标 准 书 号	ISBN 978-7-301-34702-7
出 版 发 行	北京大学出版社
地　　　址	北京市海淀区成府路 205 号　100871
网　　　址	http://www.pup.cn　http://www.yandayuanzhao.com
电 子 邮 箱	编辑部 yandayuanzhao@pup.cn　总编室 zpup@pup.cn
新 浪 微 博	@北京大学出版社　@北大出版社燕大元照法律图书
电　　　话	邮购部 010-62752015　发行部 010-62750672 编辑部 010-62117788
印 刷 者	涿州市星河印刷有限公司
经 销 者	新华书店
	650 毫米×980 毫米　16 开本　23 印张　412 千字 2023 年 12 月第 1 版　2023 年 12 月第 1 次印刷
定　　　价	88.00 元

未经许可，不得以任何方式复制或抄袭本书之部分或全部内容。
版权所有，侵权必究
举报电话：010-62752024　电子邮箱：fd@pup.cn
图书如有印装质量问题，请与出版部联系，电话：010-62756370